# Sexo y sentimientos
## Versión hombre

Dr. Sylvain Mimoun - Rica Étienne

# Sexo y sentimientos
## Versión hombre

A pesar de haber puesto el máximo cuidado en la redacción de esta obra, el autor o el editor no pueden en modo alguno responsabilizarse por las informaciones (fórmulas, recetas, técnicas, etc.) vertidas en el texto. Se aconseja, en el caso de problemas específicos —a menudo únicos— de cada lector en particular, que se consulte con una persona cualificada para obtener las informaciones más completas, más exactas y lo más actualizadas posible. EDITORIAL DE VECCHI, S. A. U.

*Obra publicada bajo la dirección de Mahaut-Mathilde Nobécourt.*

*Traducción de Parangona, Realització Editorial S. L.*
*Ilustraciones de Philippe Savary.*
*Título original:* Sexe & Sentiments. Version homme.

© Editorial De Vecchi, S. A. 2019
© [2019] Confidential Concepts International Ltd., Ireland
Subsidiary company of Confidential Concepts Inc, USA
ISBN: 978-1-64461-429-7

El Código Penal vigente dispone: «Será castigado con la pena de prisión de seis meses a dos años o de multa de seis a veinticuatro meses quien, con ánimo de lucro y en perjuicio de tercero, reproduzca, plagie, distribuya o comunique públicamente, en todo o en parte, una obra literaria, artística o científica, o su transformación, interpretación o ejecución artística fijada en cualquier tipo de soporte o comunicada a través de cualquier medio, sin la autorización de los titulares de los correspondientes derechos de propiedad intelectual o de sus cesionarios. La misma pena se impondrá a quien intencionadamente importe, exporte o almacene ejemplares de dichas obras o producciones o ejecuciones sin la referida autorización». (Artículo 270)

# Prefacio

Este libro trata de la relación entre hombre y mujer en todos sus aspectos: sexuales, psicológicos, culturales y sociológicos, y de sus efectos psicosomáticos. Pretende descifrar los sentimientos del hombre y hacerlos llegar al corazón de la mujer, y lo mismo con los de la mujer: llevarlos al corazón del hombre. Se entiende que hay que conservar el curso obligado de la relación y el diálogo entre ambos, en absoluto algo gratuito en los tiempos que corren, en que el porcentaje de divorcios aumenta de una forma imparable (tres veces más que en los años setenta). El libro puede leerse en el orden en que se quiera, en función de las inquietudes del momento, pues cada capítulo es independiente de los demás, así como las preguntas que hay en cada uno de ellos. Estas preguntas son una recopilación de consultas realizadas tanto en conferencias, ante un público amplio, como en chats de Internet, con la ventaja que aporta el anonimato (nos atrevemos a hacer *cualquier* pregunta, desde la más ingenua, pasando por la más íntima, hasta la más cruda, que en ocasiones es la más dolorosa).

Cada uno con lo suyo: *Sexo y sentimientos. Versión hombre* y *Sexo y sentimientos. Versión mujer*. En el caso ideal, estos dos

## Sexo y sentimientos

libros se complementan, y no sólo para complacer al editor. Únicamente presentan similitudes los dos primeros capítulos, dedicados a la pareja, aunque evidentemente con matices; los demás se centran en las especificidades de cada uno de los sexos, y ponen de relieve sus puntos en común y los diferentes enfoques, inherentes al hecho biológico o a la psicología según el sexo. Un hombre que lea *Versión mujer* comprenderá por qué para ellas el acto sexual constituye el fin de un proceso anterior de diálogo y de complicidad indispensables. Por otro lado, una mujer que lea *Versión hombre* entenderá por qué los *hombres sólo piensan en eso* y por qué suelen valorarse siempre por los imperativos del pene.

Finalmente, esta obra quiere ser un pequeño tratado de andrología, donde la psicología y la sexualidad tienen un lugar destacado. Se dirige a aquellos hombres sanos que se preguntan por su organismo, a aquellos que padecen una enfermedad en la zona genital, a aquellos que tienen problemas sexuales (o cuya pareja los padece, con las típicas repercusiones que eso comporta). Proponemos los tratamientos más recientes y las aproximaciones terapéuticas más innovadoras o eficaces, y también advertimos de aquellas de las que debería desconfiarse.

Rica Étienne y Sylvain Mimoum

# Prólogo
# a la edición española

Los hombres desean tener nuevas relaciones sexuales felices y satisfactorias con su pareja y prefieren nuevas formas de romanticismo y sentimentalismo frente a las simples relaciones físicas e impulsivas, pero cuanto menos tiempo tienen para el sexo más se dedican a leer libros sobre este tema. Se intenta conocer el máximo sobre el amor y las técnicas amatorias porque quien tiene la información tiene el poder, pero no exactamente el poder sexual.

El hombre de hoy encuentra difícil actuar como tal porque el concepto de masculinidad no tiene el mismo sentido que tenía antes. La mujer ha desplazado al hombre de sus prioridades y este hombre actual se siente perdido ante el protagonismo de la mujer, aunque para él siga siendo su principal aspiración. Este hombre busca el sexo y aspira a expresar sus sentimientos, pero vive estos conceptos con una confusión que le cuestiona su predominio.

En muchas mujeres el sexo ocupa un lugar secundario dentro de sus vidas. Ellas prefieren el amor al sexo, aunque a

## Sexo y sentimientos

veces sacrifiquen su vida sentimental por su vida profesional. En cambio, a pesar de su romanticismo, el sexo es importante para los hombres y, a veces, ese mismo romanticismo es sólo una manipulación de sus instintos. Esto es más difícil que ocurra en la condición femenina.

Las diferencias entre los impulsos y las condiciones sexuales del hombre y la mujer cambian, como dice el doctor Marañón, tanto en grado como en intensidad. Las mujeres, a menudo, tienen una libido menos viva y diferenciada que la masculina y se desenvuelven en la introspección y en ámbitos intimistas en los que no precisan manifestar su femineidad como los hombres, que sienten la necesidad de reafirmarse constantemente en su papel de varones. Las mujeres necesitan su proyección en el sexo. En los hombres, sin embargo, este es un autorreferente. Si la mujer toma la iniciativa en el acto sexual, el hombre de hoy permanece como desdibujado, defensivo y replegado, por lo que busca el poder que ostentó en otro tiempo, dentro y fuera del hogar.

Quizá, por este motivo, el hombre intenta alargar al máximo su vida sexual y busca esta eterna juventud y, así, permanecer con la sensación de un poder que quizá ya no ostenta.

En el fondo, el hombre es un niño ante el nuevo protagonismo de la mujer en la sociedad porque es algo a lo que antropológicamente no está habituado. No olvidemos que los modelos vividos nos marcan en nuestras tendencias y que hay muchos varones que han experimentado en sus familias modelos patriarcales distintos a los que han de asumir hoy en día. A pesar de que algunos varones de las nuevas generaciones hayan vivido en el seno de familias monoparentales con madres separadas y trabajadoras, la tendencia, como información

## Prólogo a la edición española

genética de raigambre antropológica, no es esta después de veintiséis siglos de cultura patriarcal, puesto que el matriarcado mediterráneo fue anterior al siglo VI antes de Cristo (época de Safo y de Pitágoras).

Los nuevos hombres tienen una fijación materna, casi obsesiva por la presencia de la mujer desde la niñez. El hombre necesita el cariño y la protección de la figura femenina y busca su aceptación y aprobación. El nuevo hombre se comporta, a veces, como un hijo en lugar de como un amante. Es entonces cuando se dan conflictos en las relaciones de pareja y el hombre difumina su identidad masculina y potencia su lado femenino.

Cuanto más niño es el hombre, más madre es la mujer. Y puede que esta se torne intolerante en este papel superior, exigente y hasta agresiva. El hombre, entonces, se siente perdido porque quiere mantener su predominio, y la incomodidad, inseguridad y frustración se apoderan de él y echan a perder su relación porque las propias relaciones sexuales se tornan incómodas, inseguras y poco espontáneas.

El hombre actual precisa de un proceso de maduración sexual y adaptación, para aumentar su capacidad de seducción y buscar la intimidad, la comunicación y aprender a expresar sus emociones, un lado muy femenino y que al varón le cuesta asumir. Entonces podrá conseguir sexo y sentimientos en plenitud.

Es difícil abordar en un libro todos los aspectos de las relaciones de pareja, homosexuales o heterosexuales, e integrar, además, los aspectos biológicos o médicos y añadir las vicisitudes psicológicas, lo cual aún resulta más complejo.

El Dr. Sylvain Mimoun y Rica Étienne lo han conseguido porque *Sexo y Sentimientos. Versión hombre* es, sobre todo, un libro informativo y reflexivo que aborda todos los temas candentes que forman parte de lo que se ha convenido en llamar «medicina sexual» y lo hacen con el objetivo de ayudar al lector a mejorar su salud sexual, despejando incógnitas y ofreciendo tratamientos y opciones nuevas para este hombre de hoy.

Dr. Eduardo Ruiz-Castañé
Director del Servicio de Andrología
de la Fundación Puigvert de Barcelona

# 1
# La insoportable

## LEVEDAD DEL SEXO

Una pareja asiste a la consulta a causa de problemas amorosos. El hombre, de treinta y seis años, no tiene erecciones desde hace unos meses y sufre por su incapacidad de tener relaciones sexuales. Su mujer está presente en la entrevista. Él aporta detalles mecánicos, pasa revista a toda la «maquinaria»; ella, por el contrario, se dedica a describir el clima de su relación. Está claro que algo va mal entre ellos: el trabajo de ella es estresante y la absorbe, mientras que él no suele colaborar en casa, ni siquiera para meter un plato en el lavavajillas; es fácil, ella se encarga de todo. Entonces él interrumpe, molesto, y añade: «¡Si estamos aquí es porque no me empalmo, no por esas pequeñeces!». Así, llegamos al núcleo de la cuestión.

Para ella, la relación sexual forma parte de un todo. De hecho, la mujer se sentía incomprendida y sola, y se fue aislando poco a poco de él; después de haberse mostrado pasiva durante meses, se volvió distante, y ahora incluso tenía brotes agresivos. Por su lado, él se había dado cuenta de que ella no tenía relaciones sexuales a causa de su incapacidad de erección. Sin embargo, ella sabía bien que era a causa de su insa-

## Sexo y sentimientos

tisfactoria relación... Al final tenían razón los dos. Cuando él ha empezado a ser consciente de su dejadez en el hogar, su mujer se ha sentido más comprendida y ha modificado su actitud, lo que le ha devuelto a él... sus erecciones. En la última visita ella incluso ha dictaminado: «Desde que estás más cerca de mí (en la cocina, se sobreentiende), hacemos mejor el amor; no necesitabas la Viagra® para salir de esta». Una encuesta norteamericana[1] ha confirmado que, en cierta medida, los hombres consiguen de una manera más fácil los favores de su pareja cuando se implican más en las tareas de la casa. Claro está que no hace falta meter las manos en la masa para hacer el amor pero la falta de colaboración resulta dañina para la convivencia y para la parte *relacional* (y en esta palabra están las relaciones..., ¡también las sexuales!).

Esta pareja, con su problemática, constituye un poco la metáfora de la Historia (con mayúsculas) íntima de los hombres y de las mujeres. Ellas han sido siempre pasivas y ariscas, y ahora se sienten reivindicativas y exigentes, lo que comporta que su compañero tenga ciertas inquietudes metafísicas, acompañadas de fracasos sexuales cada vez más frecuentes.

Sin embargo, para los hombres todo funcionaba muy bien desde hacía millones de años: traían el sueldo a casa —o la caza, en tiempos remotos— y las mujeres cuidaban a los niños; ellos estaban fuera de casa, mientras que ellas se quedaban confinadas en el hogar; ellos se sentían poderosos e indispensables, mientras que ellas no tenían ni siquiera el derecho a hablar, y mucho menos el reconocimiento social pues el mundo pertenecía a los hombres. Era normal que, a cambio de lo que aportaban los hombres, tuvieran compensaciones (un hogar bien

---

1. Según *Guide to Getting It On*, Paul Joannides, Goofy Foot Press, 2000.

## La insoportable levedad del sexo

cuidado, niños educados, disponibilidad sexual...): una vida de escaparate que respondía a la presión de tener que triunfar socialmente. Y, además, las mujeres no exigían un orgasmo.

Luego llegó el sobresalto liberador de las primeras feministas, el derecho al voto, la liberación sexual, la píldora, el aborto, el trabajo fuera del hogar y la independencia económica (que ha permitido que las mujeres se divorcien en vez de seguir sujetas a su compañero por falta de medios). Hasta aquí los hombres pudieron seguirlas, comprenderlas, decir que era algo justo y que, después de siglos de falocentrismo, ellas también podían pedir que se las reconociese, pero las mujeres no se plantaron en medio del camino: en apenas algunos decenios han recuperado todo el tiempo perdido y se han puesto a realizar exigencias abusivas. ¿Qué reivindican las mujeres de hoy en día? Hombres fuertes (aunque no demasiado porque entonces serían machotes), tiernos (pero sólo lo justo; si no, serían cursis), que las hagan reír (pero sin excesos porque, si no, serían payasos), seductores (pero con mesura porque, en caso contrario, estarían constantemente celosas), que las respeten (pero que también las exciten), que las tranquilicen (pero que tengan imaginación y sentido de la aventura). Total... esperan seguridad y sentimientos, confianza y reciprocidad, con una buena dosis de humor y de sensibilidad: en definitiva, la cuadratura del círculo. Y algunas incluso desean el derecho a la estabilidad económica con el marido que ellas quieran y con el amante que elijan y que puedan dejar cuando quieran. Todavía se encuentran pocas así pero, dentro de una generación, ¿quién dice que no habrán alcanzado al hombre en su propio terreno?

Puede que la báscula se haya desequilibrado... Ellos, desanimados, se preocupan; sus puntos de referencia han sido destrozados, dispersados, pisoteados. *Pater familias*, cabeza de familia, patriarca... Todas estas palabras han ido vaciándose de contenido... Fragilizados y despavoridos, se encuentran divididos entre la pérdida del paraíso y la tentación de dejar salir su lado femenino, como les exhorta toda la sociedad. «¡Ni siquiera temer a las mujeres!», llevaba escrito un treintañero en la camiseta, con letras rojas. De la broma a la amenaza... es mucho mejor que la desconfianza y la guerra de sexos. En Estados Unidos, todo esto se encaja relativamente bien gracias a la presión de un feminismo radical y muy influyente. Los hombres ya no se atreven a seducir a las mujeres o a proponerles que se acuesten con ellos la primera noche por miedo a convertirse en sospechosos (hasta la exageración) de violación o acoso sexual. La galopante judicialización de la sociedad ha reprimido las relaciones de pareja.

¿Qué hay que hacer para ser constructivo y evitar situaciones como las anteriores? Hay que tomar conciencia de los cambios que se han producido; dicho de otra manera: hay que hacer un análisis de la situación y reflexionar conjuntamente sobre la manera de reencontrar la armonía dentro de la pareja. Tras una dominación masculina de varios siglos no es deseable que se instale ahora una femenina. Dentro de algunos decenios, quizás el equilibrio se haya restablecido entre las dos partes, pero ya no estaremos aquí para verlo. Es mejor ser felices aquí y ahora que lanzarse a una nueva guerra.

## Hombres y mujeres, diferentes pero complementarios

Puede ser divertido realizar un pequeño inventario de las desavenencias habituales entre hombres y mujeres aunque, eso sí, con cuidado: no todos los hombres se comportan de la misma forma, lo mismo que las mujeres, afortunadamente. No existen normas universales ni leyes psicológicas grabadas sobre piedra. Los hombres pueden tener comportamientos que consideramos «femeninos», y al revés. El sentido de la responsabilidad, la agresividad, la violencia, el poder o la dominación no son necesariamente cualidades propias de los hombres, como tampoco la pasividad, la escucha, la ternura, la acogida o la amabilidad lo son de las mujeres. Hay que renunciar a la visión angelical de unas y a la demonización de los otros. Como escribe Élisabeth Badinter, «no hay una masculinidad universal, sino masculinidades múltiples, así como múltiples feminidades. Las categorías binarias son peligrosas, porque deshacen la complejidad de lo real en provecho de esquemas simples y reduccionistas».[2] Mensaje recibido... De todas formas, solemos pensar que la masculinidad, como la feminidad, comporta ciertas actitudes específicas según el género. La psicóloga Yolanda Mayanobe, citada en la revista *Psychologies*,[3] viene a decir lo mismo. Inaugura su curso con un cuestionario y pide a los estudiantes que contesten a la pregunta «¿Quién soy?» espontáneamente, con cinco respuestas. ¿Qué constata la mayoría de las veces? «Los hombres se definen por lo que hacen: trabajo, deporte, estudios, proyectos... Las mujeres dan sus nombres, hablan de su situación familiar (esposa, madre de tantos hijos, hija mayor, pequeña...), y luego se describen por su carácter: sensible, enérgica..., o por su

---

[2]. En *Fausse route*, un moderno análisis sobre las relaciones de pareja y el feminismo, Odile Jacob, 2003.
[3]. Del artículo «¿Quién eres realmente?», julio-agosto de 2003.

estado: enamorada, feliz... Algo que los hombres nunca escriben. *Las mujeres se sitúan en el ser y dan prioridad a todo aquello que concierne a su afectividad. El hombre se localiza en el hacer: se siente hombre porque actúa.*»

Otra «diferencia de estilo» esencial, remarcada esta vez por los estudios de psicobiología: desde una edad muy temprana se desarrollan modos de comunicación muy distintos entre chicas y chicos. Las primeras cuentan con un lenguaje «colaborador», mientras que los segundos emplean uno de «confrontación», según la expresión del psiquiatra Alain Braconnier.[4] Cuando discuten, las chicas ya utilizan fórmulas que expresan su acuerdo, marcan pausas para dejar hablar a los demás, y así buscan un efecto doble: ser agradables y sociables, pero defendiendo enérgicamente su punto de vista. Los chicos, en cambio, interrumpen e interpelan más a su interlocutor buscando el intercambio, queriendo controlar la discusión y, por encima de todo, reafirmarse. En la adolescencia, y más tarde en la edad adulta, estas diferencias continúan manifestándose a pesar de la fuerte atracción por el sexo opuesto, según observa Alain Braconnier.

El principal «desfase» entre los dos sexos se encuentra en el lenguaje (y en su uso), y de esta diferencia derivan todas las demás: las mujeres se muestran atentas y sociales; los hombres tienen la necesidad de reafirmarse y de convencer, sobre todo en presencia de otros hombres, ya que en ese caso se trata de proteger su condición de «macho dominante».

En caso de conflicto, ellas muestran el rechazo completo, lo que significa que también evitan hacer el amor; también pueden explotar y expresar vivamente todas sus emociones. Los

---

4. *Le sexe des émotions*, Odile Jacob, 1996.

## La insoportable levedad del sexo

hombres tienen más tendencia a tomar distancia y no se manifiestan, sobre todo por lo que respecta a sus sentimientos, lo que sería una muestra de debilidad. De ahí la progresiva escalada del enfado en silencio, cólera e, incluso, violencia. En el mejor de los casos, la crisis permitirá poner encima de la mesa lo que no funciona y reconciliarse al momento; en el peor, aquella derivará hacia el resentimiento, el alejamiento o la ruptura.

Las emociones femeninas y masculinas suelen manifestarse de un modo distinto, y pretender ignorar esto puede conducir a una catástrofe. Por el contrario, apoyarse en ello y usarlo como trampolín para comunicarse y para amarse es posible. De ahí que sea interesante delimitar mejor las diferencias.

*Julieta llega del trabajo muy agitada por lo que le ha pasado durante el día. Le cuenta a Romeo lo que le sucede, lo que ha pensado, lo que han dicho sus compañeros. A ella le gusta hacerlo, quiere realmente que él comparta su universo. Romeo escucha distraídamente y, al ver que ella no espera ningún consejo, se siente poco implicado y le pregunta si el mecánico ha llamado para avisar de que el coche está arreglado. Julieta se queda boquiabierta, su ánimo está por los suelos. Se siente incomprendida, se ha quedado de piedra. ¿Cómo puede ser tan distante? Si no le interesa lo que ella le cuenta, es que no le interesa ella. Es un egoísta que no entiende nada, un macho enganchado exclusivamente a su coche y a sus cenas. Esta escena banal ilustra perfectamente una de las grandes fuentes de incomprensión entre los dos sexos: las mujeres necesitan compartir* sus emociones y hablar para alimentar su relación; los hombres intercambian información y esperan que se les pida consejo o estrategias.

Tomemos otra situación. Es fin de semana. Julieta ha decidido perdonar su pequeña falta de delicadeza y prepara una buena cena para Romeo y sus invitados. Él entra en la cocina mientras ella prepara la comida, le da un beso instintivo al pasar, levanta la tapa y dice en voz alta: «¡Guisantes!». Julieta reacciona enérgicamente: «¿Qué pasa con los guisantes? Son biológicos, con cebolletas frescas, beicon y especias. Si no te gustan, la próxima vez sólo tienes que encargarte tú de la cena. Cuando pienso que me esfuerzo tanto por tus amigos... ¡Qué injusticia!». Romeo se queda mudo ante esta reacción. Él simplemente quería decir «guisantes», nada más. Ella ya los había preparado la semana anterior y le encantan los guisantes... Primero intenta calmarla, pero luego alza el tono de voz: «Montas un drama por todo; siempre pasa igual. Eres como tu madre. No se te puede decir nada; me dan igual tus guisantes». En definitiva, el enfado silencioso va aumentando, da un portazo y se va. ¿Qué ha pasado esta vez entre ellos, en este preciso momento? ¿Una simple palabra desafortunada ha provocado esta espiral de conflictos? Sin duda, no se trata de eso. Es verosímil que las cosas que no se dicen, las incomprensiones y las frustraciones mutuas se vayan sumando poco a poco. El episodio de los guisantes sólo es la gota que ha colmado el vaso. Sin embargo, puede observarse un modo relacional desfasado en los dos sexos: Julieta, como suelen hacer las mujeres, se ha sentido cuestionada con esos comentarios y nada valorada por sus cualidades, entre ellas las de cocinera, por supuesto. Y luego ese beso mecánico en la cocina, como si ella fuese un mueble, una asistenta a su servicio. El viejo demonio femenino renace en ella: ¿soy realmente especial para él?, ¿le importo de verdad?, ¿se da cuenta de mis cualidades?, ¿soy (una cocinera) única? Este pensamiento no es soportable para una mujer que se involucra en lo que hace. Si Romeo, por su parte, hubiera imaginado ese planteamiento, seguro que no hubiese dicho nada... pero nada de nada.

## Las mujeres explicadas a los hombres

Por comodidad, una vez más diremos «las» mujeres son..., «los» hombres hacen..., pero, evidentemente, nada es tan sencillo ni está tan definido: algunas mujeres «llevan los pantalones» y algunos hombres tienen la fibra femenina muy desarrollada (sobre todo aquellos que se han dedicado a conocerse); por ello a veces resulta difícil reconocerse en todo momento. Y en esta lectura el humor es el mejor aliado contra la caricatura.

### ⇢ Las mujeres expresan sus emociones
Las palabras sirven para tirar del hilo afectivo, para intercambiar o expresar emociones. Sean estas alegres o tristes, angustiadas o inquietas, las mujeres lo manifiestan, se explican, lo hablan, y esto diluye todas sus tensiones (positivas o negativas). No se sienten cuestionadas porque hayan llorado. Una vez se han desahogado, pueden incluso sonreír y pasar a otra cosa.

Para muchos hombres, esta actitud es incomprensible, en el límite de la histeria, no saben lo que quieren: lloran, ríen, cambian de tema... Es cierto que ellos están más acostumbrados a esconder sus sentimientos cuando se sienten mal, como si fueran un signo de debilidad, cuando se sienten frágiles, vulnerables, expuestos, avergonzados... Todo esto es incompatible con su idea de la virilidad. Para resultar creíbles y convincentes, deben mostrarse dueños de sí mismos. A los hombres que han reflexionado sobre sí mismos, o que han tratado con un psicoterapeuta, les resulta más sencillo hablar de sus emociones y están más dispuestos a dialogar. Las mujeres lo aprecian, siempre que ellos no se centren únicamente en su ego.

### → A las mujeres no les gusta jugar a las adivinanzas

En una relación estable de pareja, es esencial que los hombres desarrollen algo mejor su afectividad, que aporten las claves de sus intereses y de sus emociones. Si esto funciona, a las mujeres les encanta saber y participar de ese bienestar; si no va bien, ellas igualmente esperan que se lo cuenten, sin que tengan que adivinarlo todo. Tomemos como ejemplo el trabajo, uno de los pilares de la vida del hombre; es importante que ellos no mantengan sistemáticamente a su pareja al margen de sus preocupaciones (para protegerlas o para mantener su jardín secreto). Las mujeres no son pájaros frágiles que haya que resguardar. Pero ¿cómo pueden ellas entender a su compañero si no sospechan sus tormentos, ni siquiera sus satisfacciones? ¿Cómo puede nacer una relación cómplice y duradera? Pues exactamente igual pasa en la vida amorosa. Los hombres que llegan a expresar sus sentimientos, sus penas y sus dudas como mínimo facilitan el diálogo y la relación. Así pues, es mejor que ellos se abran, como los rosales, de vez en cuando y muestren sus preocupaciones.

### ⇢ A las mujeres les gusta que las comprendan

Para las mujeres, el simple hecho de poder explicarse y de ser consoladas las tranquiliza, incluso aunque no existan soluciones a sus problemas. Ante esta situación los hombres se suelen sentir desconcertados: ellas esperan apoyo y comprensión, y ellos responden con soluciones y consignas concretas («tranquilízate», «haz esto»). Por el contrario, ellos raramente solicitan ayuda o piden un consejo. Cuando tienen un problema prefieren concentrarse en sus pensamientos hasta que encuentran *su* solución; se sumergen en el periódico o ven la televisión y, durante ese tiempo, el problema está apartado o pospuesto. Del mismo modo, difícilmente pedirán que los orienten cuando se sienten perdidos... Si esto sucede, tienen que estar en un estado de desorientación verdaderamente grave.

### ⇢ A las mujeres les gusta exagerar, sobre todo cuando discuten

Cuando discuten no dudan en decir: «Llegas con media hora de retraso» en vez de diez minutos; con ello, de repente, tienen menos credibilidad a los ojos de los hombres, que descodifican textualmente lo que han dicho y consideran que están equivocadas... No sólo por el retraso, sino por todo en general. Aunque la forma de decirlo deje bastante que desear, en el fondo ellas suelen tener razón: por eso es mejor intentar entender lo que han querido decir.

### → Las mujeres reconocen con más facilidad sus errores

Cuando se equivocan son menos reacias a reconocer su error. No se sienten ni inferiores ni infravaloradas por esta actitud; al contrario, se encuentran «crecidas» por ser capaces de hacerlo y consideran que el mundo iría mejor si los hombres obraran igual. Desgraciadamente, para ellos la entrega es diferente: les es más complicado decir «tienes razón» o, peor aún, «me he equivocado». Esto sería una confesión de impotencia en toda la aceptación del término.

Sin embargo, los hombres deben entender lo siguiente: en una discusión, independientemente de lo que se crea, hay siempre dos perdedores. El perdedor ha sido vencido... pero va a hacer pagar al ganador su victoria de una manera u otra. Por eso resulta más interesante, aquí también, abrirse como un rosal. Los hombres pueden adelantarse a sus compañeras y excusarse de sí mismos o, si esto resulta demasiado complicado, salir del paso: bromear, regalar flores, reconocer en plena discusión las cualidades de la mujer («estás tan guapa cuando te enfadas...»). El mensaje funcionará, aunque ella ponga cara de estar aún enfurruñada. Después de la crisis quizá se pueda discutir con más calma, con la máxima sinceridad posible. Es preferible arreglar la situación que arreglar las cuentas.

### → Las mujeres son sensibles a las apariencias y a la puesta en escena

Cuando preparan una cena íntima (o entre amigos), no sólo colocarán los platos pequeños encima de los grandes, sino que cuidarán de la presentación de la mesa y del aspecto de la sala y, en general, de toda la casa. Todos los detalles cuentan como si se tratara de sí mismas y de su aire festivo. A veces lamentan que los hombres no hagan tanto por ellas, y entonces pueden pensar: «Para él no valgo la pena». Los hombres que han entendido esta petición esencial tienen más mecanismos de seducción.

### ⇢ Las mujeres aprecian las atenciones

No basta con decirles que llevan un vestido bonito o que están preciosas, o incluso que la comida está «buena»; hay que personalizar y mostrar entusiasmo: «Estás tan guapa con ese recogido», «Tu sonrisa ilumina el sol», «¿Cómo lo haces para preparar platos tan deliciosos?». Han estado preparando la cena de esa noche durante horas, luego se han probado varios vestidos, han vaciado los armarios, se han maquillado, peinado; en definitiva, se han dedicado en cuerpo y alma, así que una simple aprobación significa para la mayoría de ellas un desaire.

### ⇢ A las mujeres les gustan los cumplidos y los regalos

Los cumplidos, las flores o los pequeños coqueteos mantienen el placer y alimentan el deseo, les aporta un pequeño aire de excepción. Para las mujeres son indicadores de que se las sigue apreciando. Y cuando esto no sucede, se sienten un tanto abandonadas, frustradas o insatisfechas. Hay que ponerse en su lugar: por su hombre ellas son capaces de hacer una inversión sumamente grande; pueden llegar a pensar en un regalo con seis meses de antelación, recordar que a él le encantó tal libro o tal objeto y ofrecérselo en seguida, aunque él mismo haya olvidado incluso haberlo mencionado. Ellas van a desplegar mecanismos de ingenio y a conseguir lo que sea. Pero el hombre en cuestión ¿qué hace? Por lo general, no mucho. No es raro que el 5 de enero a las seis de la tarde, o el día del aniversario, piense: «Rápido, necesito un regalo». Es casi una formalidad o una concesión a la vida social. En una ocasión especial y con un mínimo de reciprocidad, es fácil anotarse algunos puntos en el marcador. De hecho, ¿qué pensaría el marido si su cuadragésimo aniversario hubiera transcurrido sin felicitaciones?

### ⇢ Las mujeres necesitan escuchar «te quiero»

Para las mujeres que dan mucha importancia al plano afectivo y al relacional, «te quiero» es la fórmula mágica, la semilla indispensable, el detalle cariñoso que significa: «Eres tú y no otra persona», aunque en el fondo presientan que no siempre es verdad. Les encantan las palabras de amor, forman parte de la puesta en escena sentimental o erótica, como si hubiésemos preparado un buen decorado para ellas. Los hombres detestan decir «te quiero» porque se sienten atrapados, comprometidos, ligados. Si lo pronuncian imaginan que ya no hay marcha atrás. Y, evidentemente, no es verdad; palabra por palabra, «te quiero» expresa un sentimiento (que podemos embellecer para la ocasión) pero no un compromiso.

### ⇢ A las mujeres les gustan las pequeñas atenciones

Cuando están tensas, angustiadas o cansadas, se sienten infinitamente aliviadas si se les descarga de pequeñas tareas que asumen habitualmente. Basta con hacer la prueba una noche. Ella parece agobiada y reventada: decidle que vosotros recogeréis los platos, ordenaréis la cocina o sacaréis la basura, aunque vuestra jornada también haya sido extenuante. Entonces verá que os habéis fijado en su cansancio (y por lo tanto que aún tenéis atenciones con ella), que estáis dispuestos a apoyarla, que no menospreciáis su trabajo (se sobreentiende que no está reservado solo a las mujeres), que sois conscientes de vuestras responsabilidades. Todo esto va más allá de ser una mera ayuda doméstica: se trata de un estado del espíritu. Y si vosotros hacéis esfuerzos, ella también los hará siendo más tierna, más abierta, más..., más..., más...

⇢ **Las mujeres aprecian la caballerosidad**
Del mismo modo, la mayor parte de las mujeres adoran que les abramos la puerta del coche, que les preguntemos si podemos fumar a su lado, que les propongamos llevarles la maleta (aunque tenga ruedas para hacerlo ellas mismas). Es bonito hablar de una igualdad de sexos en la que la educación y la caballerosidad se conservan intactas. Los hombres que hacen alarde de ello hoy por hoy ganan puntos y marcan la diferencia.

⇢ **Las mujeres disfrutan con mimos desinteresados**
Sí, ellas hacen la diferencia perfectamente entre un gesto tierno, una caricia dulce y «gratuita», desinteresada, y el acto sexual. El problema es que, para los hombres, la caricia a menudo está asociada a la relación que la sigue. Ahí es cuando se pone el dedo en la llaga. Ellas acaban por renunciar a esos pequeños placeres porque saben precisamente a dónde van a ir a parar de forma automática. No les gusta que las traten como «mujer objeto». Y si sólo se las toca cuando van a hacer el amor, no se sienten amadas por ellas mismas, sino por su sexo. Si los hombres quieren más cariño en su pareja, deben aprender a acariciar sin ningún objetivo concreto...

## Sexo y sentimientos

### → Las mujeres no besan con facilidad

Un gran número de ellas tienen la sensación de que besar con lengua a un hombre implica mucho más que hacer el amor con él, aunque forme parte del «juego». La prueba está en las prostitutas: nunca besan. La boca no es una zona neutra; se trata de la prolongación del espíritu, de la palabra, de la persona, puede incluso que del alma, y en cierta medida, de las emociones. Es un lugar sagrado para la mujer, un teatro sentimental. Un hombre puede perderse en este tipo de sutilidades: ¿cómo puede ofrecerle su sexo y no su boca?, ¿dónde está el error?

### → Las mujeres necesitan el «mejor de los mundos» para hacer el amor

De entrada, no tienen que estar tensas y deben sentirse cómplices para entregarse, mientras que los hombres ven en el sexo un medio ideal para desahogarse y para «reunirse con la almohada». El impulso les arrastra hacia el plano afectivo. En caso de conflicto, ellas piensan: «No veo por qué tengo que hacer el amor si él no tiene atenciones conmigo»; los hombres piensan: «No veo por qué tendría que tener atenciones con ella si no hace el amor conmigo». Ellas se enfadan: «No lo he visto durante toda la semana y, en vez de hablar, quiere sexo»; ellos se impacientan: «No la he visto durante toda la semana, así que más vale que nos vayamos a la cama». Dicho de otra forma: para mantener relaciones sexuales las mujeres necesitan amar o convivir de algún modo con la otra persona; para amar, los hombres priorizan claramente el hecho de hacer el amor. Si ninguno de los dos hace un mínimo esfuerzo, la sexualidad puede convertirse en objeto de conflictos: un medio soñado de culpabilidad para las mujeres, una fuente de dominación para los hombres.

## ⇢ Las mujeres son cíclicas

Pues sí, el legado biológico hace que las mujeres estén sometidas a más procesos hormonales que los hombres: antes de la regla, después de la regla, antes del embarazo, durante, después, sin hablar de la perimenopausia y de la menopausia... Todos estos acontecimientos hormonales tienen un impacto directo más o menos intenso sobre el deseo. Los hombres, que no están sometidos a semejantes fluctuaciones, pueden no entender bien lo que ocurre. Y si se les rechaza pueden sentirse despreciados y cuestionados por algo personal (como si su pene lo resumiera todo), cuando se trata de una cosa muy distinta.

## ¡Para comunicarse no hace falta hablar!

El cuerpo tiene su propio código que refuerza o complementa el lenguaje verbal pero que, a la vez, lo traiciona. Mientras las palabras dicen una cosa, los gestos pueden decir otra diferente. El cuerpo se expresa con su vocabulario, su sintaxis, su puntuación e, incluso, sus errores. Un ejemplo: el rostro crispado, los pies plantados en una posición, los brazos cruzados...; la actitud señala encierro, pero las palabras dicen: «Te escucho». Un diálogo normal se compone de un tercio de mensajes verbales y dos tercios de mensajes gestuales (deben de existir un millón de códigos y de señales corporales). El famoso etólogo Desmond Morris establece las principales señales de seducción en los siguientes gestos: miradas insistentes, el roce de la mano, cabeceos vigorosos de aprobación, sonrisa con los labios abiertos, cuerpo exhibido sin barreras de protección, miradas rápidas lanzadas al otro para comprobar sus reacciones, ojos muy abiertos y cejas levantadas, juegos activos con la lengua y labios humedecidos más de lo normal.

Estos gestos, conscientes o no, son perfectamente captados, aunque no sean siempre bien interpretados. Esta pequeña experiencia, llevada a cabo hace ya algunos años en el Instituto Max Planck de Múnich, puso en evidencia los posibles malentendidos que pueden producirse. La psicolingüista Christiane Tramitz, especialista en el estudio de la seducción, mostró una película a un grupo de hombres y de mujeres. Se trataba de una encantadora actriz que, en un bar, se dirige al espectador haciéndole movimientos sugerentes. Hacia el final de la secuencia cambia de actitud y desvía marcadamente la mirada. Los espectadores tenían que pulsar un botón cuando detectasen una «invitación» y se sintiesen preparados para el «abordaje». Resultado: los que estaban acostumbrados a salir de noche a bares respondieron rápido a las primeras insinuaciones seductoras, pero casi no repararon en el cambio de actitud. Los tímidos actuaron más despacio, pero en la misma línea: interpretaron los diferentes detalles provocadores, como la posición oblicua y lánguida del cuello, o el hecho de arreglarse la ropa; sin embargo, tampoco se dieron cuenta del giro de 180 grados que daba la actriz. Por el contrario, el grupo de control femenino que también había visto la secuencia no captó especialmente que esta hiciera alguna insinuación. Para Christiane Tramitz, las mujeres son más sensibles que los hombres a los signos negativos o de rechazo. Esta sorprendente diferencia de percepción explica, según ella, el malentendido fundamental que se produce entre hombres y mujeres acerca del lenguaje corporal. Los «machos» ven lo que tienen ganas de ver y en numerosas ocasiones están dispuestos a pensar que los deseos son realidad...

## Clase de puntuación

Puntúe la siguiente oración:
«Woman without her man is nothing».

«Woman, without her man, is nothing.»   (La mujer, sin el hombre, no es nada.)
«Woman! without her, man is nothing!»   (Mujer: sin ella, el hombre no es nada.)

# ¿LA PAREJA ES UN INVENTO?

La pareja se ha vuelto extraordinariamente importante y frágil. Es el grupo más pequeño posible, con un denominador común e intereses compartidos, ya que las comunidades religiosas o de pensamiento, las grandes alianzas políticas o las tribus ampliadas con varias generaciones bajo su mismo techo han sentado bastantes bases. Repentinamente, la pareja se ha visto cargada de faltas y de sueños, y amenazada con todas las imperfecciones; como escribe el psicoanalista Serge Hefez: «Se trata de un vínculo en constante movimiento, amenazado desde el interior por la individualidad de cada uno de los miembros de la pareja, y desde el exterior, por los modelos que deben seguirse».[5]

Su fragilidad se siente en la piel, ya que se trata de seres «conjuntamente libres».[6] Queremos realizarnos, mantener nuestra independencia, pero también deseamos vivir en pareja, porque el amor existe, porque la pareja da seguridad... y

---
5. Junto a la periodista Danièle Laufer en *La danse du couple*, Hachette Littérature, 2002.
6. Según la expresión del sociólogo François de Singly.

## Sexo y sentimientos

porque no hemos encontrado nada mejor para sustituirla, sólo que... ¿cómo sentirse plenamente responsable de una historia que se construye entre más de una persona? Si no funciona, es un *nosotros* quien se ha equivocado, y no un *yo*. En el mismo sentido, le toca al otro hacer cualquier cosa para salvar la relación. De cara a la pareja, cada uno es consciente de sus derechos, pero no lo es tanto de sus obligaciones. El credo es: «Estoy bien, pues sigo así», «Estoy peor, pues miro hacia otro lado». La pareja se ha convertido en un bien de consumo, casi igual que cualquier otro.

Las uniones de nuestros padres y de nuestros abuelos estaban lejos de ser idílicas: no siempre se elegían mutuamente, los matrimonios se formaban por algún motivo razonable y se mantenían hasta el final *porque era lo correcto*. La moral social se resumía en una necesidad de estabilidad de cara a la paz social y del hogar, con el fin de transmitir los bienes sin ninguna traba. La fidelidad que, en principio, se suponía facilitaba la herencia a los hijos legítimos. El amor venía a ser la guinda del pastel, ante lo que realmente primaba la razón (social, familiar o financiera). Y a partir de ahí se aprendía a querer... Y a veces funcionaba.

Las parejas actuales gozan de una libertad infinita. No reclaman tanto la estabilidad como la calidad de las relaciones. Se mantienen juntas porque lo desean. Esta libertad para algunos es algo positivo pero para otros pasa a ser un punto débil: ante el mínimo desliz en el «contrato», ante la más mínima pérdida de interés o de deseo, cada uno coge sus bártulos y se va a jugar a otro lado.

El modelo paterno tenía sus límites y sus imperfecciones; el modelo actual tiene otras cosas. El equilibrio está, indudablemente, en encontrar el punto medio de la balanza. Pero en ambos casos existe un elemento que no varía: el tiempo, la duración de la relación. Una pareja es obra de dos, con un proceso marcado por las crisis y sus superaciones.

## ¿Todavía con el cuento del príncipe azul?

Ya no es época de princesas encerradas en su torre de marfil, ni de mujeres pasivas y sumisas que esperan un hombre que venga a salvarlas y a colmar todos sus deseos. Entonces, ¿las mujeres siguen esperando al príncipe azul? ¿Siguen funcionando según el modelo tradicional? Seríamos justos si lo dudáramos, con la oleada de feminismo y de liberación sexual que nos rodea. Sin embargo, el príncipe no ha muerto y continúa siendo un salvador. Pero ¿qué salva? Salva... a la mujer llevada por sus sueños. Y lo que sueña es abandonar el nido paterno para ser por fin ella misma, encontrar al hombre cómplice y protector, (re)hacer su vida o, simplemente, compartir con alguien sus aspiraciones. El príncipe continúa velando hoy por hoy por sus deseos, trabados por las prohibiciones, los tabús y la educación. Él aparece como elemento justiciero para aportarle confianza y ayudarla a avanzar en sus metas. Entendámonos: el príncipe esperado no tiene nada de héroe ideal ni caduco; la mujer que sueña con él tampoco es una víctima de esa leyenda desfasada, sino que simplemente espera a un hombre, uno real, que la quiera y que la ayude a vivir. Pero, seamos justos, el hombre también espera a la «princesa encantada»; dicho de otra manera, a «la mujer ideal», la que estará a su lado para escucharlo y la que sabrá tranquilizarlo. ¿Cómo pasar toda la vida solo, sin sentirse reconocido y amparado bajo la mirada del otro (de ella)?

### Sexo y sentimientos

#### → Un poco de Freud

El mito aún existe por culpa del complejo de Edipo, descrito por Sigmund Freud. *Complejo*, en psicoanálisis, no quiere decir enfermedad física, sino conflicto psíquico. Este aparece durante la infancia, entre los tres y los siete años: un drama con tres personajes: el padre, la madre y el niño «enamorado» de uno de los dos (el del sexo opuesto). Pero este amor está prohibido y, por lo tanto, es imposible. De ello surge una rivalidad con el progenitor del mismo sexo, y el consecuente sufrimiento, necesario para crecer. Si el niño no hubiese sufrido este primer fracaso, ¿cómo podría desear otra cosa? Esta insatisfacción y esta frustración, percibidas de forma inconsciente, van a servirle de antena durante su existencia y van a permitirle esperar a la «mujer ideal». Ningún adulto recuerda esa primera historia de amor con su padre o con su madre si no es mediante psicoterapia; este tipo de amnesia afecta a todo el mundo, y resulta necesaria para avanzar en la vida y para desligarse de los padres. Sin embargo, deja una huella que puede interferir en la elección de la futura pareja.

## No nos enamoramos por casualidad

Para enamorarse, uno tiene que ser libre, estar disponible, preparado para el encuentro. Ella aparece, dice una palabra, hace un gesto, lanza una mirada, y ya está, el proceso se ha desatado. ¿Por qué ella? Más allá de cualquier explicación racional, la alquimia actúa y llega a lo más profundo de las emociones de cada uno. Aunque todo parezca casualidad, en realidad existe una forma de teatro inconsciente que permite el acercamiento.

## ¿La pareja es un invento?

Como decía Freud con referencia al complejo de Edipo, «encontrar el objeto sexual (objeto animado) no es más que reencontrarlo». He aquí a papá y a mamá que reaparecen, pero también el niño que todos llevamos dentro. De ahí que se produzca el choque amoroso: el otro entra en resonancia con el niño que hemos sido y aflora a la superficie una vorágine de apasionadas emociones. El alma gemela puede parecerse al padre amado por un rasgo de su carácter (la entonación de la voz, el lado protector) o por el aspecto físico (silueta, cabello...). En realidad, no buscamos la imagen real de la madre o el padre (eso sería demasiado simple), sino una imagen idealizada o fantaseada; para complicar el asunto, también podemos anhelar una «figura paternal» que sea muy distinta: la madrina, la tía, la canguro, la hermana mayor o una actriz admirada.

### ⇢ Todas menos mamá

La elección amorosa a menudo se realiza por oposición al padre, para protegerse de un deseo inconsciente o para mantenerlo alejado. Esto se observa claramente en parejas mixtas (culturalmente, por religión, por nacionalidad o, incluso, socialmente muy distintas). La mujer de la que quedamos prendados se aleja fundamentalmente de su medio original.

> *El ejemplo de Jonathan habla por sí solo. Él es judío y nunca ha podido emparejarse con mujeres de su propia religión, peligrosas sin duda por parecerse demasiado a su madre (puede que amables, pero intocables en el fondo). La consumación del acto sería vista como un incesto. A Jonathan sólo le gustan las suecas; así no vuelve a plantearse la cuestión.*

### Sexo y sentimientos

> *Sin embargo, incluso en la reacción o en una elección asumida plenamente, podemos quedar atrapados por el inconsciente. Jonathan nunca ha podido llevar una relación hasta el final ni vivir en pareja durante mucho tiempo. Ha interiorizado la «ley del padre», que ha dicho no.*

En una pareja hay que aprender a contar como mínimo hasta cinco: tú, yo, nuestra relación, papá, mamá, etc. Este dicho cargado de sentido expresa esta creencia: «Cuando nos casamos con una mujer, nos casamos también con su familia».

### ⇢ Mi media naranja

Escoger a la mujer ideal es un proceso que se construye o se consolida gracias a unos resortes psicológicos inconscientes. Podemos sentirnos atraídos por aquella que nos tranquiliza y que colma todas nuestras expectativas. A menudo las historias de amor empiezan a causa de un desamparo, en un momento de gran vulnerabilidad. Pero el hombre, si se comporta como un servil caballero, no solo complacerá a la mujer, sino que él mismo se reafirmará en sus cualidades y en su propia autoestima ya que, a sus ojos, está ofreciendo admiración y amor. Esta imagen reflejada es suficiente para hacer sentir bien a cualquiera. De ahí surge la pasión que consuela y repara.

### ⇢ Por qué ella y por qué yo

A veces nos gusta la persona que es totalmente opuesta a nosotros, y que parece que cuente con todas las virtudes del mundo. Es otra persona, complementaria, la parte que siempre hemos soñado de nosotros mismos. Tiene todo aquello que a nosotros nos falta, está a gusto donde nosotros no nos sentimos cómodos, emprende lo que nosotros no somos capaces, ve la botella medio llena cuando nosotros la vemos medio vacía. Y si nos elige, eso significa que valemos la pena, ¿no? Lo difícil cuando se es tan diferente es que lo que permite la «conexión» al principio puede que con el tiempo se transforme en una bomba de relojería. Es un riesgo que hay que correr.

> *Juan es un hombre silencioso, misterioso, muy discreto y, sobre todo, desconfiado a ojos de las mujeres. Es un soltero empedernido y nunca se ha implicado realmente en ninguna relación amorosa. Sin embargo, cuando encuentra a Micaela, se deja seducir fácilmente, se deja encantar por su extravagancia, su ligereza, su despreocupación y su alegría de vivir. Parece que vaya bailando por la vida... Rápidamente se quiere ir a vivir con ella y formar una familia. Pero, al cabo de unos meses, la vida en común se vuelve caótica. Ella necesita constantemente que la sorprenda, quiere que Juan la impresione todo los días, desea experimentar algo diferente diariamente en el sentido emocional. Entonces él se percata de lo agotador que resulta estar constantemente en estado de alerta; también se da cuenta de que Micaela necesita seducir a los demás. Su «danza oriental» se dirige a todos los que se cruzan en su camino: sus amigos, sus colegas... De repente pierde su serenidad, su sueño y la euforia de los primeros días. Poco a poco se convierte en alguien desconfiado y taciturno. Su pareja se ha vuelto incontrolable...*

## El sueño del amor romántico

Atendiendo al aspecto de la comunicación en la pareja, a menudo observamos que vuelve a florecer la nostalgia de los primeros tiempos, maravillosa e idílica. La pareja no se resigna a abandonar esa fase tan extraordinaria de despertares y revelaciones. La terapia consiste en aceptar otra realidad, en comprender que forma parte del pasado iniciático y que, en el proceso de maduración, la pareja ha crecido. Hay que aprender a renunciar a ciertos aspectos pasados de la historia para poder formarse de otra manera. Se trata de un trabajo de luto verdadero y de renovación. Después de la fase de idealización necesaria hay que evolucionar hacia una relación constructiva, de comunicación y de unión. Esto significa pasar de la idea de mujer idealizada a la de mujer auténtica, con sus virtudes y sus defectos.

## El nacimiento de la pareja

Todas las parejas tendrán que pasar por tres etapas para poder construirse, repletas de crisis fácilmente previsibles.

Etapa número uno: la **fusión**. «Pienso lo mismo que tú», «Adivino tus pensamientos», «Nos entendemos con sólo mirarnos»...; la complicidad es total, resulta tan gratificante que uno se siente como si fuera un niño, en estado de regresión; dicho de otra manera, en simbiosis con la madre, en aquella época idílica en que se cree que se es uno solo, ella y uno mismo. La ecuación de la pareja se resume a $1 + 1 = 1$. El yo ha desaparecido en favor del nosotros. Vivimos como siameses, no hacemos nada uno sin el otro, hasta que... nos empezamos a asfi-

## ¿La pareja es un invento?

xiar. Es ilusión fundacional de la vida en pareja, estar convencidos de haber encontrado a nuestro doble.

Etapa número dos: la **separación** o **diferenciación**. Cada uno respira por su lado, retoma sus cosas y vuelve a ser él mismo. Se es capaz de hablar por la otra persona y de afirmar sus gustos. La pareja cambia de ecuación: $1 + 1 = 3$, tú, yo y nuestra relación. Cuando esta etapa no se produce sincrónicamente, estalla la primera crisis. El otro vive la separación de su compañero y su repentina autonomía como un rechazo o un abandono. Si se supera la crisis, perfecto; si no, llega la separación. De hecho muchas parejas se acaban justo en este momento.

Etapa número tres: **la exploración de uno mismo y de sus propios límites**. En esta fase, cada uno querrá vivir ciertas cosas juntos y otras «solos». Es el momento de salir con los amigos, de recuperar viejas aficiones olvidadas o, incluso, de coquetear alguna vez con otras mujeres para volver a experimentar esas sensaciones y comprobar que aún se puede seducir. Dejarse llevar por el momento puede representar de nuevo un peligro. Si la pareja habla poco, las frustraciones y los silencios se acumulan... como la calma antes de la tormenta.

Sólo si se superan con éxito estas tres primeras etapas, la pareja alcanza su verdadera madurez. Es preferible la proximidad a la fusión, ya que resulta menos destructiva. Cada uno se acepta con sus deseos y sus prioridades, pero también con sus manías y sus defectos. Y cada uno decide, plenamente consciente, lo que tiene que invertir en ese legado común, lo que le parece aceptable y necesario para que la pareja siga funcionando. Por poner un ejemplo: no tenemos que conformarnos sólo con pagar el alquiler si queremos construir una verdadera historia de amor; eso, más que vivir en pareja, sería más bien compartir piso. La evolución del acercamiento conlleva amor, escucha y negociación. Los años van pasando, la pareja llega a vivir en unión. Los niños han crecido o han abandonado el hogar y las apuestas profesionales ya han pasado. La pareja ha retrocedido lo suficiente como para poder volver a dedicarse a sí misma.

Algunos enamorados cruzan estas etapas paso a paso, cogidos de la mano; otros llegan al final del camino juntos, pero acaban por separarse. Unos fracasan una primera vez pero vuelven a intentarlo en la siguiente. Otros inventan reglas nuevas para vivir en pareja siempre que lo vuelven a intentar. Y es así como un encuentro banal se convierte en una historia de amor eterna o en un fiasco lamentable. No existen normas, ni duración determinada, ni ninguna receta para el éxito. «Un paso hacia delante, un paso hacia atrás, un paso hacia el lado..., las parejas no paran de danzar una especie de tango para regular lo que van metiendo en el legado mutuo y lo que reservan para su vida personal: sus compromisos profesionales, deportivos o amistosos», escribe Serge Hefez.[7] «La distancia adecuada se determina según una negociación implícita y feroz que pone en juego cuestiones existenciales extremadamente importantes. En realidad, los primeros meses, incluso los primeros años de vida compartida, se pasan determinando esta distancia que evoluciona y fluctúa con la misma existencia, y nunca es la misma para ninguno de los dos cónyuges.»

El psiquiatra Boris Cyrulnik decía, no sin cierta burla: «Nos enamoramos y cuando nos damos cuenta ya estamos atados». Esta otra formulación resulta más optimista: «Nos enamoramos y, cuando nos damos cuenta, entonces nos atamos». Se trata de un acto dinámico y constructivo.

---
7. En *La danse du couple*, op. cit.

## Sobre la vida de pareja

◇ **¿Tenemos que buscar el verdadero amor a cualquier precio?**

*¿Por qué debemos hacerlo? ¿En virtud de qué modelo único? ¿Y por qué uno antes que otro? Algunos se sentirán profundamente felices habiendo vivido una gratificante carrera profesional, deportiva o humanitaria. Otros se realizarán mediante el amor, la paternidad o la familia. Existen infinidad de posibilidades para expresar la disposición individual de cada uno. Lo importante es realizarla y no guardársela para uno mismo sin expresarla nunca. ¿Cómo podemos saber cuál es nuestro verdadero potencial? Aquel en el que nos sintamos profundamente satisfechos (y no de manera superficial).*

◇ **¿Los hombres aún sueñan con la mujer ideal?**

*Algunos se empeñan en ello, e incluso son capaces de describirla detalladamente. Otros afirman que no, y están convencidos de que no importa qué mujer sea, siempre que esta les atraiga. Esto no impide que busquen, a veces inconscientemente, el mismo tipo de compañera, no necesariamente una rubia con los ojos azules, o aquella exuberante morena, sino la dulcinea que sabrá serenarlos: aquella de la que aprenderán o a quien ofrecerán todo (quizá porque tienen la necesidad de sentirse admirados), aquella que jugará el papel de mujer-niña (puede que porque tienen miedo a las mujeres o porque quieren protegerlas), aquella que tomará todas las decisiones dentro de la pareja (posiblemente porque tienen miedo a la vida o dudan de sus propias capacidades). Este ideal a menudo se ve influenciado por la imagen de la madre: algunos escogerán a una compañera muy parecida a ella, otros totalmente opuesta; en cualquier caso, siempre con referencia a la madre. Será «fatal», «romántica», «virgen» o «liberal», o todo a la vez. En otros tiempos, algunas parejas mayores se llamaban «papá» y «mamá», referencia que resulta significativa. Esto dice mucho de los términos de la relación...*

## Sobre las crisis de pareja

◇ **Acerca de la crisis de los tres, de los siete y de los diez años, ¿existen realmente?**

*Más o menos, siempre que no tomemos los datos al pie de la letra. Sabemos, por ejemplo, que muchas parejas se divorcian durante el cuarto año, lo que nos lleva a esos famosos tres años. También conocemos que muchas parejas se separan después de nacer el primer hijo, es decir, demasiado pronto. Además, nos consta que la media de divorcios se sitúa alrededor de los catorce años después de casarse, de lo que se sobreentiende que los problemas han aparecido algunos años antes, el tiempo necesario para iniciar los trámites del proceso. De hecho, las crisis están presentes en todo cambio de situación, positivo o negativo: mudanza, trabajo nuevo, promoción, proyectos, paro, nacimiento, reencuentro, etc.*

◇ **La situación se ha vuelto insoportable, ¿cómo consigo que mi mujer cambie?**

*Si uno de los cónyuges de la pareja evoluciona y su actitud cambia, el otro lo hará automáticamente, a veces de manera milagrosa. Es el principio de las terapias de pareja denominadas «terapias sistémicas».*

### ¿La pareja es un invento?

*Una historia verdadera. Marcos soporta muy mal que Juana no quiera mantener más relaciones con él. Ella prefiere dormir en otra habitación y le reprocha su «acoso sexual», mientras que él reclama una noche de amor de vez en cuando. Sin embargo, ella no ha dudado en engañarle durante dos años. De repente, él vuelve a querer a Juana, pero se siente humillado al recordar la infidelidad de ella. Es en este momento cuando va a la consulta porque, a pesar de todo, desea reconstruir su pareja y su familia. El terapeuta le hace comprender que la humillación y la persecución sólo sirven para envenenar la situación. Juana se ha ido a vivir a un estudio enfrente de casa para estar cerca de los niños.*

Para reconstruir la relación, haría falta recorrer otro camino distinto. Sería mejor partir de lo que conservan en común, su amor paternal, dejando de lado por el momento lo que incomoda, la sexualidad. En ese momento, Marcos decide que se siente capaz de llevar la casa y la vida familiar. Al cabo de un mes, su mujer le habla de un problema escolar del hijo mayor. Entonces el diálogo se renueva y hasta empiezan a reírse juntos. Juana baja sus defensas poco a poco y le confiesa que siempre ha soñado con un padre dispuesto a cuidar y a mimar a sus hijos. El resto llega en seguida, al cabo de cuatro o cinco meses. Aunque pueda parecer mucho, no lo es en absoluto teniendo en cuenta los años de conflictos que había pasado esta pareja.

## Sexo y sentimientos

◇ **¿Las broncas familiares indican que la pareja va mal?**

No necesariamente; a veces incluso lo contrario. Las crisis resultan saludables cuando estas permiten poner las cosas en su sitio y renegociar el contrato. Sin embargo, hay que obedecer ciertas reglas para que salga bien. Por ejemplo, antes de acusar al otro, podemos hablar de nosotros mismos. Siempre es más positivo y constructivo expresar los deseos que lanzar reproches: «Ayúdame a salir adelante; en este momento tengo mucha presión en el trabajo y tengo miedo de desmoronarme». Entonces, ella siente que existe, se ve reconocida y toma el papel de «tutor» que le hemos confiado. Esto es mucho mejor que decirle: «Me haces daño, nunca estás cuando te necesito», porque, efectivamente, ante un ataque, ella ni se molestará en ayudar.

Decir aquello que aprecias de la otra persona sirve para remarcar la complicidad antes que el rechazo: «Me encanta cuando te pones cariñosa» (mejor que: «¿Por qué nunca eres dulce y cariñosa?»). En el primer caso reconocemos quién ha sido, aunque sea rápido; en el segundo, nos situamos en el campo del reproche, e incluso llegamos a negar su existencia. En definitiva: en lugar de responsabilizar a nuestra compañera, y sólo a ella, de la crisis, es más justo juzgar la relación construida por los dos, de manera que nos mostremos corresponsables de la situación, para pasar mejor el trago. El principio de la terapia de pareja también se centra en trabajar sobre la relación que no funciona, y no sobre las personas.

◇ **¿Por qué se repiten las mismas situaciones con parejas diferentes?**

Se trata simplemente de un comportamiento repetitivo, pero la causa es siempre la misma. Podemos plantearnos: «Era demasiado asfixiante, demasiado celosa, demasiado de esto o de lo otro, pero la he dejado porque me ha decepcionado. Y después con la siguiente fue igual. Qué le voy a hacer...». Si nos acogemos a esta explicación, «ella era demasiado o demasiado poco», entramos en el terreno de la historia. En cualquier caso, el punto en común de todos los fracasos que se repiten está en uno mismo. El interés de una psicoterapia está en comprender qué es lo que empuja a cada uno a buscar ese rasgo que aporta seguridad de esa u otra mujer.

¿Por qué un hombre siempre elige, por ejemplo, a una mujer tan seductora que le volverá celoso? ¿No existe otra referencia posible para identificarse con la pareja paterna o de alguien cercano a quien veíamos de niño? ¿No se atreve a mejorar y a triunfar ahí donde ellos han fracasado? ¿Se hace para combatir el miedo a ser rechazado? Que cada uno lo descubra por sí mismo...

◇ **Necesito cambiar de pareja a menudo, ¿por qué?**
*Algunos hombres coleccionan parejas como si fueran canicas. A veces las cuentan, e incluso les ponen nota. Los donjuanes tienen una necesidad vital de sentirse deseados para existir. Contrariamente a lo que podemos imaginar, no es la relación sexual lo que más les interesa, sino el desafío anterior. Desafío para exponer su valor, demostrar su poder de seducción, transgredir las normas sociales o familiares, correr riesgos...*

◇ **¿Por qué resulta tan difícil mantener una relación estable?**
*Hoy en día muchas personas, incluso «especialistas», afirman que no puede formarse una relación duradera a causa del alargamiento de la esperanza de vida, las facilidades de encuentro,*

*la ausencia de tabús para pasar al acto, la liberación sexual, etc. En Estados Unidos, la socióloga Sandy Burchsted[8] afirma que ahora es algo normal casarse varias veces: un primer matrimonio* (icebreaker marriage) *para probar, que termina fatalmente a causa de las decepciones; un segundo matrimonio* (parenting marriage) *para ser padres y criar a los hijos; un tercer matrimonio* (self marriage) *para realizarse verdaderamente uno mismo y disfrutar de ello, un último matrimonio* (soulmate connection marriage), *el de la connivencia espiritual y la repartición igualitaria.*

*Es cierto que en Europa cada vez hay más parejas que se casan dos veces, e incluso tres. ¿Tendríamos que pensar entonces que la pareja «para toda la vida» está destinada a desaparecer? Y sobre todo, al cabo de varios años, ¿es posible que no haya nada que compartir a causa del deseo apagado y de la rutina? Los que tengan la convicción de que, para que haya deseo, tiene que haber novedad, realizan una aproximación consumadora. Y es cierto que la consumación mata la emoción. Por el contrario, si la pareja se funda sobre la convivencia compartida, los sueños mutuos, las historias que uno se cuenta o la tranquilidad ante la presencia del otro, los lazos subsisten más allá de la pasajera bajada de libido. Todo esto tiene que ver más con el ser que con el hacer. La emoción que se comparte entre dos personas permite ser de otra manera. La pareja acepta implícitamente los baches, los vacíos, los altibajos y, en definitiva, la idea de construirse juntos en el tiempo. Hoy en día encontramos a parejas como estas y tienen su mérito por ello; en la actualidad, mantenerse juntos se parece mucho a una trasgresión.*

---

8. Citada por Willy Pasini en *Les noveaux comportements sexuels*, Odile Jacob, 2003.

## Sobre la sexualidad durante el embarazo

◇ **¿Por qué el nacimiento de un niño desestabiliza tanto a la pareja?**

*La espera de un bebé es un verdadero cataclismo, aun cuando todo funciona bien. Las mujeres que tienen su primer hijo se preocupan por los cambios de su cuerpo y por las sensaciones nuevas. Algunas sienten desde el primer mes falsas «contracciones» que les preocupan pero que no tienen nada que ver con las del parto. Otras se sorprenden por estar tan cansadas, por tener tantas ganas de dormir, por sentir náuseas, por estar infladas, por notarse pesadas o por no tener «ganas de nada». Finalmente, se plantean mucho la normalidad del niño, y sobre todo aquello que puede dañarlo: demasiado trabajo, trayectos muy largos y, naturalmente, la actividad sexual.*

*Por otro lado, los hombres viven sentimientos muy fuertes, a veces contradictorios, lo que puede generar incomprensión y distanciamiento en la pareja. Tras anunciarles su paternidad, algunos pueden «perder pie», incluso aunque hayan deseado mucho al bebé. Cuando conocen LA noticia, reaccionan sobre todo de manera emocional y nada racional. Estaban de acuerdo en tener un hijo con esa mujer, era un buen momento, se encontraban en una situación profesional adecuada, sí pero... todo eso se hunde ante las ideas que se pasean por su mente más o menos conscientemente. Ser padre también significa sentir que tienes que estar al pie del cañón, medir el peso de las responsabilidades o temer el hecho de no estar a la altura. Supone renunciar a la eterna adolescencia, inscribirse en la línea generacional, revivir tu propia infancia con todo lo que eso conlleva, conflictos resueltos o dolorosos. Es, en definitiva, temer que tu*

## Sexo y sentimientos

*mujer vaya a cambiar completamente. ¿Estará aún enamorada, seguirá siendo cómplice, o pasará a ser exclusivamente una madre dedicada? ¿El niño se colocará en un primer plano antes de la pareja y de la sexualidad? En este momento algunos hombres se atormentan con todas las preocupaciones que les invaden. Otros, sin ni siquiera comprender por qué, se vuelven quejicas, irritables, inquietos, distraídos, vulnerables, tristes... Pero su reacción no cuestiona en absoluto el amor que sienten por su compañera o la clase de padre que serán.*

### ◇ Deseaba un hijo, y ahora que mi mujer está embarazada, tengo ganas de dejarla. ¿Qué me pasa?

*El anuncio de la llegada de un bebé normalmente es bien recibido pero, al cabo de los meses, las relaciones de pareja se vuelven tensas. Aquí interviene otro fenómeno psicológico: las madres, cuanto más avanza su estado, más se centran en su barriga, y los compañeros se sienten cada vez más distanciados. Incluso antes de haber nacido, el bebé lo ocupa todo, y ellos pueden sentirse desplazados y celosos. Además, el resto de la familia se inmiscuye, da consejos, ayuda en los últimos preparativos, se engancha al hogar conyugal al lado de la mujer y del bebé en el útero. Entonces, algunos futuros papás, desorientados, se consuelan como pueden: «niegan» el embarazo y hacen como si no pasase nada (aceptan invitaciones, trasnochan, viajan), salen con sus amigos o incluso se reconfortan con otras mujeres, lo que no significa que ya no estén enamorados. La incomunicación en el seno de la pareja esconde la enorme necesidad de sentirse tranquilizado por parte del otro. Justo en este periodo las mujeres necesitan más que nunca que se les repita: «Estoy aquí para quererte y protegerte»; los hombres desean lo mismo pero* no se atreven a confesarlo. Se sienten abandonados, superfluos, «vacíos», cansados. El remedio pasa, evidentemente, por el diálogo, por tomar conciencia de todas las dudas que se tienen y de su normalidad (muchas parejas pasan por esto pero muy pocas lo reconocen). Si es necesario se tomará distancia con el entorno para encontrar de nuevo la intimidad, soñar, construir juntos proyectos nuevos y consolidar la relación antes del parto. La cuestión es seria: el 15% de las parejas se divorcian después del nacimiento de su primer hijo.

◇ **Desde que mi mujer espera un bebé, sueño todos los días que me abandona...**
Una muestra de que este periodo no deja indiferente a nadie es que los hombres —y sus mujeres— tienen muchas pesadillas durante estos nueve meses. La llegada del niño remueve muchos «estratos» en el inconsciente, y los sueños son la traducción de toda esa actividad invisible. A menudo testimonian la angustia de abandono, el temor de perder la libertad con la llegada del bebé, la ruptura con la infancia y el pasado, o el equilibrio amenazado de la pareja. Pero nada de esto es premonitorio. En lugar de inquietarse, estos sueños deberían tranquilizar porque precisamente los conflictos inconscientes se representan por la noche para poder solucionarlos durante el día.

## Sobre la fidelidad

◇ **¿La fidelidad es necesaria en la pareja?**
Si creemos en la legislación, sí. El Código Civil deja bien claro que la infidelidad es motivo justificado de divorcio; también pa-

ra el *Código de Derecho Canónico* es motivo de nulidad. Y las estadísticas tampoco difieren mucho: según un sondeo de Sofres,[9] el 93% de los europeos considera «indispensable o útil ser fiel para que una relación amorosa funcione plenamente». Pero en la práctica, cierto número de parejas van más allá: el 36% declara haber sido infiel al menos una vez (las mujeres dos veces menos que los hombres).[10] Las vidas sentimentales compartidas con una e, incluso, dos amantes afectan sobre todo a los hombres de 45 a 55 años.

El adulterio no siempre provoca la ruptura de la pareja, ya que, según este sondeo, el 50% de las personas encuestadas afirman que reaccionarían ante la confesión de una infidelidad intentando «comprender lo que ocurre». De hecho, el adulterio se invoca como causa de divorcio sólo en el 15% de los casos[11] (en segunda posición, igualado por el nacimiento de un hijo, que cataliza las dificultades de la pareja). También puede suceder, aunque es más raro, que la infidelidad despierte a la pareja y la saque de su letargo; el deseo femenino se enciende tras este acontecimiento como si estuviera animado por la competición o por el miedo de perder a la otra persona. En este caso, ¿podemos hablar de infidelidad constructiva o terapéutica?

◇ **¿Hay que confesar las infidelidades o hay que disimularlas?**

*Los más jóvenes defienden sobre todo la idea de decirlo todo por respeto hacia el otro; los menos jóvenes prefieren el secreto para no disgustar al otro, que es a su vez otra forma de respetar.*

---

9. Publicado en www.psychonet.fr: «*L'infidelité est-elle génetique?*».
10. Durex, 1999.
11. *Le démariage*, de la socióloga Irène Théry, Odile Jacob, nueva edición, 2001.

### ¿La pareja es un invento?

*Una cosa está clara: la primera postura es más incómoda. No todas las mujeres son capaces de aceptar un amor infiel. La mentira por omisión representa un mal menor, puesto que preservar las apariencias ayuda a cicatrizar mejor la herida narcisista de haber sido sustituida, algo que se vive como una humillación. La transparencia sólo puede cultivarse desde el respeto. Nos podríamos preguntar por qué y para quién decimos las cosas: ¿para liberarnos?, ¿para que nos perdonen?, ¿por complacencia sadomasoquista? La sinceridad también puede ser una ilusión cruda y fría capaz de destruir una pareja: el otro puede perdonar con la razón, pero no con el corazón o con las emociones.*

◇ **¿Podemos engañar a una mujer si verdaderamente la amamos?**
*Una aventura ocasional puede ser el efecto de un impulso puntual, que no remite para nada a cuestiones amorosas aplicadas a otra persona. «A veces es una bomba de oxígeno para la pareja, la única manera de evitar la asfixia», afirma Raúl, que se considera, por otro lado, muy unido a su mujer. El «deseo de deseo» lo lleva por encima de la razón. En ocasiones se convierte en un SOS lanzado para avisar de que la pareja va mal y de que es el momento de actuar, como los niños cuando hacen tonterías para llamar la atención de los padres. Algunos se ponen a combatir por miedo a envejecer: como poseídos por un demonio, se sienten revivir gracias a la transgresión o a la relación con una mujer más joven. Otros, no resistiendo a tanta preocupación o soledad, encuentran en una compañera efímera una nueva mirada sobre ellos que no han sentido desde hace mucho tiempo.*

*Las infidelidades repetidas no significan —al menos necesariamente— que el amor se haya perdido. Se trata más bien de la*

## Sexo y sentimientos

*inseguridad en uno mismo, que empuja a conquistar a otras mujeres para tranquilizarse, para asegurarse de que aún se es capaz de seducir. Que el amor de su compañera desfallezca no tiene nada que ver en esta historia. La seguridad sólo puede venir de las conquistas o... de uno mismo, con psicoterapia. Por otro lado, es inquietante observar cómo el hombre infiel, seguro gracias a su aventura, se pone a regalar flores, se muestra más tierno y más atento con su «legítima»... ¿Por culpabilidad? No necesariamente, más bien porque se siente mejor, que es lo que necesitaba. Cuidado con dejar que este sentimiento se disipe demasiado rápido: la necesidad de conquista surgirá de nuevo.*

◇ **¿Son necesarias las relaciones sexuales para considerar que se es infiel?**

*Los hombres y las mujeres tienen reacciones muy diferentes con relación a lo que se considera una verdadera infidelidad. Las esposas o las compañeras se sienten generalmente dolidas, heridas y engañadas cuando su hombre se enamora de otra mujer, aunque no realice el acto sexual. Inversamente, ellas pueden ser más indulgentes cuando hay una relación sexual pasajera con una mujer desde el momento en que no es más que un impulso animal, sin sentimientos. Los hombres se ofuscan más sobre el hecho de consumar el acto sexual. Su dulcinea puede mirar a los ojos platónicamente a otro macho y flirtear ligeramente: desde el momento en que no hay «consumación», no hay verdadero engaño. El problema se plantea en términos de amor propio y no de amor: «¿Estoy a la altura? ¿La otra persona será mejor que yo?». La relación sexual indica al hombre que su compañera no se sentía satisfecha con él. Su primera pregunta es: «¿Cómo has podido hacerme esto?»; la segunda: «¿Cómo ha si-*

do con él?». Además, culturalmente el hombre aún tiene tendencia a pensar que su infidelidad tiene menos importancia que la de la mujer, ya que él se siente menos implicado en la relación extraconyugal.

### ◇ Siento la necesidad vital de mirar a las mujeres por la calle, ¿es normal?

*Se trata de una reacción muy masculina. Los hombres le dan una significación vertiginosa a este acto aparentemente banal. No sólo les gusta la belleza, sino que su sexualidad se reactiva y se vivifica permanentemente gracias a la mirada de otra persona. Lo que alimenta su deseo es la chispa detonante. ¿Qué dicen los que se quejan de impotencia en la consulta? «Ya ni siquiera miro a las mujeres.» Es decir, han llegado al último estadio de la libido cero. Mirar a las mujeres significa entonces que todo va bien.*

*Los fantasmas de los hombres se cristalizan en gran parte alrededor de las imágenes efímeras y vivas. Unos pechos que se insinúan, una boca que sonríe, unas piernas interminables, un tatuaje que se exhibe... No hace falta mucho más para activar su sesión de cine erótico. Óscar explicaba que su actividad favorita en la primavera era ponerse en la terraza de un café y contemplar a las mujeres pasar durante horas, a todas las mujeres, las grandes, las pequeñas, las extravagantes, las púdicas, las tímidas, las maquilladas como muñecas, las maravillosas... Algo para soñar durante un momento agradable, un placer puro, sensual, emotivo, gratuito, sin ningún riesgo ni continuación, que, sin embargo, le aportaba la poderosa sensación de existir como hombre y le permitía luego repasar mentalmente la película a su gusto.*

No obstante, puede que una mujer no sea tocada por la gracia de estas confesiones poéticas-eróticas y que se sienta humillada por las miradas de su marido a otras mujeres; en ello verá una comparación y se juzgará considerablemente despreciable. Entonces le toca al hombre actuar con tacto y sin exagerar. Si mira a otras tendrá que volverse a ella para tranquilizarla con dulces palabras diciéndole: «Es a ti a quien quiero» (o a quien encuentro irresistible). Milan Kundera no decía otra cosa en La insoportable levedad del ser: «El amor no se manifiesta por el deseo de hacer el amor (este deseo se aplica a una multitud de mujeres), sino por el deseo del sueño compartido (este otro deseo sólo concierne a una sola mujer)». Entonces, qué importa que la pasajera efímera sea un sueño irreal... siempre que se le diga a su mujer que ella es única.

## Sobre los celos

◇ **¿Son normales los celos?**
Puede entenderse cierta dosis de celos dentro de la pareja. Freud distinguía tres tipos de celosos, de los cuales sólo uno manifiesta una patología: existe el celoso «normal» y universal, en el que el sentimiento sólo se manifiesta en situaciones donde la duda es justificada; también está el celoso «neurótico» e hipersensible, de un temperamento exclusivo, con tendencia a sospechar de su compañera de forma sistemática, y que proyecta sobre ella su propio sentimiento de culpabilidad (sin embargo, puede llegar a razonar si se aporta una prueba contra la sospecha); finalmente, nos encontramos con el celoso «patológico», que presenta un verdadero sentimiento de celos. Es completamente tiránico; su reacción normalmente no está fundada, y el mínimo

*detalle es objeto de interpretación. Este comportamiento apunta a la psicosis pasional: se trata de una enfermedad basada en la falta de autoestima y en las dudas en uno mismo (y por consiguiente en el contrario, o sea, en el amor propio y en la posesión); la persona que la padece siempre está con el miedo de ser engañado y abandonado. Willy Pasini cita otro tipo de celos patológicos: el del alcohólico, «el cual, desgraciadamente, es bastante común cuando los años de alcohol han destruido el hígado y han transformado las hormonas masculinas en estrógenos. Porque esta es la razón por la que muchos esclavos de la botella están celosos de su mujer: ya no consiguen satisfacerla y sospechan que ella buscará a otro hombre».*[12]

◇ **¿Cómo reconocemos los celos enfermizos?**
*Los grandes celosos suelen ser paranoicos que pueden llegar incluso hasta la locura asesina. El mínimo gesto o la frase más pequeña da lugar a sospechas, a interpretaciones y a las consecuentes comprobaciones. Registran y vacían los bolsillos, escuchan las conversaciones, controlan los móviles. Los hemos visto en el cine, en el personaje de Michel Blanc, un loco enamorado de Carole Bouquet a quien tiraniza, en la película francesa* Besen a quien quieran *(Francia, 2003), o en el personaje de François Cluzet persiguiendo a Emmanuelle Béart en otra película francesa,* El infierno *(Francia, 1994), de Claude Chabrol.*

◇ **¿Por qué somos celosos?**
*Podemos entrar en una primera explicación psicológica, centrada en la relación con la madre, fundadora de la autoestima, de la confianza en uno mismo y en el otro. Hasta los ocho meses, el bebé*

---
12. Les nouveaux comportements sexuels, op. cit.

está convencido de que él y su madre forman una sola persona, lo que le complace y tranquiliza. Ella lo sabe todo de él: cuándo tiene hambre, sed o frío; cuándo siente necesidad de mimos, de estar en brazos o de ternura... Cuando el bebé comprende finalmente que él es una persona diferente a ella, su universo se trastorna durante un tiempo; es lo que los psicólogos llaman la «angustia del octavo mes». Aquí comienza el miedo al abandono y al desamor, que se manifiesta por el miedo a los «extraños» y a cualquier persona alejada de su pequeño círculo familiar. Si la madre y los más próximos no tranquilizan suficientemente al bebé con su ternura y sus atenciones, esta primera decepción puede materializarse en conflictos posteriores, que volverán a manifestarse con cualquier sentimiento de abandono. Con la llegada de un hermano o de una hermana, este sentimiento se reactivará de forma violenta, porque los padres exhiben, según su mirada, sentimientos de amor hacia alguien que no es él. Y, a su vez, los compañeros amorosos sucesivos podrán despertar esta herida original si demuestran también su interés por otras personas.

◇ **¿Los hombres son más celosos que las mujeres?**
*En cualquier caso, tienen más tendencia a actuar y a mostrar su sufrimiento, mientras que las mujeres tienden a somatizar o a cerrar los ojos, pero en ambos casos pueden producirse broncas familiares. Los hombres sienten la necesidad de poner a prueba su virilidad y pueden sentirse amenazados cuando su mujer los engaña. Según la teoría freudiana, también son más vulnerables al complejo de Edipo: si no renuncian a su madre, se ven amenazados terriblemente por parte del padre; sienten la castración simbólica, es decir, la pérdida de su poder. A priori, las chicas se ven menos afectadas por esta amenaza.*

## Estadísticas sobre la pareja

**Matrimonio**
Hoy en día, nos casamos casi a la misma edad que a finales del siglo XVIII. La edad del primer enlace no deja de aumentar: ¡cinco años más en veinte años! Los hombres se casan sobre los treinta años y las mujeres hacia los veintiocho. Sin embargo, desde 1996 y gracias a las medidas fiscales tomadas, Francia es uno de los países europeos a la cabeza en materia de bodas, con más de trescientas mil ceremonias entre 2000 y 2001. **El 85 % de las parejas que viven bajo el mismo techo están casadas.**

El 70 % de los hombres se unen a una mujer más joven que ellos. A los 35 años, más del 25 % de las mujeres están solteras: la proporción se ha duplicado en los últimos diez años.

**En convivencia**
Concierne a un 15 % de las parejas francesas, lo que representa 4,8 millones de personas en 2000. El 90 % de ellas viven juntas antes de contraer matrimonio.

**Parejas «a distancia»**
Según una encuesta de 1997 del Instituto Francés de Estudios Demográficos (INED), el 16 % de las parejas afirman no vivir bajo el mismo techo de forma continuada, al menos en el comienzo de su vida en común. El 1 % de las parejas casadas y el 8 % de las que no lo están persisten y firman. Después de todo, cada uno en su casa.

### Divorcio

El número de divorcios se ha cuadruplicado desde 1960. En París, hay un divorcio por cada dos bodas. El 18 % se producen antes de los cinco años de matrimonio; el 33 %, después de los quince. Dos tercios de las parejas que se separan tienen hijos. Las mujeres tienen una media de edad de 37 años, y los hombres, 40. (Fuente: Francoscopie 2003, Ed. Larousse.)

En España, los divorcios han aumentado un 42,4 % desde la década de los noventa, según cifras del Instituto de la Mujer. Las estadísticas los señalaban en 36.900 en 1999 y en 47.319 en 2003. Ello ha significado un considerable aumento de las familias monoparentales en España, como en toda Europa. En España este tipo de familias eran, en términos absolutos en 2003, unas 319.800, de las cuales, el 88,9 % correspondía a mujeres y el 11,10 % a hombres. En el año 1991 este tipo de familias suponía el 9,5 %, y en la misma década, un 10 % en Europa. Pero en 2003, en Gran Bretaña, este tipo de familias ya suponían el 21 %. De ellas, solo el 6 % corresponden a la viudedad como causa y el 58 % lo son por divorcio, mientras que el 7 % lo son por elección de vida como madres solteras, un grupo que ha pasado en Gran Bretaña del 1 % en 1971 al 7 % en 1995 (Roberts).

## Por qué nos separamos

Las razones aportadas por la socióloga Irène Théry en *Le démariage*[13] son las siguientes:

---

13. *Op. cit.*

**Por parte de las mujeres**
— Dificultades relacionadas con una indiferencia subrayada, divergencia de intereses, ofensas y problemas sexuales, el carácter de la otra persona: 21 % de los casos
— Adulterio: 15 %
— Nacimiento de un hijo: 15 %
— Golpes, violencia física: 13 %
— Problemas profesionales: 7 %
— Enfermedad o accidente: 6 %
— Ninguna crisis concreta (o «detonante»): 5 %
— Familia (malentendidos de uno con la familia del otro, con su propia familia, conflictos entre las dos familias): 4 %
— Otros (alcoholismo, abandono del domicilio, etc.): 14 %

**Por parte de los hombres**
— Dificultades de la pareja: 21 %
— Ninguna crisis concreta: 17 %
— Adulterio: 16 %
— Trabajo: 8 %
— Nacimiento de un hijo: 8 %
— Familia: 7 %
— Enfermedad o accidente: 6 %
— Abandono del domicilio: 4 %
— Otros (alcoholismo, problemas sociales, violencia): 13 %

Como señala Irène Théry en el ensayo citado, de entrada notamos dos diferencias fundamentales: la violencia física evocada por las mujeres e ignorada por los hombres, y la ausencia de crisis presupuesta por los hombres (el 17 % de los argumentos masculinos, el 5 % de los femeninos).

# 3

## ¿SOY NORMAL?

No hay que fiarse demasiado de ese macho, seguro de sí mismo, que se aparta de los otros hombres. Dan la impresión de estar totalmente satisfechos con su cuerpo pero, a menudo, esto no es más que una simple fachada social y falsas apariencias. En el fondo la duda está presente, recóndita, a veces incluso para uno mismo. Muchos hombres tienen aún complejos, legados de la infancia o de la adolescencia que continúan obsesionándolos.

¿Se encuentran demasiado pequeños o demasiado grandes? ¿Mequetrefes, peludos, poco agraciados, dotados de unas orejas horribles o desfigurados a causa de una nariz desproporcionada? No, todo esto lo aceptan más bien con resignación. Están convencidos de que incluso con el físico de Woody Allen pueden resultar atractivos. El éxito social, familiar o conyugal ha ayudado a consolarlos de sus imperfecciones. Pero falta mencionar LA cuestión que hace tambalear a buena parte de ellos: el tamaño o el aspecto de su sexo. He aquí el tema que les obsesiona, incluso a los cuarenta años, ¡o a los sesenta! Y resulta sorprendente que en lo relativo a la anatomía y al funcionamiento sexual, los adultos se hagan las mismas preguntas que los adolescentes: ¿cuánto mide un pene normal?, ¿el tamaño está relacionado con el placer femenino?, ¿cuánto tiempo debe durar el acto sexual ideal? Como si existiera una medida patrón para dar buena impresión o una norma implícita de lo «sexualmente correcto»...

Es lógico que un hombre no vaya gritando a los cuatro vientos sus pequeños defectos más íntimos. Pero, entonces, ¿cómo podemos saber lo que le afecta en lo más profundo de sí mismo, con la máxima humildad? En Internet, gracias a los chats, ya podemos tener una idea de ello, todo a puerta cerrada, como en la consulta entre médico y paciente.

Las encuestas, sondeos y reuniones organizados acerca del tema de la sexualidad permiten, a su vez, tomar nota de las inquietudes del momento, así como de las normas socialmente admitidas o buscadas.

Una frase recurrente resume la duda en la consulta del médico: «Le aviso: no he sido bien dotado por la naturaleza». Como si, antes de realizar el examen clínico, hiciera falta preparar al doctor para el desastre que le espera. Pero, sin embargo, el hombre suele tener un sexo de tamaño y aspecto normal. Este hecho representa el ejemplo de que las dudas experimentadas en la adolescencia no se superan tan fácilmente. La preocupación que se esconde a veces se expresa de otra manera: «Doctor, ¿es normal esta mancha?», «¿Son graves los puntos que tengo alrededor del glande?». Las manchas han existido siempre, así como los pequeños puntos alrededor del glande, pero debido a la enfermedad que lo ha llevado a la consulta del médico el hombre se va a mirar «con lupa», por lo que acabará teniendo, forzosamente, una visión deformada de su anatomía.

# Hombres... tan frágiles

Con el paso de los años, los muchachos y los adolescentes han tenido tiempo suficiente de familiarizarse con su pene. Lo han acariciado, toqueteado, observado, medido por todas partes, e incluso se han desafiado para saber quién orinará o eyaculará más lejos.

A pesar de esta aparente convivencia y de la progresiva preparación, muchos hombres han sufrido un «vacío» frente a su pene y su funcionamiento, lo que les enfrenta a plantearse cuestiones como su virilidad, su intimidad o su paternidad: «¿mi pene es normal?», «¿estoy a la altura?», «¿ella finge el placer cuando hacemos el amor?», «¿soy el verdadero padre de este niño?», etc.

En el fondo, estos hombres no prometen nada, no están seguros ni de ellos mismos, ni de su compañera, ni de la filiación con sus hijos.

Ante estos cuestionamientos físicos y metafísicos, los testículos no se quedan al margen: para ellos simbolizan la potencia sexual y la virilidad en sí misma. Una expresión dice mucho sobre esto: «¡Ten cojones!» (a una chica nunca se le ocurrirá decir: «¡Ten vulva!»).

Así, cuando la duda se instala en el miembro fálico o sus alrededores, acaba afectando a toda la persona.

Y no es casualidad que en el diccionario el concepto *viril* signifique, en sentido figurado, valiente, enérgico, noble, fuerte, firme, vigoroso...

Por eso ser menos viril o más viril, francamente, se convierte en una preocupación casi obsesiva.

## Sobre el sexo y su anatomía

◇ **¿Cuál es el tamaño medio del pene en reposo y en erección?**

*El tamaño medio del pene en reposo se sitúa entre los 7 y los 11 cm, con un diámetro de 3 cm. Un consuelo para los penes pequeños es que tienen tendencia a crecer algunos centímetros en erección, algo que ha sido verificado y medido rigurosamente por los sexólogos norteamericanos Masters y Johnson.*

*En erección, el sexo mide entre 12 y 16 cm de media, desde el hueso púbico hasta la extremidad del glande, con un diámetro de 4 cm. La media mundial se aproxima a los 13-14 cm. Desde luego, existen penes más pequeños (10 cm) y más grandes, de 20 a 24 cm, como el formato Rocco Siffredi. El tamaño definitivo se alcanza en la pubertad, aunque puede disminuir algunos milímetros con la edad a causa de una deficiencia hormonal y de tejido que lo vuelve más retráctil.*

*Es importante entender lo que resulta molesto en el tamaño. En ocasiones, la inquietud aparece porque la pareja no está satisfecha. La compañera del eyaculador precoz le dice: «No noto nada». Él traduce: «La tengo pequeña», y se centra en el tamaño de su sexo, y no en el tiempo que dura la relación.*

*Otro ejemplo frecuente es el llamado el «síndrome del vestuario»: por más que nos empeñemos en creer que sexualmente nos va bien, nos examinamos frente a otros, sobre todo en las duchas, después de hacer deporte. Es el momento en que muchos abandonan la práctica deportiva por miedo a la comparación. Las profesiones con este riesgo son previsibles: militares, bomberos, deportistas, etc. El miedo que les invade no es tener un sexo en erección demasiado pequeño, sino estando en reposo.*

## El aparato genital masculino

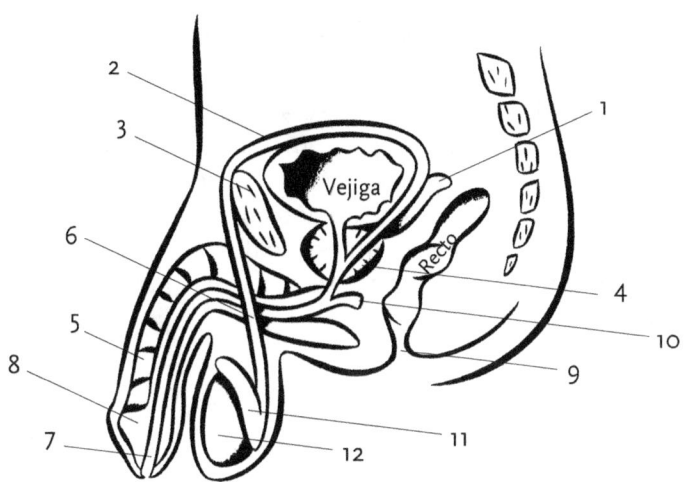

1  Vesícula seminal
2  Conducto eyaculatorio
3  Hueso púbico
4  Próstata
5  Cuerpos cavernosos
6  Vaso deferente
7  Uretra
8  Bulbo de los cuerpos esponjosos
9  Esfínter anal
10 Glándula de Cowper
11 Epidídimo
12 Testículos

Los testículos son las glándulas genitales masculinas encargadas de la sexualidad y de la reproducción, y están situadas en una bolsa llamada escroto. Son los encargados de producir andrógenos, indispensables para el desarrollo de los órganos genitales, y para la fertilidad y la libido. Los principales problemas relacionados con estas glándulas son el hipogonadismo (testículos pequeños, que pueden disminuir la fertilidad y la libido) y la ginecomastia (pechos abultados por el exceso de hormonas femeninas, fenómeno asociado a menudo a la obesidad).

## Cómo quedarse tranquilo

El pene visto desde arriba parece más pequeño que visto de frente. He aquí por qué los hombres, cuando se someten a este tipo de comparaciones, siempre tienen la impresión de estar poco agraciados en relación con otros. Para verificarlo, basta con mirarse en un espejo de frente, «de cara al pene», si se puede decir. Este parecerá más grande: igual que lo ven los demás.

⋄ **¿El tamaño del pene influye en el placer?**
*El tamaño interviene poco en el placer femenino, por la simple razón de que, en la mayoría de los casos, las zonas sensibles de la mujer están situadas en la superficie (hacia el clítoris) o a 4 cm de la entrada de la vagina (punto G), incluso hacia las partes colindantes. Lo que importa, por el contrario, es la dureza del pene y la duración del juego sexual. Una prueba de ello está en que, cuando mejoramos de una manera u otra la calidad de la erección o el tiempo de la relación (gracias, por ejemplo, a los medicamentos sexoactivos), la pareja, a menudo, es la más satisfecha, lo que demuestra que el problema no estaba en el tamaño del sexo.*

*Algo que también hay que saber para tranquilizarse: durante la fase de excitación de los dos miembros de la pareja, el sexo femenino se hincha y se recubre literalmente con una mucosa. En este estadio las palabras pueden reforzar las sensaciones. A veces sólo basta con soltar «cómo me pones» o «notas có-*

mo estoy a tope» para que la pareja sienta más placer en el momento de hacer el amor. Se trata de la fuerza de la fantasía, pero hay que ser capaces de formular con seguridad las palabras adecuadas en el calor de la batalla y que la acompañante las aprecie.

◇ **¿Podemos aumentar el tamaño del sexo con cirugía?**
Sí. La técnica en cuestión recibe el nombre de faloplastia y se desarrolla en dos fases: el alargamiento y el engrosamiento. Primero, el cirujano separa los ligamentos que mantienen suspendido el pene en el pubis. Con un «colgado» más distendido, el pene gana de 2 a 3 cm de media. Pero, después de la operación, el sexo bailará libremente, en reposo y en erección, ya que estará menos cogido y no tendrá el mismo ángulo de 45° como en las esculturas que representan al dios Príapo. La segunda etapa consiste en reinyectar grasa extraída del abdomen o de las nalgas. Se ganan 2 cm de diámetro y así el sexo parece más grande. Pero el inconveniente es que se necesitarán aún dos, tres o más inyecciones suplementarias para que el resultado se estabilice de forma duradera, ya que la grasa desaparece al cabo de cierto tiempo. La operación dura cuarenta minutos, con una noche de hospitalización. Todos los años se operan 500 hombres, de los que el 97 % tiene un pene de tamaño normal. Sólo el 3 % padece de hipopene, o incluso de micropene (menos de 4-5 cm en reposo).

En el último caso, si el problema se detecta antes de que acabe la pubertad (generalmente se produce bajo los efectos de una enfermedad llamada hipogonadismo), las hormonas masculinas permiten la recuperación del crecimiento de las glándulas genitales. Pero si aparece después de la pubertad, ni todos los

## Sexo y sentimientos

*andrógenos del mundo conseguirán que el pene crezca. Si se quieren ganar algunos centímetros de más, sólo queda la cirugía reparadora (o faloplastia).*

*En ambas situaciones, la intervención es inútil cuando la insatisfacción sexual no es consecuencia del tamaño del sexo (véase la pregunta anterior) o en caso de obesidad o de grasa localizada en la zona del vientre. El pene recubierto por el cojín adiposo parece más modesto. No deja de ser, en definitiva, un lamentable efecto engañoso para la vista y, en este caso, la liposucción es más apropiada que la faloplastia. Si la barriga disminuye, el sexo parecerá significativamente mayor.*

◇ **¿Podemos desarrollar el pene con ejercicio físico y hacer que parezca más grande?**

*No, simplemente porque en el pene no hay músculos en el sentido clásico del término. Se agranda o se vacía gracias a la llegada masiva de sangre a los cuerpos cavernosos (grandes esponjas recorridas por una extensa red de vasos sanguíneos y nervios; véase el esquema de la pág. 83). Los músculos que hay son músculos lisos de sustento, y no músculos estriados que pueden inflarse como los de los bíceps o los del abdomen.*

◇ **¿Las técnicas de alargamiento mecánico del pene sirven para algo?**

*Hay que desconfiar de los «métodos naturales» de alargamiento mecánico del sexo, publicitados sobre todo en Internet o en los* sex-shop, *con la ayuda de aparatos que hay que llevar puestos varias horas al día o con sesiones de gimnasia de estiramiento intenso del pene. En estos casos realmente sí que pueden producirse roturas (véase el capítulo 9, «Enfermedades masculinas»).*

### ¿Soy normal?

◇ **¿Las cremas que venden en los *sex-shop* son eficaces?**

*No, son una verdadera estafa. Estas cremas deben aplicarse supuestamente de dos a tres veces al día. Se venden por el inexistente efecto de musculación que ejercen sobre el pene, cuando, reiteramos, este no es un músculo. Y lo mismo pasa con los parches que se venden en Internet: absolutamente inútiles.*

◇ **¿Es normal que un testículo cuelgue más que el otro?**

*Sí, se trata de una cuestión fisiológica y, a menudo, suele ser el izquierdo. También es normal que los testículos desciendan cuando hace calor (para refrescarse) y que asciendan con el frío (para calentarse cerca del cuerpo). Es fácil de comprobar: basta con tomar un baño frío o caliente, y observar lo que ocurre. El envejecimiento provoca una relajación sensible de los tejidos, hacia los setenta u ochenta años, algo que también influye en la altura del escroto.*

◇ **Me preocupa que mi pene esté ligeramente torcido hacia la derecha...**

*¿Existe una verdadera curvatura? ¿Es permanente u ocasional? ¿Afecta en la relación sexual? Estas son las preguntas que hay que hacerse. Algunas curvaturas, bastante banales, se deben a que el frenillo es demasiado corto y esto genera tensión en la zona del prepucio (la piel que recubre el glande en su extremo), que tira hacia abajo. Sólo hay que hacer una ligera incisión (quirúrgica) para que todo vuelva a estar en orden. También puede ser que la curvatura sea francamente exagerada y afecte o impida la relación sexual. Es lo que ocurre en la enfermedad de Lapeyronie, que en la mayoría de los casos aparece sobre la cincuentena (véase el capítulo 9, «Enfermedades masculinas»).*

## Sobre las erecciones

◇ **¿Por qué mi pene en erección no es vertical como los demás?**

*El ángulo del pene varía según la edad y las personas. Tiene tendencia a ser más bien agudo en el hombre joven y sensiblemente menos agudo más adelante. Pero, una vez más, insistimos en que lo que es importante para el placer, a cualquier edad, es la dureza, y no el tamaño o la orientación del pene.*

◇ **¿Es normal dejar de empalmarse por las mañanas?**

*Algunos hombres se preocupan por tener menos erecciones y ya se imaginan enfermos al mínimo signo de doblegamiento, y acuden a la consulta demasiado pronto. Lo que verdaderamente importa, en el plano de la medicina, se entiende, no es tener menos erecciones, sino tenerlas todavía. Es entonces cuando estamos seguros de que las «cañerías» funcionan. La causa del problema es, sin duda, psicológico: basta con estar inquieto o preocupado por un problema (profesional, social) para que toda la energía psíquica se malgaste y la erección desaparezca momentáneamente. Ahora bien, si no hay erecciones por la mañana y a lo largo de las relaciones sexuales son inestables, es aconsejable consultar a un médico.*

◇ **Desde que cumplí los cuarenta, mis erecciones tardan más en llegar. ¿Qué puedo hacer?**

*Cuanto más joven se es, más rápido es el tiempo de respuesta, que incluso puede llegar a ser inmediato. Más allá de los cincuenta o sesenta se necesita más estimulación y más tiempo para reaccionar; en ocasiones incluso varios minutos. ¡Una mujer guapa no es suficiente para desencadenar una reacción así, aunque tengamos una estimulación apropiada! Pero existen soluciones. Lo veremos detalladamente en los capítulos siguientes.*

## Sobre el esperma

◇ **Tengo muy poco esperma, y todavía soy joven. ¿Es preocupante?**

*El volumen de esperma emitido por el cuerpo a lo largo del acto sexual, de una felación o de la masturbación disminuye con la edad y puede estar concentrado, de ahí que sea de color blanco o amarillo, como se ve en alguna ocasión. No hay ninguna relación entre la potencia sexual y el volumen de semen expulsado y, contrariamente a lo que piensan algunos hombres, uno no se vuelve impotente si la eyaculación es escasa. De todas maneras, veamos algunas datos tomando como punto de partida un volumen de 2 a 5 cm³, lo equivalente a una cucharilla de café. Por encima de esto, hablamos de poliespermia; por debajo, de hipoespermia. Las eyaculaciones de poco volumen también pueden estar causadas por relaciones muy próximas entre ellas. Hacen falta tres días para que el hombre joven reconstruya completamente sus reservas de espermatozoides.*

◇ **Cuando eyaculo ya no hay chorro, sino que es más gradual. ¿Tengo que tomar vitaminas?**

*En el adulto joven, la ausencia de chorro durante la masturbación o una felación significa simplemente que las relaciones son seguidas. En el hombre más maduro es normal que la presión disminuya y que el chorro se reduzca. Aun así, no hay que* preocuparse, porque no supone el preludio de una pérdida de virilidad o de impotencia, ni siquiera de astenia (los dopantes o las vitaminas no ayudan mucho). Cabe remarcar que, en caso de haber sido operado de la próstata, puede producirse una eyaculación retrógrada hacia la vejiga y no hacia el exterior; por eso es importante avisar antes para no dramatizar la situación.

## Sobre las supuestas señas de virilidad

◇ **Tengo mucho pelo en la cabeza, ¿se trata de una falta de hormonas masculinas?**
En el plano fisiológico, el vello y la calvicie van asociados a una mayor virilidad. Cuantas más hormonas masculinas (testosterona) circulen por la sangre, mayor aumento de la vellosidad y menos pelo en la cabeza. Pero no hay que olvidar el matiz que aporta el patrimonio genético y la pertenencia étnica. Los indios y los asiáticos son prácticamente imberbes y no tienen nada que envidiar a los demás en cuestión de vigor sexual. Como estos últimos años la moda apuntaba a lo unisex, entonces se llevaban los hombres sin vello y casi afeminados (no dudaban en depilarse para seducir mejor). Pero ahora comienza a ser tendencia el aspecto tipo Bono (de U2), como una forma de remarcar lo masculino. También en la misma pantalla, la calvicie va ganando terreno, sobre todo en la publicidad.

◇ **Tengo el pecho como una mujer. ¿Qué puedo hacer?**
Algunos hombres un tanto fuertes, incluso verdaderamente obesos, tienen pechos en lugar de pectorales (ginecomastia), lo que

les puede incomodar en la playa o en la intimidad. El sobrepeso provoca un aumento de la grasa almacenada, que se transforma en estrógenos, es decir, en hormonas femeninas, gracias a una serie de reacciones metabólicas. La solución pasa, primero, por la pérdida de peso, seguida de un reequilibrio hormonal, incluso de una liposucción a la altura de los pechos si la grasa se encuentra muy localizada.

También puede suceder que los pechos se desarrollen en deportistas dopados con hormonas masculinas. Estas hormonas, en exceso, pueden transformarse en estrógenos y producir ginecomastia.

◇ **Con treinta años aún tengo voz de niño. ¿Existe alguna solución?**
Con la pubertad dejada atrás desde hace ya tiempo, puede darse el caso de tener la voz con el «tono colgado», como si las cuerdas vocales se hubieran escapado a la inundación hormonal de la adolescencia.

Los especialistas hablan, en estos casos, de «muda incompleta». Las razones de este desfase entre el físico y la voz a veces son de orden psicológico, como un último punto de conexión con la infancia o el vestigio de un conflicto anterior.

El foniatra (médico de la voz) puede, junto con el logopeda, ayudar a encontrar una voz más madura con la ayuda de una serie de ejercicios precisos. Cuando la voz sigue siendo demasiado aguda a pesar de la reeducación vocal, es posible actuar directamente sobre las cuerdas vocales inyectando grasa o colágeno para agravarlas, y así modificar su tesitura y darles más peso. Este tratamiento permite bajar de tres a cinco tonos, lo que ya es bastante.

### Sexo y sentimientos

◇ **¿Se es menos fértil con un aparato sexual pequeño?**

*Incluso los testículos de un tamaño modesto son operacionales y producen hormonas y los espermatozoides necesarios para la reproducción. Sin embargo, los testículos muy pequeños, asociados a un micropene, pueden señalar un problema hormonal. El mejor modo de asegurarse de que todo es correcto es hacerse un análisis de esperma para la fertilidad y someterse a una dosificación de testosterona (véase el capítulo 7, «Cómo evitar un embarazo o "programarlo"»).*

# 4
# El amor antes,

## DURANTE Y DESPUÉS

Se acostumbra a decir que la sexualidad del hombre es simple, y se acaba resumiendo en una banal alternativa: *on-off*. Deseo = erección. Ausencia de deseo = reposo. Evidentemente, esto resultaría demasiado sencillo. Esta reacción del reflejo instintivo esconde fenómenos más complejos, guiados por la emoción y el inconsciente, como pasa en la mujer.

Cuando un hombre «funciona» bien, independientemente de su compañera, su sexualidad es fácil, satisfactoria, completa. No se plantea cuestiones sobre sus capacidades o sus resultados; por otro lado, esta es la mejor manera de evitar agravios sexuales.

Al final, las condiciones para disfrutar de esta buena salud son elementales: para empezar, necesita estar tranquilo, y luego, estimulado. En este orden. La seguridad viene de uno mismo y también del otro.

Este sentimiento se erige alrededor de pequeñas cosas: complicidad, un pasado, una aventura o una noche. Sentirse bien con la mujer que está en tu cama, sentirse deseado y dejarse llevar por los impulsos. Esto basta para superar cualquier obstáculo y cualquier temor.

Sin embargo, incluso en este mundo ideal, a veces se producen caídas de ritmo, orgasmos menos conseguidos o sensaciones algo más banales... Con sólo estar tenso o tener prisa puede suceder eso. La disponibilidad del espíritu, el tiempo y la convivencia ejercen una influencia evidente en el éxito del intercambio amoroso. Y, claro está, como el amor se construye entre dos, también la mujer tiene que sentirse relajada y disponible.

En el fondo, lo que sería realmente sorprendente es conseguir relaciones sexuales satisfactorias y constantes siempre. Que haya variaciones es, simplemente, inevitable. Los hombres se sorprenden y se inquietan; en cambio, sus compañeras se asombran menos y lo aceptan sin cuestionarlo.

## El orgasmo en todas sus facetas

Tanto del lado masculino como del femenino, la relación se divide en cuatro fases fisiológicas concretas que se suceden: la fase de excitación, la fase de meseta, el orgasmo y la fase de resolución, llamada, en el hombre, periodo refractario.

⇢ **Fase de excitación**
Corresponde al aumento del deseo y a la erección, dos fenómenos bien distintos. En algunos mamíferos (caballos, perros, ballenas), y hasta en algunos monos muy distintos a nosotros, existe un hueso en el pene más o menos desarrollado que permite la penetración durante la relación sexual, sin importar cuáles sean las circunstancias. En el hombre no encontramos este mecanismo, ni siquiera un pequeño apéndice

óseo, ni el más mínimo trozo de cartílago. El pene está constituido por dos «esponjas», llamadas cuerpos cavernosos, subdivididas en minúsculas cavernas que se llenan de sangre durante la erección. Como el pene está protegido por un revestimiento no extensible, se hincha como una esponja, y deja de hacerlo cuando está «lleno»; el glande puede entonces volverse más rojo a causa del flujo sanguíneo. Cuando se produce la penetración, el prepucio se descubre y el orificio (o meato urinario) que permite la salida del esperma triplica su volumen. En el 20 % de los hombres, aproximadamente, a menudo salen algunas gotas traslúcidas, viscosas y blancas llamadas «líquido preseminal». Este goteo no sistemático precede a la salida del esperma.

## La estructura interna de los cuerpos cavernosos

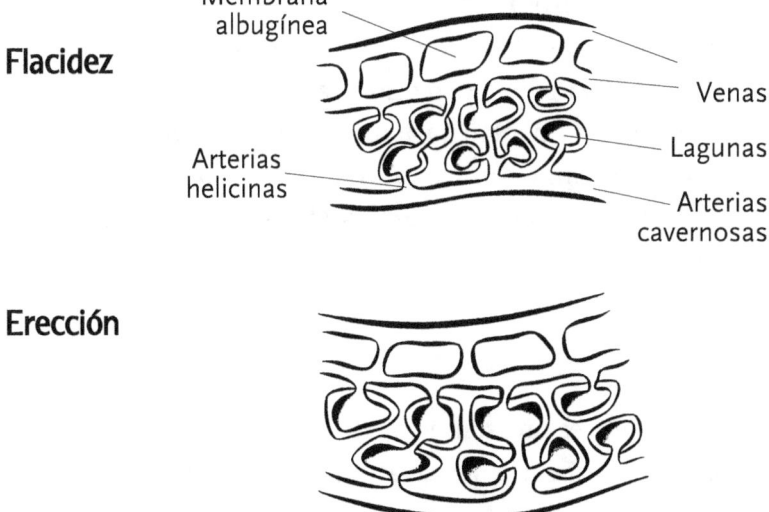

La fase de excitación dura generalmente varios minutos. Pero, cuidado, una erección muy firme puede perderse en muy pocos segundos: sólo hace falta que el hombre se dé cuenta de que su compañera está pensando en otra cosa o de que lo está considerando como un torpe; además, su prepucio, demasiado apretado, puede estar frotándose de una manera dolorosa durante la relación, lo que afectará a la erección o reducirá su duración; finalmente, el deseo puede ser tan fuerte que la eyaculación venga demasiado rápido, a lo que seguirá un reblandecimiento casi inmediato del pene. Del mismo modo, una mujer puede dejar de lubricar (que equivale a la erección del hombre) en algunos momentos a causa del estrés o de un pensamiento desagradable (miedo a ser sorprendida, una palabra o un gesto inoportuno, un niño que llora en la habitación de al lado, etc.). Este «intermedio en seco» hace que entonces la relación sea más difícil.

### ⇢ Fase de meseta

Es el periodo de placer y de permanencia de la excitación. Cuando todo va bien, la erección es más regular y constante. Los testículos aumentan su volumen en un 50 % y se acercan al perineo. El ritmo cardiaco aumenta, la respiración se acelera y la parte superior del cuerpo y el rostro enrojecen. La duración de esta fase depende del contexto y de la experiencia del hombre: desde algunos segundos a varios minutos.

### ⇢ Orgasmo

Normalmente es una sensación de voluptuosidad intensa, cercana a la embriaguez, que se acompaña de una pérdida relativa de control. En término medio, no dura más de ocho segundos. Las vesículas seminales, la uretra y el vaso deferente se contraen. Pueden producirse 4, 6, 8 o hasta 12 impulsos cada 0,8 segundos. El esperma se propulsa a una velocidad de 18 km/h en las mejores ocasiones: se trata de la eyaculación. A los veinte años, la eyaculación puede alcanzar 60 cm de distancia (fuera de la vagina, por supuesto). Algunas sensaciones más profundas que provienen de la próstata pueden sumarse a este «orgasmo del pene». Aparecen de manera refleja o gracias a una estimulación adecuada, y se extienden por todo el cuerpo.

## Las cuatro fases del orgasmo

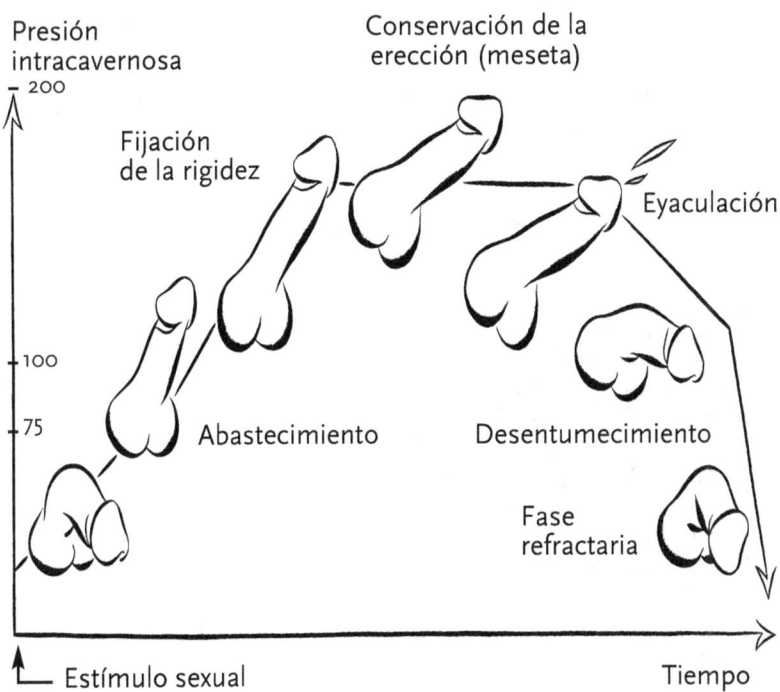

# El mecanismo de la erección

La erección se produce gracias a una buena circulación de la sangre en el pene.

### Estado de flacidez

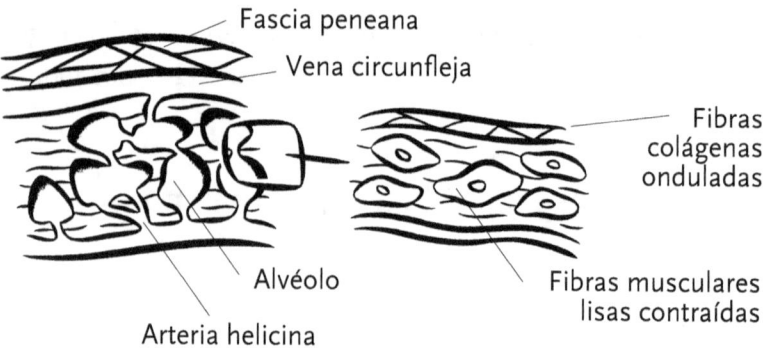

Las fibras musculares se contraen, la sangre circula mal y el pene se vuelve flácido (blando).

### Estado de erección

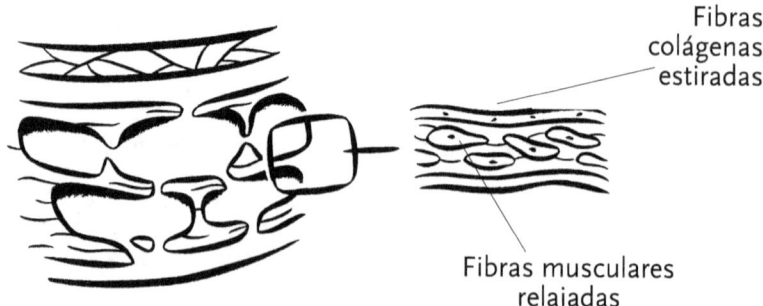

Las fibras musculares se relajan, la sangre circula bien y el pene entra en erección.

## → La fase de resolución

Corresponde a la pérdida de la erección. Los cuerpos cavernosos se relajan y se vacían de sangre por el sistema venoso, lo que hace que el pene se desinfle más o menos rápido. Durante el periodo refractario, muy corto en los adolescentes (varios minutos) pero mucho más largo en los hombres maduros o más mayores (hasta treinta y seis horas), es imposible tener otra erección. Muchos hombres sienten irresistibles ganas de dormir después del orgasmo. La enorme bajada de la tensión requiere necesariamente un reposo fisiológico. Este estado se traduce, tanto en sentido literal como figurado, en la sensación de «haberse vaciado», sentir las «piernas sesgadas» y «volar» apaciblemente.

¿Cómo salir de ese alejamiento fisiológico bañado en ocasiones con algo de nostalgia? Sólo hay que ponerse en guardia justo en ese instante para no caer en el sueño. Una vez pasados los primeros minutos, las ganas de adormecerse se desvanecen. Así resulta más fácil acompañar a la pareja que en esos momentos a menudo reclama ternura y atención.

## ¿Como animales?

A veces las comparaciones pueden enseñarnos mucho de nosotros mismos. Basta con observar a un cuadrúpedo trotar en un campo para llegar a esa revelación tan evidente y dura en sus consecuencias: los machos esconden sus atributos sexuales entre las piernas, mientras que las mujeres los exponen a los cuatro vientos. Sus orificios están expuestos a cualquier mirada cuando levantan la cola. Las

## Sexo y sentimientos

bestias hacen el amor por detrás, lo que no incita precisamente a la broma. Con la evolución de las especies, el hombre se ha convertido en bípedo, y este enderezamiento lo ha cambiado todo. Sus «partes», precisamente escondidas, se han visto expuestas a la luz del día. Mientras tanto, la hembra, convertida en mujer, ha sufrido un proceso totalmente contrario: incorporándose lo ha escondido todo, lo que ha derivado en las consecuencias que conocemos sobre la sexualidad humana... El amor se hace cara a cara, permitiendo el encuentro del otro y la comunicación. Si consultamos el libro de Dominique Léonie, *Les scores records des animaux* (Ed. Hors Collection), aprendemos mucho más de todo esto: no son los animales más grandes los que más se saben cuidar en cuestiones de sexo. La prueba la encontramos en el elefante, en el que el apareamiento dura veinte segundos cronometrados; en cambio, la jirafa puede tener actos de hasta treinta minutos, y el ratón..., doce horas de un tirón durante trece noches seguidas. ¿Quién lo hace mejor? Puede que sea el león: ¡se le ha observado copular 86 veces en un día!

En el hombre, la cantidad de esperma eyaculado es de unos 3 ml de media (no es para tirar cohetes); en el perro, el doble; en el caballo, 20 veces más (70 ml aproximadamente), y en el cerdo, atención: 250 ml, es decir, ¡como una lata de cerveza!

Los animales se aparean en fechas fijas, siguiendo un calendario preciso de sus amores: el objetivo es reproducirse en el mejor momento del año para que los descendientes sobrevivan. En el hombre, nada que ver: la reproducción está totalmente desconectada de la sexualidad (gracias básicamente a la contracepción). Hacemos el amor cuando nos parece, por placer, por amor, por deber, por «higiene», para tener hijos... Este cambio de ritmo ha tenido repercusiones inesperadas, la genialidad convertida en sexualidad ha permitido el surgimiento del erotismo y de la sensualidad...

## Hombres y mujeres: ¿qué diferencias hay durante el acto sexual?

**⇢ Desde un punto de vista fisiológico**
Las mujeres tienen una fase de excitación y una de meseta muy progresivas, por lo que pasa más tiempo hasta que llegan al orgasmo. He aquí el motivo por el que es importante prolongar las caricias y los preliminares (lo ideal es de diez a veinte minutos). Además, una encuesta ha demostrado que, al cabo de este periodo de tiempo, las posibilidades de que las mujeres disfruten se maximizan.

Las mujeres también pueden tener un orgasmo difuso que se extiende por todo el cuerpo; los hombres, al menos al principio de su vida sexual, tienen un orgasmo más localizado en los órganos genitales. Sin embargo, pueden aprender a cultivar sus sensaciones.

La intensidad del placer durante el orgasmo femenino desciende lentamente, por eso las mujeres sienten menos ganas de dormir (habitualmente) después de hacer el amor.

Finalmente, algunas no pasan por el periodo refractario y pueden tener varios orgasmos seguidos sin ninguna pausa (entre un 10 y un 15% de las mujeres).

**⇢ Desde un punto de vista psicológico**
Muchos son los que consideran la sexualidad masculina como algo simple, mecánico, inmediato, que se limita a la penetración y a la dominación. Así, la sexualidad femenina sería más compleja, sentimental, pasiva y tierna, con largos preliminares y una dimensión de acogida... Pero nada más lejos de la realidad. Además, desde la liberación sexual, las cosas han evolu-

cionado mucho: las mujeres no tienen por qué estar forzosamente enamoradas para hacer el amor, pero son muy sensibles a la convivencia y a la complicidad; algunas prefieren el sexo por el sexo, como los hombres, y lo reivindican, pero aún son pocas las que lo hacen... ¿Por cuánto tiempo?

Por parte del chico, el hecho de hacer el amor se vive más bien como un placer y una relajación. El acto sexual diluye cualquier tensión, canaliza la energía y permite sentirse mejor. También se convierte en el medio para manifestar su ternura y para demostrar con acciones lo que uno siente. Por parte de la chica, al principio de una relación puede parecer igual pero, con el tiempo y la vida en familia, la relación puede verse como una carga suplementaria, un costoso ejercicio, tanto de energía como de disponibilidad. Y por lo que a la ternura se refiere, las mujeres la experimentan con palabras o atenciones no necesariamente sexuales.

Esto tiene consecuencias directas: los hombres que funcionan bien pueden tener ganas de hacer el amor en cualquier momento, cuando están excitados, enamorados o, incluso, irritados, nerviosos o inquietos.

Las mujeres, por el contrario, prefieren en general esperar a estar en unas condiciones óptimas (disponibles, relajadas...), salvo en casos de reencuentros.

A la mayoría de los hombres les gusta recurrir a fantasías para estimular su libido y reforzar así su placer; las mujeres (no todas) parecen menos cómodas en este terreno. Este ejercicio mental puede parecerles menos espontáneo, incluso imposible. Algunas consideran que dejar que su espíritu vague de esa forma hacia pensamientos eróticos y transgresores supone una traición o algo poco conveniente.

## → Qué hay que hacer para llegar al séptimo cielo

Hay que distinguir entre «la relación perfecta» y «la relación rápida», que no necesita ningún comentario. La primera es el ideal hacia el que intentamos dirigirnos. Es el momento en que descubrimos al otro y estamos muy enamorados, o nos sentimos cómplices; también es el caso en que salimos de una larga abstinencia. La relación se prepara, dura, nos lo pensamos con detenimiento. No se produce todas las mañanas. Algunas condiciones son importantes para llevarla a cabo. Para aumentar el placer, hay que saber dar lo suficiente a la pareja, lo que alimenta, a su vez, la propia excitación. Y, para ello, se necesita tiempo y preliminares. Para empezar, es importante acariciar fuera de las zonas sexuales (hay que recordar que una mujer tiene zonas erógenas por todo el cuerpo). Dejar que la boca o las manos se paseen por los muslos, el cuello o el pelo. Rozar solamente las zonas «significativas», las nalgas, las caderas, los senos, el sexo, para volver luego, más tarde. Se trata de un suave masaje relajante, una puesta a punto. Sus reacciones, sus palabras o su respiración indicarán los sitios en los que hay que pararse, volver a ir o apartarse. Las caricias pueden ir acompañadas de palabras estimulantes. La dificultad está en saber cuáles y en qué momento. Es cuestión de mostrarse sutil y atento: en ocasiones, la mujer estará dispuesta a recibir grandes declaraciones románticas como «Te quiero como no he querido nunca a nadie» que envolverán su deseo y le ayudarán a entrar en unión total; a veces aceptará escuchar palabras más atrevidas. Para saberlo, no existe otra solución que probar discretamente o cambiar de repertorio si no hay ninguna reacción o realmente le molesta.

Una vez que la mujer está excitada (al cabo de diez o veinte minutos), hay que dirigirse hacia las zonas más reactivas re-

## Sexo y sentimientos

servadas para este momento (los pechos, la zona clitoriana o el punto G) para estimularlas. El juego erótico puede ir alternándose en todo momento, y puede ser el hombre quien se deje acariciar, frotar, tocar, abrazar, masturbar, mimar... Puede haber penetración, expulsión, penetración de nuevo..., cualquier gesto con tal de aumentar al máximo el placer.

En el momento en que la excitación aumenta, algunas fantasías pueden sumarse a las palabras para poner un poco de salsa a la relación. El juego incluso puede ir más allá (véase el capítulo 5, «Exploraciones de todo tipo»).

Recordemos que no se trata nunca de una técnica especial y bien codificada, sino de un intercambio amoroso entre dos personas, con sus sorpresas y sus fascinaciones, y a veces también con sus decepciones y sus fracasos.

## Tres grandes errores que ambos deben evitar

Primero: imaginar que un hombre se reduce a su bragueta mágica. Hay que acudir a las fuentes y al suculento alegato del sexólogo Gérard Leleu[14] sobre el hombre y las caricias: «El hombre tendría tendencia a polarizar toda su sexualidad en la sensualidad del pene. Esta dificultad del hombre a erotizar el conjunto de su cuerpo se atribuye al mito de la virilidad de la que es víctima. En el nombre de la virilidad está prohibido ser sensual, refinado, emotivo, preocupado. Cualquier alzamiento a favor del hombre está encaminado a contener su sensibilidad, a refrenar sus emociones, lo que acaba anulando su par-

---
14. *Traité du désir*, Flammarion, 1997.

## El amor antes, durante y después

te femenina. Un hombre tierno y sensual se arriesga a que le consideren un blando, o peor aún, un afeminado. Así, para conformarse según la imagen del macho verdadero, el hombre cree que hace bien en eludir las caricias y otras delicadezas para, brutamente, «saltar» a por la hembra. [...] Que ellos (los hombres) se decidan por fin a explotar esa mina de oro que es su sensualidad. No solo verán que su bienestar crece, sino también que se volverá casi inagotable».

Segundo: imaginarse que todas las mujeres están hechas por el mismo patrón y reproducir con cada una de ellas su manera de hacer. Esto conllevará inevitables diferencias sexuales, enfrentamientos inútiles o insistencias irritantes en uno u otro terreno. En el momento de la acción hay que mostrarse atento, observar, hacer preguntas de vez en cuando: «¿Esto te gusta?». De esta forma todo funciona mucho mejor.

Tercero: para las mujeres clitorianas no hay que limitarse a una relación de dos etapas con la estimulación del clítoris primero para que llegue al orgasmo y luego la penetración para uno mismo. Porque entonces ella podrá no interesarse (ya ha tenido su momento de placer) y, al cabo de algunos meses o años, puede renunciar a hacer el amor porque para ella se ha convertido en algo demasiado largo, no lo suficientemente satisfactorio, etc. El orgasmo es un sistema reflejo que puede educarse; es mejor combinar al mismo tiempo la penetración vaginal (al principio con movimientos suaves de vaivén) con la estimulación del clítoris. De esta forma, no sólo se conseguirá una relación al unísono, sino que los dos se sentirán satisfechos y, además, la mujer asociará la penetración vaginal con la sensación de placer, y se convertirá en reacción extendida. Estas palabras no son ninguna tontería: un 80% de las mujeres son clitorianas.

Sexo y sentimientos

# El famoso punto G

Existe en todas las mujeres; incluso se trata de una zona anatómica bien definida. Está situada en la cara anterior de la vagina, 4 o 5 cm por encima de la vulva (véase el dibujo). En estado normal, no es más grande que una lenteja pero, si lo estimulamos con caricias, se hincha de sangre y entonces se vuelve del tamaño de un guisante. El punto G está constituido por un núcleo fibroso con muchas terminaciones nerviosas y repleto de corpúsculos sensibles a la estimulación. Sin embargo, no todas las mujeres son sensibles de la misma forma en esta zona. Las mujeres «clitorianas» son más reactivas generalmente a esta estimulación; el resto la encuentran agradable, pero nada más. Con ellas es inútil montar todo un número, pero lo mejor es no insistir. El placer podrá llegar, por otro lado, estimulando zonas menos clásicas, como el núcleo fibroso central del perineo. De hecho, se trata de la región comprendida entre la vagina y el ano, de 3 o 4 cm de largo. Un simple roce en esta parte a veces supone esas delicias tan esperadas. Otras mujeres se muestran más sensibles en la zona anal. Esta área potencialmente erógena es el centro de sensaciones agradables, siempre que se recorra delicada y progresivamente (véase el capítulo 5, «Exploraciones de todo tipo»). Pero ¿cómo saber adónde dirigirse y adónde no? Unas aprecian las caricias, las otras no las soportan... Por este motivo, nada mejor que ir probando y entonces continuar o dejarlo en función de las reacciones. En cualquier caso, resulta doloroso e incluso peligroso entrar por la fuerza: la estimulación debe ir siempre acompañada de la respuesta de la pareja, de ningún modo tiene que ser impuesta.

## Los otros tres «puntos G»

Si nos basamos en la filosofía de los yoguis tántricos y su minucioso conocimiento de la geografía de los goces femeninos,[15] debemos saber que alrededor del famoso punto G existen, de hecho, otros tres puntos voluptuosos. El primero está a 1 cm aproximadamente del punto G, en la misma cara anterior de la vagina; los otros dos están en una y otra parte del punto G, sobre las paredes laterales de aquella (véase el dibujo). Los occidentales que han aprendido a descubrir estas zonas de placer pueden masajearlas sensualmente. En función de las mujeres, se tratará más bien de un movimiento circular o de uno lateral, más o menos rápido, o de una sucesión de pequeños toques con presiones diferentes.

### El punto G

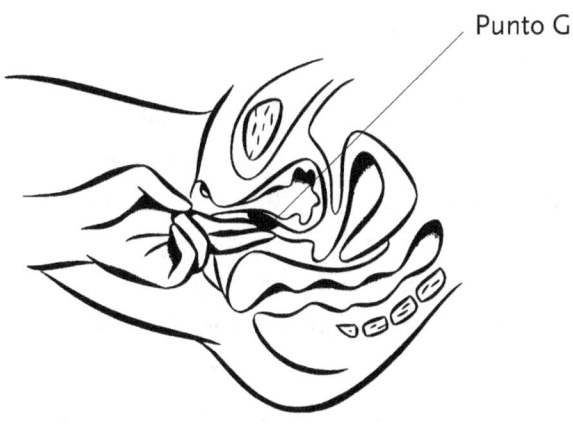

---
15. *Le Tao ou l'art d'aimer*, Ed. Guy Trédaniel, 1991.

## Sobre la sexualidad en general

◇ **¿Cómo conocemos todos los detalles de la sexualidad?**
Sencillamente porque los investigadores ven y observan. En 1960, Masters y Johnson, dos norteamericanos, entrevistaron y filmaron a centenares de parejas (heterosexuales y homosexuales). Colocaron sensores, auscultaron, analizaron, midieron y recogieron todo lo que podía ocurrir. Han sido los primeros en considerar la sexualidad humana como un objeto de estudio científico, como cualquier otro. Sus trabajos tuvieron una repercusión considerable: no solo respondían a cierta curiosidad, sino que permitían comprender las diferencias entre hombres y mujeres, y posibilitaban el tratamiento de algunos problemas sexuales al conocer mejor su origen físico o psicológico.

◇ **¿Cuál es la frecuencia normal de las relaciones sexuales?**
El intercambio afectivo y la calidad cuentan más que la cantidad, si nos colocamos en el punto de vista de mujeres y de cada vez más hombres. La cuestión no debería plantearse en términos de desafío, de capacidad o de resultados, y menos aún de normalidad. Según Francoscopie 2003,[16] el 64% de los franceses hacen el amor de una a tres veces por semana; el 22%, menos de una vez por semana; el 6%, todos los días; el 3%, menos de una vez al mes, y el 1%, más raramente. Diferentes estimaciones más realistas muestran que la media francesa es de una o dos veces por semana, teniendo en cuenta que una pareja reciente (sin importar la edad de los integrantes) hace más a menudo el amor que una más estable.

---
16. Ed. Larousse.

### El amor antes, durante y después

◇ **¿Cuánto tiempo dura el acto sexual?**
*Una vez se ha producido la penetración, el tiempo de eyaculación llega en tres minutos de cronómetro para la mayoría de los hombres (entre dos y cinco minutos según un reciente estudio venezolano).*[17] *Pero si tenemos en cuenta los preliminares y el tiempo invertido en la cama, las cifras de Francoscopie son notablemente más optimistas: «Para un 27%, la duración de la relación es de treinta minutos; para un 14%, de veinte a veinticinco minutos; para un 14%, de quince minutos; para un 11%, de menos de diez minutos; para un 9%, de una hora; para un 8%, de treinta minutos a una hora, y para un 3%, de más de una hora». ¿Rozan estas cifras la fanfarronería? Nos referimos, sin duda, a la relación sexual completa, desde los primeros achuchones hasta el último suspiro de deseo.*

◇ **¿De dónde surge el deseo y las ganas de seducir?**
*El desencadenamiento del deseo es sobre todo emocional y psicológico, pero también existe una base hormonal. Sabemos que en el hombre, si la tasa de hormonas masculinas es muy baja (debido a una enfermedad en la hipófisis, por ejemplo), el deseo desaparece. También puede suceder esto en caso de depresión.*

◇ **¿Cómo provocar la excitación de la otra persona?**
*A las mujeres les encantan los ambientes propicios, las sorpresas (buenas), los regalos (incluso simbólicos), las palabras tiernas y las caricias que saben tomarse su tiempo. Odian que se sea brusco con ellas o que se les impongan prácticas sexuales que rechazan.*

---
17. Presentado en el Congreso Mundial de Sexología de Montreal, 2002; confirma los informes precedentes de Spira y Simon.

# Aritmética del sexo

### ¿Cuántos integrantes?
Los hombres declaran haber tenido como media, a fecha de la encuesta, 11 compañeras, mientras que las mujeres, 3,3: una diferencia que no ha variado desde el informe de Simon en 1970. A título indicativo, Rocco Siffredi, la estrella del porno, presume de haberse metido en su cama a ¡3.000 conquistas!

### ¿Orgasmo en cada cita?
Sí, según la mayoría de los hombres (89 %) y buena parte de las mujeres (75 %). Sin embargo, el resultado de la encuesta tiene que matizarse con otras cifras: cerca del 13 % de los hombres confiesan que «a veces» o «a menudo» no tienen ningún orgasmo, mientras que para las mujeres esta cifra llega casi al 32 %.

### ¿Dónde están los sentimientos en todo esto?
Ante la afirmación «pueden tenerse relaciones sexuales con alguien sin amarlo», cerca del 64 % de los hombres están de acuerdo, frente a un 36 % de las mujeres. Esto significa, contrariamente, que un tercio de los hombres activa los sentimientos mientras hace el amor, y que dos tercios de las mujeres no pueden tener relaciones íntimas sin una seria inclinación por el otro.

*Fuente: Encuesta ACSF, publicada en 1993, sobre los comportamientos sexuales en Francia en hombres y mujeres de 18 a 69 años.*

## Sobre la psicología del hombre

◇ **¿El deseo provoca forzosamente una erección?**
No. Puede suceder que el hombre sienta mucho deseo pero que su pene no entre en erección. Si tuviera que ponerse uno firme con todos los jugueteos...

◇ **¿Puede haber orgasmo sin eyaculación?**
Sí, es algo excepcional pero posible. Algunos yoguis llegan a hacerlo; para el resto de los mortales, el orgasmo va asociado a la eyaculación. Entre las dos fases sólo existen décimas de segundo.

◇ **¿Se puede eyacular sin sentir placer?**
Sí, ya que se trata de dos fenómenos distintos. Algunos hombres, raros a fin de cuentas, tienen eyaculaciones sin ninguna emoción particular.

◇ **¿Es normal no eyacular con la masturbación?**
Si uno ha hecho el amor la noche anterior y pasa de los cincuenta, no hay de qué preocuparse. Simplemente, no ha habido tiempo suficiente para volver a producir esperma. Un joven también puede tener eyaculaciones difíciles cuando se masturba. Podemos ver este fenómeno con claridad en los casos de fecundación in vitro, esta vez por culpa de la técnica (no olvidemos que se trata de «lucirse» por encargo y en un lugar totalmente antierótico). También puede darse este caso por un sentimiento de culpabilidad, que bloquea la eyaculación («Es algo sucio», «Es un pecado»); el cerebro envía órdenes negativas a las glándulas genitales por vía hormonal y estímulos nerviosos.

## Sexo y sentimientos

◇ **¿Es posible eyacular con el pene blando?**
Sí, ya que la erección y la eyaculación no están necesariamente relacionadas. Algunos hombres impotentes no tienen erecciones, pero sí eyaculaciones en la entrada de la vagina, lo que les permite, como mínimo, tener hijos. Sin contracepción, puede haber embarazo si se eyacula en la entrada de la vagina.

◇ **¿Se puede eyacular y orinar a la vez?**
No, este tipo de sorpresas desagradables no pueden producirse, por la simple razón de que existe un sistema reflejo de seguridad: cuando el pene está en erección, el orificio de la vejiga se bloquea automáticamente por los músculos vesicales. Entonces la uretra, el canal que conduce la orina y el esperma hacia el exterior, sólo puede contener esperma durante la eyaculación.

◇ **¿Qué zonas son las más erógenas?**
En el hombre, se encuentran agrupadas alrededor de los genitales (sobre todo el glande y los testículos, pero también el interior del ano y alrededor de la próstata), ya que esta zona recoge numerosos receptores sensoriales. Estos permiten transmitir la información agradable al cerebro gracias a los estímulos nerviosos.

En la mujer, las zonas erógenas están repartidas por todo el cuerpo: la vulva, la vagina, las nalgas, los pechos, el cuello, la espalda, la cabeza, las orejas, los pies...

Esto significa que, tanto si somos hombres como mujeres, el sistema nervioso asociado al placer se educa a lo largo de nuestra vida. Una zona puede volverse erógena gracias al aprendizaje. Un ejemplo: si una mujer acaricia el pene de su compañero y, al mismo tiempo, su cuello, este puede convertirse en una fuente de placer intenso... por asociación de ideas.

### ◇ ¿Los hombres tienen «punto G»?

*Aunque no se le llame así, existe, y bien hermoso. Es una zona fibrosa, compacta, repleta de receptores sensoriales, próxima a la próstata. Los homosexuales la conocen muy bien. La introducción de un dedo (o del pene) en el ano provoca sensaciones voluptuosas, siempre que se haga de manera suave y progresivamente. Las caricias tienen que hacerse por la parte delantera, para estimular bien la próstata. Muchos hombres ignoran completamente este «punto G», puesto que rechazan estas caricias.*

## Las zonas más erógenas

## Sexo y sentimientos

### ◇ ¿Cómo llegar al orgasmo simultáneamente?

Si nos centramos en la fisiología de los dos sexos y en las estadísticas, el goce simultáneo es un ideal casi imposible, puesto que el hombre es una media de cuatro veces más rápido que la mujer. Si no existen problemas de eyaculación precoz o tardía, resulta más fácil esperar a la pareja para sincronizar el placer, siempre que ella avise de su estado y de su evolución: «Espera un poco... Ya puedes irte...». No existe ninguna técnica para ello, simplemente la comunicación y la atención hacia el otro, el placer de dar placer. Se trata de un egoísmo compartido. Así puede llegarles el orgasmo —la guinda del pastel— a ambos al mismo tiempo.

### ◇ ¿Podemos retrasar el orgasmo?

Sí, pero para ello es necesario cierto control de uno mismo. Con experiencia, un hombre puede mantener la excitación bastante alta para que las cosas sean agradables pero sin dejarse ir. Es capaz de contener la erección durante el tiempo deseado. ¿Cómo? Actuando muy lentamente, según la técnica del «stop and go»: «Me suelto y, cuando noto que va a llegar, me paro, y vuelvo a comenzar». El aprendizaje se hace entre los dos, mientras se practican juegos eróticos, o solo, durante la masturbación. La idea es entrenarse para conseguir eyacular lo más tarde posible, con el fin de mejorar el control y, sobre todo, para crear un condicionamiento fisiológico, un reflejo nuevo en la zona genital (véase el capítulo 6, «Trastornos del amor»). También podemos, y además es aconsejable, dar preferencia a ciertas posturas recomendadas para los eyaculadores precoces, y así hacer que el placer perdure (véase el capítulo 5, «Exploraciones de todo tipo»). Lo importante es sentir cuándo llega la eyaculación para *poder retrasarla, antes que obsesionarse en intentar impedirla. En este pequeño juego no se retiene la eyaculación, sino que se persigue el máximo placer posible.*

### ◇ ¿Puede mejorarse el orgasmo?

*Para todos aquellos que dicen que su orgasmo es una «pequeña contracción ridícula» muy localizada y que no es para tirar cohetes, he aquí un remedio que puede mejorar las sensaciones, tanto en los hombres como en las mujeres. No se trata de una receta, sino de un proceso de aprendizaje. A veces, es necesario llevarlo a cabo unas cuantas veces para que acabe siendo realmente eficaz. Cuando notamos las primeras sensaciones orgásmicas en la zona del perineo, hay que mover la cabeza (de izquierda a derecha, hacia delante y hacia atrás, y encoger los hombros, todo a la vez). De este modo, perdemos la conciencia del entorno espacial, no sabemos dónde está arriba y abajo, y esto crea un flujo nervioso que sube hasta el cerebro. De repente, es como si el orgasmo (el calor, la sensación) irradiase por todo el cuerpo y se multiplicase. Una serie de agradables escalofríos nos invaden.*

### ◇ ¿Estar operado de fimosis permite tener más (o menos) sensaciones?

*De hecho, puede parecer que en realidad no cambia nada, pero si se ha practicado la fimosis o la circuncisión en la edad adulta, entonces es necesario encontrar nuevas referencias sensoriales. En algunas ocasiones, la circuncisión es necesaria, como en los casos en que el prepucio estrecha demasiado el glande hasta llegar a producir infecciones difíciles de tratar, y más aún cuando esto sea doloroso y tenga consecuencias negativas en el acto sexual.*

## Sexo y sentimientos

### ¿Por qué a veces nos sentimos tristes después de hacer el amor?

*Post coïtum omne animal triste.* Esta máxima de la Antigüedad tiene, sin lugar a dudas, relación con el funcionamiento del sistema neurovegetativo que interviene en todo el cuerpo. Sabemos que el centro de emociones (núcleo límbico) actúa directamente sobre este sistema. El tira y afloja fisiológico puede dar una sensación de melancolía. Algunos hombres se sienten tristes y pueden tener incluso ganas de llorar, a pesar de que estén satisfechos de la relación.

### ⋄ ¿Por qué no tengo una erección si estoy excitado?

*Porque, en el fondo, estamos ansiosos o estresados (miedo de no estar a la altura, de no hacer disfrutar a la pareja, de ser comparado con los demás, etc.). (Véase el capítulo 6, «Trastornos del amor».)*

### ⋄ ¿Un hombre puede sentir dolor durante el acto sexual?

*No, en principio no debería sufrir, salvo si su prepucio está un poco apretado o su frenillo es un poco corto. Puede que la relación sea dolorosa por calentamiento y roces repetidos, cuando su pareja no está suficientemente lubricada. En este caso, para evitar este tipo de problemas, podemos cubrir el pene con un lubricante a base de agua (compatible con el preservativo). Es mejor evitar la vaselina sin esterilizar, ya que puede ser una causa de infección vaginal o anal.*

## Sobre los sueños y las fantasías

◇ **¿Los sueños eróticos frecuentes se deben a la insatisfacción sexual?**

*Los sueños no se controlan, simplemente reflejan el imaginario que uno tiene durante el sueño. Aparecen tanto en aquellos que tienen una sexualidad apacible como en aquellos que tienen dudas, faltas o frustraciones, y cuya consciencia lo expresa justo en ese momento. En ambos casos, los sueños eróticos son gratificantes y positivos puesto que permiten exteriorizar algunas expectativas o liberar tensiones.*

◇ **¿De qué sirven las fantasías?**

*Las fantasías vienen a ser las caricias del espíritu. Nos permiten anticipar situaciones o comportamientos que consideramos difíciles de controlar. Nos permitimos pensar, decir o visualizar mentalmente todo lo que, en la realidad, parece impensable o imposible de comprobar. Otra utilidad de las fantasías, un poco como sucede con los sueños, es liberar las tentaciones sexuales retenidas. No hay que avergonzarse ni culpabilizarse por fantasear, independientemente de las fantasías que se tengan. Sin embargo, algunas pueden afectarnos por representar escenas de homosexualidad o de violencia, ya que hace que temamos que el acto se realice. Ahora bien, las fantasías no se tienen para cumplirlas, sino para provocar excitación o hacer que revivan emociones y deseos propios. En las parejas que llevan bastante tiempo juntas, pueden suponer un buen método para renovar su creatividad, sin tener que recurrir forzosamente a soluciones más radicales (parejas nuevas, intercambios, etc.). Las mujeres dan muestras de una imaginación incuestionable en sus fantasías.*

## Sexo y sentimientos

◇ **¿Tienen las mismas fantasías hombres y mujeres?**
*Sólo en parte. Como los hombres tienen un sexo externo, las fantasías están más centradas en la posesión y la fuerza (multiplicidad de parejas, dominación, etc.). También son más visuales y genitales y, por lo tanto, se estimulan sobre todo mediante la visión de escenas sexuales (revistas, películas pornográficas...). Las mujeres tienen un sexo interno y escondido, por lo que sus fantasías se centran más en el trato y la recepción (caricias, besos, sumisión, violaciones, etc.). Son más cerebrales, más sensibles a los perfumes, a la música, a la noción de lo prohibido, al amante imaginario...*

◇ **¿Por qué unas fantasías predominan sobre otras?**
*La elección de la fantasía puede estar relacionada con un recuerdo de la infancia que ha provocado una intensa emoción sexual. Hemos grabado esta imagen o esta sensación, la hemos olvidado y, con la adolescencia y la erotización del cerebro, la imagen ha vuelto, en ocasiones de forma obsesiva. Así pues buscamos, a veces durante toda la vida, la reproducción de ese mismo entorno (en sueños o de verdad) para reencontrar la misma emoción. Luis recuerda que, cuando era pequeño, su madre le daba cachetes en el trasero con los pantalones bajados. Entonces su sexo tocaba las piernas de su madre y él sentía una inmensa emoción durante aquellos castigos. Actualmente, una de sus fantasías de amor es que su pareja le dé cachetes...*

◇ **¿Hay que confesar las fantasías?**
*No pueden decirse todas las fantasías, aunque el otro pueda llegar a entenderlas. Las fantasías forman parte de un jardín secreto, y algunas hay que guardarlas para uno mismo. Si le ex-*

plicamos a nuestra pareja que soñamos con la homosexualidad o con relaciones sadomasoquistas, esto puede impactarle y provocar una enorme incomprensión. Una vez más, el objetivo de estos pensamientos no es realizarlos, y su significado a veces es más sencillo de lo que parece.

## Las principales fantasías

**Por parte de los hombres**
— Hacer el amor en la naturaleza: 53 %
— Ser iniciado en el sexo por una mujer experta: 37 %
— Hacer el amor con dos mujeres: 36 %
— Tener una amante exótica: 34 %
— Hacer el amor con una desconocida sin hablarse y sin volverse a ver: 29 %
— Tener un harén dispuesto a cumplir todos sus deseos: 27 %

**Por parte de las mujeres**
— Espiar a una pareja que hace el amor: 32 %
— Observar a dos mujeres que hacen el amor: 14 %
— Hacer el amor en grupo: 11 %
— Tener una relación con otra mujer: 10 %

Queda claro que la homosexualidad, el intercambio de parejas, las prácticas sadomasoquistas, las orgías o el exhibicionismo, evocados con frecuencia en los medios de comunicación, no son las fantasías más frecuentes.

*Fuente*: Francoscopie 2003, *Gérard Mermet, Ed. Larousse.*

## Sobre las drogas sexuales

◇ **¿La Viagra® u otros medicamentos de este tipo aumentan las sensaciones?**

*No, no son ni afrodisiacos ni dopantes. Simplemente sirven para restaurar las funciones que se han perdido (inconstancia o ausencia de erecciones). Y si la pareja no se siente atraída o no estimula lo suficiente a su amante, los medicamentos no tienen por qué producir ningún efecto. Sin embargo, algunas veces, la erección mejora, y la relación sexual resulta más agradable para ambos.*

◇ **¿Son eficaces los afrodisiacos?**

*Todos los afrodisiacos (cuerno de rinoceronte, ginseng, jengibre, bois bandé, kola, nuez vómica, pimienta, etc.) son sustancias que evocan la fuerza, la vitalidad, la potencia, el fuego del deseo. Estos productos contienen un valor mágico que actúa en el escenario amoroso. Si decimos que un afrodisiaco irá bien, sentiremos más confianza y, a menudo, funciona... ¡aunque la alquimia no haya sido la causa! De todas maneras, cuidado con usar algunos de estos productos: el rinoceronte, por ejemplo, está en vías de extinción por culpa de la caza indiscriminada que persigue sus cuernos. La famosa cantárida (mosca seca reducida a polvo) provoca una erección duradera, pero es tan tóxica que hay que colocarla en la sección de los venenos. El nitrito de amilo, conocido con el nombre de popper, a veces provoca serios dolores de cabeza y complicaciones más graves, incluso mortales (crisis cardiacas), asociadas a abusos, sobre todo si se utiliza con Viagra®, Cialis® o Levitra® (véase el capítulo 5, «Exploraciones de todo tipo»).*

### El amor antes, durante y después

◇ **¿El tabaco y el alcohol son estimulantes sexuales, o todo lo contrario?**

*La nicotina es un estimulante intelectual que mantiene despierto pero, a la larga, hace que los vasos sanguíneos se vuelvan más rígidos, menos flexibles y, por lo tanto, menos eficaces y nutritivos. Como los cuerpos cavernosos del pene son esponjas que se llenan de sangre para provocar la erección, podemos entender que, si la circulación se ve perturbada, la función sexual también lo estará. Hacia los 45 o 50 años aparecen las primeras insuficiencias eréctiles. En cuanto al alcohol, a pequeñas dosis estimula el deseo, ya que desinhibe (baja la ansiedad y el malhumor), pero si se bebe mucho tiene el efecto totalmente contrario: frena el apetito sexual y limita los resultados, porque implica una constricción de los vasos sanguíneos. Ahora bien, para que el pene entre en erección, los tejidos tienen que estar perfectamente distendidos y dilatados (véase el esquema «El mecanismo de la erección» del capítulo 4).*

*El análisis Doppler permite evaluar el estado general de los vasos sanguíneos que hay en el pene.*

◇ **¿El cannabis es bueno para el amor?**

*El cannabis desinhibe, por lo que podemos pensar que entonces es un buen dopante sexual cuando uno está nervioso o estresado o, simplemente, cuando uno se siente feliz y tiene ganas de llevar las sensaciones hasta el límite.*

*El problema es que, precisamente, el cannabis exagera los sentimientos. Si estamos felices, nos pondremos eufóricos, pero, si estamos tristes, podemos ponernos a llorar; si sentimos cólera, nos volveremos agresivos; si estamos cansados, nos hundiremos y, en ese momento, ni hablar de resultados en la cama. Por otro* lado, el cannabis frena seriamente la motivación y el deseo. Si uno se siente perfectamente solito en su nube, ¿por qué empeñarse en hacer movimientos acrobáticos agotadores? A nivel fisiológico, otra particularidad del cannabis es que retrasa la eyaculación (a veces demasiado).

## Sobre la edad y el amor

### ◇ ¿Por qué el placer se vuelve más frágil después de los cuarenta?

En los cuarentones toda la mecánica sexual se mantiene, pero por norma general es más lenta. Esto se debe a una caída progresiva de la testosterona. Aunque el pene y los testículos sean hormonodependientes, una disminución de la estimulación les influye. En el terreno fisiológico, se suman numerosas causas de bloqueos, que tienen una tendencia exponencial con la edad: los pensamientos obsesivos causados por el estrés, las preocupaciones por la salud, la ausencia de comunicación con la pareja, los conflictos conyugales... Todos estos pequeños granos de arena acaban por afectar a la función sexual e influyen en los impulsos amorosos.

### ◇ ¿Hasta qué edad puede hacerse el amor?

En teoría hasta cualquier edad, siempre que se goce de buena salud; basta con poder mantener el pene en erección. Un paciente aún iba a la consulta a los 99 años por pequeños problemas sexuales que duraban desde hacía seis meses, lo que descontentaba a su mujer, de 85. Le pidió al doctor una reflexión un tanto surrealista: «Doctor, sobre todo no me diga que es por culpa de la edad».

Una pareja de franceses de 96 y 94 años quedó marcada en el recuerdo. Acababan de casarse y tenían una visible complicidad amorosa. Ella era «soltera» ¡desde hacía cuarenta años!

## Sobre las relaciones con su pareja

◇ **Las mujeres muy experimentadas no son necesariamente más excitantes, ¿por qué?**
¡Por culpa de la presión y de la obligación de resultados! Desde que en las revistas rebosan testimonios de «bombas» que adoran el sexo, que reivindican el placer, tomando incluso la iniciativa, los hombres se sienten al pie del cañón y temen no dar la talla. Pero ¿qué es lo peor que puede pasar? Aunque la erección no llegue, aunque sea peor que la última vez, ¡eso qué importa! No hace falta apretar un botón para que todo funcione, aunque sea (o sobre todo) con una mujer extremadamente deseable o dominante. Los psicoanalistas hablan del «fantasma de la vagina dentada» para evocar la angustia de castración de algunos hombres que temen que las mujeres devoren su sexo. Este fantasma remite al miedo a las mujeres, al hecho de que ellas no les aporten serenidad. Ahora bien, como hemos dicho, para que todo funcione bien un hombre tiene que estar primero tranquilo y luego estimulado.

Otros hombres dudan de no estar a la altura ante el deseo insaciable e insatisfecho de las mujeres. En otros tiempos, para protegerse, no se dudó en «precintar» el sexo de las mujeres (cinturón de castidad, etc.). Actualmente, este objeto ha encontrado una nueva juventud y se utiliza en juegos eróticos. Como explica Willy Pasini en su libro Les noveaux comportements sexuels,[18] estos cinturones cuentan con un gran público en Nueva York, Pekín, Londres o París.

### ◇ ¿Cómo superar la timidez sexual?

*Esa timidez impide hacer algunos gestos, decir algunas palabras o estar en ciertas situaciones con la pareja. Preferimos optar por un escenario más convencional y más tranquilizador, pero también más frustrante. La incapacidad de superar la barrera proviene, en la mayoría de los casos, del miedo a ser juzgado (patoso, ignorante, incompetente, etc.), de una educación demasiado rígida, que ha dejado ciertas marcas (el sexo es sucio y vergonzoso, y el placer culpabiliza) o de un complejo paralizante (demasiado peludo, sexo muy pequeño, etc.). Para deshacerse de estos miedos primero hay que ser conscientes de ellos y plantearse algunas cuestiones: ¿siempre soy tímido o sólo con esta mujer?, ¿su actitud (exigente) es lo que me paraliza?, ¿qué pasaría realmente si expresara mis fantasmas o mis deseos?, ¿qué necesitaría para lanzarme? La mejor manera de saberlo es probarlo... No de manera drástica, sino en etapas sucesivas. Poco a poco, la confianza gana terreno, y nos vamos atreviendo a liberar lo más íntimo de nosotros. Una buena técnica para motivar el cambio: mostrar a la otra persona lo mucho que la queremos siendo receptivo y escuchando sus reacciones, hablándole en los momentos de convivencia, utilizando lo que uno ha leído o visto... Y si todo esto es insuficiente, ¿por qué no consultar a un terapeuta?*

---

18. *Op. cit.*

### El amor antes, durante y después

◇ **¿Cómo decirle «no, gracias» a una mujer cuyo sexo huele mal pero sin ofenderla?**

Los amantes del cunnilingus a veces se enfrentan al problema de los malos olores vaginales. Su pareja no es necesariamente sucia (puede haberse lavado justo antes y oler mal de todas maneras), pero su particular olor (debido a una flora bacteriana también particular) quita todas las ganas de querer pasarle la lengua. Un truco para saber cómo actuar: antes de decir «no» (con la probabilidad de ofender a la dama), es mejor tomar dos caminos: oler su ropa interior o deslizar los dedos hasta la entrada de la vulva y olerlos, como si nada, para comprobar si el olor es agradable. Si todo funciona... ¡a cabecear!

◇ **¿Un pene «grande» puede hacer daño a la pareja durante la relación sexual?**

Sí. Cuando es demasiado grande (o la vagina demasiado estrecha), la mujer puede sufrir durante la relación. En ese caso presentará dolores en la vulva o padecerá un calentamiento local de la mucosa. Cuando el pene es demasiado largo (o la vagina demasiado corta), a veces es suficiente con estas estrategias: usar lubricantes íntimos que faciliten el deslice o comprar un «anillo», de venta en **sex-shop**, o una bomba de vacío (vacuum), en la que se introduce el pene y que posibilita la erección (véase la página 192). Este anillo se coloca en la base del pene, lo que impide que, durante la cópula, penetre por completo. Para algunos, este inconveniente entonces puede transformarse en una ventaja: cerca del 15% de las mujeres concentran muchas zonas de excitación alrededor del cuello uterino, es decir, en el fondo de la vagina, a 12 cm o más. Sólo pueden ser excitadas por compañeros que las «llenen» y que lleguen hasta el fondo.

## El animal que llevamos dentro

«Nuestras preferencias sexuales se guían por señales imperceptibles y biológicas», estima el investigador y etólogo Boris Cyrulnik. En el marco de un experimento sobre la «biología del flechazo», él y su equipo les mostraron a unos hombres dos fotos de la misma mujer, una sin retocar y la otra con las pupilas dilatadas. Se sentían atraídos por esta última, que encontraban más seductora y «receptiva». Del mismo modo, si en una sala de espera vaporizamos sobre una silla feromonas masculinas, las mujeres que entren a sentarse se dirigirán indudablemente hacia esa silla. Existen pues señales que escapan a nuestra conciencia y que son intensamente recibidas por el otro: la dilatación de las pupilas, el volumen de los labios, el rosado de las mejillas, la forma del cuerpo, el ancho de espaldas, los pechos, el tamaño, los gestos... Los hombres son particularmente sensibles a las curvas de las mujeres, a quienes seguramente no se les ha escapado ese detalle: el maquillaje acentúa los pómulos de la cara, el Wonderbra retoca los pechos y otras prendas realzan las nalgas; en todas las épocas y en todas las civilizaciones hallamos estrategias que muestran señales de máxima feminidad. Las mujeres, por su lado, son sensibles a las espaldas anchas y las nalgas redondas, pero lo que más les emociona, y la experiencia lo demuestra, son los signos sociales: la elegancia, la postura o el modo de hablar. Por un lado, las curvas voluptuosas se asocian a la fertilidad, y por el otro, el ancho protector de la espalda se asocia a la pertenencia a un medio social.

Por otra parte, estos símbolos de feminidad o de masculinidad, asociados al placer y a la sensualidad, se utilizan mucho en el arte y en la publicidad, como un eco del instinto biológico.

## Sobre las mujeres y su funcionamiento

◇ **Cuando sienten deseo, ¿tienen forzosamente placer?**

Hace tan sólo una generación se acostumbraba a decir que las mujeres sentían placer sobre todo cuando satisfacían a sus hombres. Desde entonces las cosas han cambiado mucho: según el sondeo Sofres Marie-Claire Europe 1 (2001) sobre la nueva sexualidad de los franceses, el 85% de las mujeres están completamente satisfechas de su vida sexual (es decir, sienten placer), y el 83 % raramente o nunca hacen el amor cuando no sienten deseo (o sea, no se fuerzan a hacerlo). Sin embargo, las últimas estadísticas españolas atestiguan que sólo el 58% de las mujeres están satisfechas de su vida sexual. Y sólo uno de cada cinco hombres (20%) manifiesta estarlo en España, según datos de la FES (Federación Española de Sexología, abril, 2006).

◇ **¿Tengo que esperar a que mi pareja tenga realmente ganas para hacer el amor?**

En el plano sexual, el placer repetitivo aporta deseo y lo mantiene de manera fisiológica; dicho de otra manera, «el apetito entra comiendo». Y si las mujeres picaran, tendrían cada vez menos hambre. Estas dos opciones, «No me apetece; es tu problema» (versión femenina) o «Tengo muchas ganas; tienes que hacerlo» (versión masculina), son igual de perniciosas para la pareja. A cada uno le toca encontrar su equilibrio entre el respeto hacia el otro y el propio deseo. Volvemos a la idea de «relación perfecta» y de «relación rápida» de la que ya hemos hablado. Puede que la primera sea la ideal, pero la segunda no es menos respetable y útil para la pareja en su vida cotidiana. En un abrir y cerrar de ojos pueden diluirse las tensiones, saciar los

## Sexo y sentimientos

*deseos, reencontrarse en el sillón, retomar el contacto... Y la agradable sorpresa es que a veces la mujer, llevada por el juego «lo-hago-para-darte-el-gusto», acaba por encontrarle también la gracia. En los días sucesivos, no es raro que un deseo «espontáneo» se apodere de ella, mientras que si espera siempre al gran deseo para hacerlo las condiciones ideales se reunirán más excepcionalmente.*

### ◇ ¿Las ganas de la mujer varían en función de «sus hormonas»?

*Sin duda. El ciclo menstrual y la llegada de las reglas provocan cambios de humor o de deseo a causa de los estrógenos; los pechos a veces se endurecen y duelen, el riesgo de quedar embarazada si es una fecha u otra... Todo esto hace que disminuya su intimidad y su vida amorosa en ciertos periodos de su vida o de su ciclo. Algunas mujeres estarán más nerviosas o inquietas la noche anterior a la regla, y otras justo después o incluso en el momento de la ovulación. Y el mes siguiente puede que sea diferente. La lectura que debemos hacer es que si una mujer dice que no, o persiste en su rechazo, no tiene por qué ser culpa nuestra, sino por el estado de ella. Antes de dudar y de preocuparnos porque ya no la excitamos... calma: todo volverá a su orden natural en los días o en el ciclo siguientes.*

### ◇ ¿Cómo dar verdadero placer a una mujer?

*Por una vez es mejor no aplicar el principio: «Haz a los demás lo que te gustaría que te hicieran a ti». Los hombres tienen un placer más localizado, situado alrededor de la zona genital; las mujeres, en cambio, aprecian que las acaricien un poco por todo el cuerpo. ¡Algunas incluso llegan a decir que lo prefieren a* la penetración! Así pues, hay que evitar las estimulaciones demasiado directas, recibidas a veces de forma desagradable, incluso dolorosas si ellas son inexpertas (véase el apartado «Qué hay que hacer para llegar al séptimo cielo» en la página 91).

◇ **¿El orgasmo femenino depende del hombre o de la mujer?**

Con mucha dosis de humor, el Dr. Gérard Leleu clasifica a los amantes en dos categorías: los que piensan que «no hay mujeres frígidas, sino hombres torpes» y los que afirman que «no hay vergas mágicas; la mujer tiene que merecerse su orgasmo». Entre los altruistas que lloran con lágrimas de sangre y los machos moralizadores, hay sitio para las dos afirmaciones. No es suficiente que la mujer espere angélicamente que las cosas lleguen sin ningún esfuerzo, sino que tiene que poner de su parte, guiar a su amante en el camino del placer, tomar iniciativas...; en definitiva, mostrarse un poco responsable y aludida. Por el lado contrario, no basta con que el hombre se empalme, la penetre y dé tres sacudidas para satisfacer a su compañera, susurrándole al oído cuatro palabras: tiene que jugar por turnos a la fuerza y a la ternura, a la suavidad y la animalidad, a la sorpresa y a la complicidad. ¡Hay que ser creativo!

◇ **¿A qué se parece un orgasmo femenino?**

El desencadenamiento del placer se produce en la zona genital, pero se extiende por todo el cuerpo por medio de ondas vaginales y clitorianas (hablamos de orgasmos difusos). Una especie de euforia suave las invade de la cabeza a los pies, una sensación de bienestar, como si estuvieran en un algodón o en una nube. Algunas hablan de una bola de fuego, radiante y suave.

## Sexo y sentimientos

*Otras, por el contrario, tienen un orgasmo más localizado (a veces más intenso, en ocasiones también limitado a una sensación de simple descarga o pequeña contracción). Una misma mujer puede conocer alternativamente los dos tipos de orgasmo, según el contexto del momento.*

### ◇ ¿Una mujer puede sentir placer sin llegar al orgasmo?

*Sí, el amor no se reduce a la penetración y al placer del orgasmo. La fase precedente puede haber sido muy agradable, suscitada por ondulaciones de placer y de sensualidad deliciosa muy satisfactorias, y sin embargo no haber llegado a la traca final. El balance es positivo, sobre todo si la mujer se ha sentido deseada (amada) y está convencida del placer de su compañero.*

### ◇ ¿Qué diferencia hay entre un orgasmo vaginal y uno clitoriano?

*Como su propio nombre indica, el orgasmo clitoriano se provoca con caricias en la zona del clítoris, antes o después de la penetración, mientras que un orgasmo vaginal generalmente es el resultado de una estimulación de la vagina (en el «punto G» o sus alrededores) y de una penetración. El 80 % de las mujeres son clitorianas, y el 20 %, vaginales. A veces es muy difícil, incluso para las principales interesadas, saber si son de un bando o del otro, pero en el fondo esto importa poco porque, contrariamente a lo que se dice, el orgasmo en una u otra zona no es más completo o mejor que el otro, sino que depende del momento, de la mujer y de su pareja. Para que las cosas queden claras: orgasmo vaginal no es sinónimo de orgasmo difuso y extendido. Un orgasmo puede desencadenarse en el clítoris y difundirse por todo el cuerpo.*

*De hecho, el error sobre la pretendida superioridad del orgasmo vaginal proviene de la semántica. Palabra por palabra, significa «orgasmo originado en la vagina», y orgasmo clitoriano, «originado en el clítoris» (de manera directa o por fricciones en el pubis). Y la difusión del placer depende, por el contrario, de numerosas variables neurosensoriales y psicológicas. Además, el machismo y la religión también entran en juego: los hombres han decretado como emblema que sólo vale la pena el orgasmo vaginal, ya que depende exclusivamente de la introducción de su pene. Él, así, todavía es superior, ya que sólo la penetración vaginal permite tener descendencia.*

### ◇ ¿Existe la eyaculación femenina?

*Sí. Una minoría de mujeres puede experimentar una emisión de fluido (lubricación muy abundante asociada a veces a una minieyaculación) acompañada de contracciones vaginales (el equivalente a los chorros de esperma emitidos por el hombre). Estas contracciones comportan, a su vez, sensaciones suplementarias para el hombre, ya que estimulan el pene. Estas mujeres, en ocasiones, se sienten avergonzadas de sus secreciones, que confunden con orina y que no controlan. La actitud tranquilizadora de su compañero, estimulado por tantas muestras de excitación, puede ayudarlas a superar esta singularidad, que puede llegar a ser obsesiva y paralizante.*

### ◇ Siempre se habla de preliminares, pero mi compañera «ataca» más rápido que yo. ¿Es normal?

*Como dicen encantados los sexólogos: el orgasmo es una competencia adquirida en la Antigüedad. Cuando una mujer se empieza a masturbar desde muy joven y con regularidad, o cuan-*

## Sexo y sentimientos

do ha tenido una vida amorosa bastante activa, ha tenido todo el tiempo necesario para erotizar su vagina y para crear un reflejo condicionado: «estimulación implica placer». Las mujeres que arrancan en un cuarto de hora no son las más numerosas, pero existen. No necesitan preludios insistentes e incluso pueden enfadarse si nos esmeramos demasiado en las prolongaciones. ¿Cómo saberlo? Observando las reacciones de la dama...

### ◇ ¿Cómo encontrar con seguridad el punto G?

*Esto requiere un pequeño entrenamiento. Cuando la mujer está boca arriba, su vagina queda hacia abajo, ligeramente hacia el colchón. Si introducimos uno o dos dedos en su sexo (a la altura de dos falanges aproximadamente, con la palma de la mano hacia arriba), vamos a parar al punto G, a algunos centímetros de la entrada. El interior es un verdadero campo de batalla; la pared está toda estriada. En este estadio uno no siente nada en particular, la zona G está en reposo. Hay que estimularla con masajes que dibujen movimientos circulares lentos y cariñosos o vaivenes repetidos. Al principio ella puede tener ganas de hacer pipí, es algo normal, pero hay que continuar, y se olvidará de esta sensación. Gracias a las estimulaciones repetidas, la zona mágica crecerá bajo nuestros dedos. Continuando con las caricias, podemos esperar que llegue el orgasmo, pero es raro. Si la localización no es evidente (porque ella dice que no siente nada), puede ayudarse con la otra mano en el exterior, sobre la parte inferior del vientre, presionando sobre el pubis, para acercar la zona G a los dedos que están dentro. Y si todavía no sucede nada es que ella no es realmente sensible en el punto G. No es la única. Seguramente será más receptiva en otro lado (zonas lindantes a la vagina o al clítoris).*

## El amor antes, durante y después

◇ **¿En qué piensan las mujeres cuando hacen el amor?**
*Como dedican mucho tiempo para alcanzar cierto grado de excitación y de «concentración sexual», dejan que su mente vague por el camino. Y lo que les pasa por la cabeza no es nada triste, si creemos en lo que dice la revista Marie-Claire, que se lo ha preguntado a sus lectoras:[19] «¿Merezco la pena?» las debutantes se preguntan (variante de «¿Qué va a decir de mí a sus amigos?»); «¿La lavadora tendrá más escapes (o el pastel se quemará)?», piensan las amas de casa; «Anda, habrá que volver a pintar el techo (o cambiar las cortinas)» se plantean preocupadas algunas. «¡Qué horror, mañana tengo cita con el del banco!», se angustian las despilfarradoras. Se les ocurren un montón de ideas disparatadas: «¿Qué va a pensar de mí si voy fuerte en seguida?» o «¡Cuánto le quiero!». Pues sí, piensan en todo, incluso haciendo el amor.*

◇ **¿Es conservador tener relaciones sexuales sólo por la noche (o por la mañana o de «cinco a siete»)?**
*Algunos tienen sus horas para ser felices y no son por ello unos pasados de moda; otros son más flexibles y se adaptan a las circunstancias. Lo importante, de cualquier forma, es llegar a sincronizarse con la pareja. La famosa hora de la siesta recoge un 13% de los votos en los hombres y un 22% en las mujeres; el amor por la mañana sólo recibe un 12% del apoyo en los hombres y un 38% en las mujeres. Esto último es algo sorprendente, ya que los hombres están en erección por naturaleza justo en ese momento del día y secretan más testosterona, pero sin duda se «enchufan» en seguida a su jornada de trabajo. La hora de la llamada para todas las parejas es por la noche, en el mo-*

---
[19]. *Marie-Claire*, octubre de 1995, «Pendant l'amour...».

## Sexo y sentimientos

mento de acostarse: para un 48% de los hombres y para un 73% de las mujeres.

◇ **Mi mujer sólo quiere hacer el amor a oscuras. ¿Qué le preocupa?**

No es una excepción. Una mujer de cada dos se encuentra en este caso, debido sin duda a los complejos y a la imagen que se ha construido de su propio cuerpo, y seguramente también a causa de su educación. Las mujeres se sienten protegidas por la oscuridad; asocian la luz a un proyector que las enfoca. Esto puede inhibirlas y hacer que se avergüencen («si mi madre me viese»), como si tomaran conciencia de lo que pasa, mientras que los mirones, por el contrario, se excitan con este «proyector».

◇ **«Entonces, ¿contenta?»**

Normalmente a las mujeres no les gusta hablar de lo que acaba de pasar o revisar con detalle la película de la relación sexual («Me ha sorprendido que hayas hecho esto o aquello, y cuando te has puesto de espaldas, ha sido...»). El hombre explica todo esto en beneficio de una segunda vez, pero la mujer, para que lo haga, tendría que estar bajo el efecto de la hipnosis con una inyección de suero... Generalmente, prefiere callarse.

◇ **Mi mujer acepta hacer el amor pero raramente se deja besar, ¿por qué?**

Acercar los labios significa aproximarse el uno al otro, a su aliento vital, en el sentido literal del término; también supone reconfortarse en los brazos, tranquilizarse sobre su amor y su deseo. No podemos estar enamorados sin demostrarlo con besos, al menos al principio de la relación. Por eso pueden tenerse relaciones puramente sexuales sin besarse. ¿Significa eso que una mujer que rechaza los besos no está enamorada? Es algo más sutil que eso. Con el tiempo, el beso puede cambiar de naturaleza en una pareja y representar el último refugio de la intimidad de la mujer. Algunas se reservan este jardín secreto y no lo recuperan hasta que no tienen grandes impulsos amorosos. En ocasiones, el repudio marca un rechazo más o menos consciente de su compañero. A veces se trata de algo más pragmático: algunas mujeres temen tener mal aliento y ellas mismas censuran ese acercamiento por miedo a desagradar.

◇ **¿Por qué a las mujeres les cuesta más llegar al orgasmo que a los hombres?**

El orgasmo femenino es fruto de un paciente aprendizaje del placer; se necesita tiempo para liberarse verdaderamente y dejarse llevar sin ataduras. Algunas no conocerán el primer goce hasta los treinta, incluso hasta los cincuenta, pero esto no les impide tener antes sensaciones agradables cuando hacen el amor, y no tienen por qué sentirse frustradas. Desde 1970, y con el famoso informe norteamericano Hite sobre la sexualidad de las mujeres, sabemos que un gran número de ellas consiguen un verdadero placer con la masturbación (con orgasmo). Esto puede ayudarlas a conocerse mejor y a encontrar más rápido el placer junto a su compañero.

◇ **¿Por qué no siempre tienen orgasmos?**

Las principales razones aportadas por ellas son: el cansancio, el estrés, la brevedad de las relaciones o de los preliminares, un bloqueo físico o psicológico, el momento o el sitio poco conveniente, el compañero que lo lleva mal, la postura inadecuada y... Algunas no necesitan haber tenido un orgasmo para sentirse bien y haber disfrutado del placer.

⋄ **¿Pueden las mujeres fingir el orgasmo sin que lo notemos?**
Sí, por diferentes razones. Si su compañero acecha con demasiada diligencia su placer, puede que esto les incite a fingir..., contentarle y tranquilizarle sobre sus capacidades. Algunas incluso pueden simularlo porque no sienten nada (mujeres anorgásmicas) pero, a pesar de todo, quieren parecer normales. Hay algunas que lo hacen para acabar (están cansadas o nada excitadas). Las más jóvenes pueden estar demasiado influenciadas por las películas pornográficas y pueden pensar que el placer va en función de los gritos. Para parecerse «a las otras» exagerarán un poco... A veces, hacer teatro (que no es lo mismo que aparentar) aumenta la excitación.

## Sobre las mujeres embarazadas

⋄ **¿Sienten más deseo?**
Todas las mujeres embarazadas están inundadas de hormonas femeninas, por lo tanto no todas tienen el mismo deseo sexual. Está claro que el componente psicológico es determinante. En la zona de la pelvis se observa una congestión y una vascularización enorme, la vagina se hincha y se ensancha, por lo que les conviene lubricar, lo cual, a su vez, viene acompañado de una mayor sensibilidad. Los labios menores y mayores se vuelven muy reactivos, y todo ello puede ser una fuente de placer aumentado, por un lado, y de dolor exacerbado, por el otro. En

## El amor antes, durante y después

*ocasiones, la frontera entre el dolor y el placer es muy difusa. Los pechos crecen y se vuelven más tensos. Pueden generar sensaciones deliciosas o insoportables. Aquí es donde interviene el compañero: puede idealizar el embarazo, coincidir con la pareja y disfrutar de las nuevas sensaciones, o tener miedo a hacerle daño y respetar sus reticencias. Según su propia historia familiar, puede que arroje sobre su compañera la imagen de una mujer abierta, segura y deseable, o la de una mujer deformada, inquieta y poco atractiva.*

*En todo caso, una mujer de cada cinco descubre por primera vez el orgasmo cuando está embarazada...*

### ◇ ¿Podemos querernos como antes durante esos nueve meses?

*¿Hay que ralentizar el ritmo? ¿Hay que escoger las posturas? ¿Debemos dejar de hacerlo cuando se acerca la fecha? Cuántas preguntas... La pareja puede tener relaciones sexuales hasta el último mes de embarazo, e incluso hasta la víspera del parto; sólo hace falta un poco de imaginación para encontrar la postura más cómoda. El feto está protegido en su bolsa acuosa, resguardada a su vez por el cuello cerrado del útero. A estas «barreras» se les suma además un «cerrojo de seguridad» suplementario: el cuello está orientado hacia atrás durante todo el embarazo y no migra a la parte delantera hasta pocas horas antes del parto, para facilitar el paso del bebé por la vía genital. Por otro lado, el bebé no se encuentra especialmente incomodado por las relaciones sexuales de sus padres, todo lo contrario. Se ha descubierto que la relación desencadena la producción de endorfinas (sustancias de la felicidad) en el feto.*

### Sexo y sentimientos

*De todas maneras, tienen que imponerse ciertas precauciones (sobre todo en el último trimestre) en el caso de que se dilate el cuello (amenaza de parto prematuro) o de contracciones regulares y en aumento. Cuidado también con las pérdidas de sangre después de una relación, porque puede tratarse de una mayor fragilidad del cuello, que habrá que comprobar. En estos casos más vale consultar con el médico antes de retomar las relaciones sexuales.*

# 5
# EXPLORACIONES

## DE TODO TIPO

No nos imaginamos hasta qué punto la sexualidad humana es inventiva, evolutiva, ¡incluso, a veces, muy personal! Cuando pensamos que la mayoría de los animales practican el coito una y otra vez en el mismo escenario, en fechas fijas, cuando la hembra entra en celo, y sólo en ese momento... Independientemente de la hembra que sea, el macho la monta con el único objetivo de reproducirse y transmitir sus genes. Aunque encuentre placer (¡es lo mínimo para que tenga ganas de perpetuar la especie!), su comportamiento sexual es invariable y nunca tiene en cuenta el goce del otro, y viceversa.

El hombre puede, si lo desea, no limitar su sexualidad a un mero acto de reproducción ni su repertorio amoroso a la postura del misionero. Pero la fantasía no es innata y la sexualidad evoluciona con el tiempo. De ahí esas pruebas fallidas y esas torpezas totalmente comprensibles de los inicios. Con el tiempo, el dominio acaba llegando. Y precisamente supone un problema porque, desde que llega, la costumbre —o la rutina— también se instala, y entonces aparece el aburrimiento. Para sentir las mismas emociones, el hombre (más que su

## Sexo y sentimientos

compañera) necesita conquistar nuevos territorios, sorprenderse, renovar su película personal, intentar experiencias nuevas, probar, ir siempre más lejos..., a veces mucho más lejos.

¿Dónde está la pauta? ¿Hasta dónde podemos llegar? ¿Cuáles son los límites que no podemos sobrepasar? ¿Está «bien» o «mal» hacer el amor en el asiento de atrás de un coche, mirar una película porno con la mujer que uno ama, hacer un trío o ir a clubes de intercambio? Entre lo que está autorizado y lo que no, la frontera es muy tenue, y es precisamente eso lo que resulta excitante.

En la pareja, cuando los deseos y las peticiones no coinciden o son opuestas, el otro puede reaccionar con incomprensión, incluso con agresividad o asco: «Me pide que veamos películas eróticas para excitarse; es un obseso», dice Silvia. «Quiere que me ponga tacones de aguja porque dice que lo excitan; eso no es normal», piensa Amalia. «Sólo le gusta darme por detrás; va contra natura», se indigna Laura. Pero la mujer también fue la que ofreció la manzana a Adán. Esta vez es él quien la cuestiona y la juzga ligera: «Le gustaría hacerlo en medio del campo (o hacer un trío) y yo no puedo. ¿Es una guarra?» «¿Estoy atrasado, soy intolerante, un reprimido, etc.?». La cuestión acerca de la normalidad se plantea constantemente.

Los juegos y los estereotipos sociales no ayudan mucho a la situación. La sociedad actual sobreexpone el sexo en el cine, en la publicidad, en los libros o en Internet. Enseña los comportamientos más extremados y los menos... practicados (relaciones sadomasoquistas, intercambios, bisexualidad, «giratorios», etcétera).

Todo el mundo acaba por creer que se trata de la norma, cuando esos usos son los propios de una minoría activa o militante, bastante excepcionales. No todas las mujeres son como

Catherine Millet[20] o Virginie Despentes[21], y no todos los hombres son Houellebecq tras la búsqueda del erotismo en aventuras radicales. De ahí la idea falsa de que, en la vida, siempre llegamos tarde a las experiencias. Por otro lado, una encuesta reciente lo demuestra.[22] Cuando preguntamos a los franceses: «¿Piensan que las prácticas sexuales han cambiado en estos últimos años?», responde masivamente que sí un 63 %. Según el 69 % de las mujeres, las prácticas libres que se han desarrollado son el sadomasoquismo, el intercambio de parejas y la bisexualidad; un 65 % de los hombres también contesta afirmativamente. Cuando, a continuación, preguntamos a las mismas personas cuáles adoptan ellas, constatamos un rechazo masivo de este tipo de experiencias «extremas». De esta forma, nos encontramos con un flagrante desajuste entre la idea que uno se hace de la sexualidad de los demás (cada vez más delirante) y las actitudes personales, más convencionales. Pero no se rechazan todas las prácticas: entre los usos mencionados más frecuentemente encontramos la felación, el cunnilingus, la postura del «69» o la masturbación de la pareja.

En materia de sexo, la educación, la sociedad y la religión, además de la ley, ponen barreras implícitas o explícitas destinadas a contener los excesos, en ocasiones peligrosos. Estas actúan como factores de alegría y de equilibrio para algunos, o de transgresión y de culpabilidad para otros. Hay que avanzar sin detenerse en el filo de la navaja. Es tarea de cada uno encontrar su propia vía, con el respeto hacia el otro y hacia uno mismo como única clave.

---

20. *La vida sexual de Catherine Millet*, 350.000 ejemplares vendidos.
21. Directora de la película *Baise-moi*.
22. *Les habitudes sexuelles de français de 40 ans et plus*, Yves Morvan, director de Estudios Louis Harris, Pfizer, marzo de 2003.

## El intercambio de parejas, ¿complicidad total o exceso irrisorio?

¿Cómo salvar a tu pareja de la astenia sexual galopante y ponerle un poco de salsa al tema? Cambiando las parejas, con la aprobación de la legítima: he aquí el credo de los asiduos a los intercambios. Según el sociólogo Daniel Welzer-Lang, existirían de 300.000 a 400.000 aficionados al intercambio en Francia, de los cuales un 51 % son hombres solteros; el 41 %, parejas, y el 3,5 %, mujeres solteras. Así, concierne al 4 % de los franceses y al 1 % de las francesas.[23] Los lugares de encuentro están principalmente en las ciudades grandes y acogen sobre todo a las parejas de cuarenta años en adelante, de clase media o superior. Las fiestas privadas suelen concentrar generalmente a un público más limitado y más acomodado.

Para el psicoanalista y sexólogo Willy Pasini,[24] la práctica del intercambio, aparentemente transgresiva, en el fondo es bastante pudorosa: «El intercambio de parejas es, al principio, un "adulterio conformista" que, para evitar cualquier asimetría (es decir, cualquier transgresión unilateral y secreta), prevé una libertad de acción recíproca gracias a una solución puritana. Es como el divorcio de los norteamericanos: se separan porque no soportan el adulterio, y luego se casan y se vuelven a divorciar, y así continúan. Es algo que para las personas que provienen de una cultura latina suprime el placer número uno: la satisfacción de no sentirse vacío».

¿El intercambio puede ser fatal para la pareja? Es difícil responder a esta pregunta. Ya se trate de esta práctica, de

---
23. «L'échangisme: une multisexualité commerciale à forte domination masculine», Sociétés contemporaines, 2001.
24. Les noveaux comportements sexuels, op. cit.

## Exploraciones de todo tipo

sexo en grupo, etc., a algunas parejas les sirve para renacer de nuevo y salvarse; juntos encuentran la complicidad que habían perdido; otras, en cambio, se vuelven más frágiles y se destruyen. El compañero tiene la sensación de haber sido manipulado, se lo toma con desprecio o es devorado por las ansias de los celos. Así que todo depende de la historia de cada uno, de lo que va a ser capaz de aceptar en su más profundo ser; no sólo depende de la razón o del amor. Y esto no puede saberse antes...

## Posturas del amor

Todas las parejas tienen sus posturas preferidas, que pueden llegar a convertirse en verdaderos rituales. Algunas apuestan por el lenguaje amoroso y el cara a cara; otras facilitan el acceso a las diferentes zonas erógenas o aceleran el orgasmo; algunas incluso contribuyen a controlar mejor la eyaculación o a compensar un sexo que se considera demasiado pequeño. A continuación, incluimos una lista no muy exhaustiva de las posturas más habituales, o las más «eficaces» en términos de placer.

### ⇢ Postura del misionero
*Todo el mundo la conoce y todo el mundo la practica: la mujer está tendida boca arriba, con las piernas abiertas, y el hombre está encima.*

Esta actitud lo permite todo: besos, confidencias y penetración. Su inconveniente es que impide que se estimule el punto G, ya que el pene entra por debajo para introducirse hasta el fondo de la vagina, pero existen dos variantes para superar esta dificultad. Una consiste en animar a su compañera a que suba las piernas y a que coloque las rodillas junto a sus axilas varoniles, para atraparlo con sus piernas, y con los pies dirigidos hacia sus nalgas (las del hombre): de esta forma el eje de rotación de la vagina basculará y el pene reencontrará automáticamente la zona mágica; la otra es aún más acrobática: ella coloca sus dos piernas por encima de los hombros de su amante. ¿Será este el origen de la expresión «patas arriba»?

## El misionero

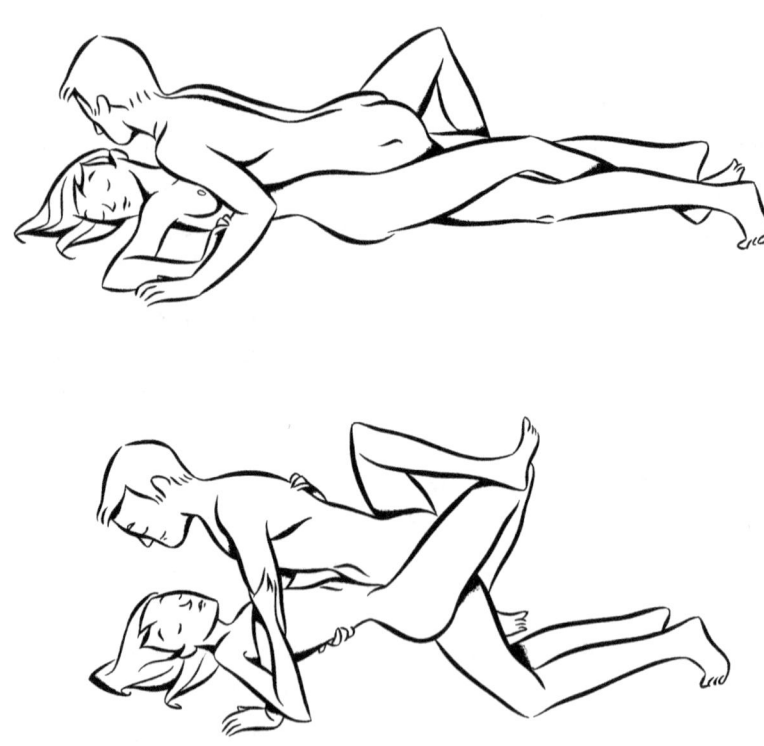

## Andrómaca

**⇢ Postura de Andrómaca**

*La mujer sentada sobre el hombre, a horcajadas. Puede inclinarse ligeramente hacia atrás para conseguir una máxima excitación del punto G.*

Esta postura, en la que la mujer se coloca encima física y simbólicamente, le ofrece la posibilidad de expresarse plenamente, regulando ella misma la profundidad de la penetración y el ritmo de los movimientos. También puede contraer su vagina para estimular al hombre. Es ella quien dirige el baile, mientras que su compañero se mantiene pasivo. Esta postura es muy útil para las mujeres a las que les cuesta llegar al orgasmo en la postura clásica, porque permite acariciarse el clítoris. El hombre no va por su cuenta, sino que se excita por la visión del cuerpo de su pareja, que vibra y se agita, y controla mejor su eyaculación, lo que resulta interesante para los amantes con demasiadas prisas. Esta postura también es interesante para los que consideran que tienen un pene pequeño o para los que sienten erecciones poco firmes, ya que basta con introducir el sexo (aunque no esté completamente duro) tan sólo hasta 5 cm desde la entrada de la vagina.

### → A cuatro patas

*Es la postura natural por excelencia, sin duda la de los orígenes de nuestros ancestros. La pareja hace el amor a cuatro patas, como los animales. La mujer está de rodillas, y el hombre la penetra desde atrás.*

Se dan dos variantes posibles: ella tumbada boca abajo con su amante tendido encima, o ella a horcajadas sobre él, pero dándole la espalda.

Estas posturas diferentes permiten obtener una penetración profunda y sensual. En la postura original, el hombre se apoya directamente sobre el punto G: es el camino ideal para el placer de ambos. También permite una estimulación manual de los pechos y del clítoris. Los hombres la aprecian particularmente porque ven a su compañera de espaldas, con todas sus curvas y su sensualidad, su silueta, sus nalgas, sus muslos tan expuestos y excitantes... Algunas mujeres la prefieren porque la carga erótica de la transgresión es intensa; otras se sienten liberadas de la mirada del hombre y menos observadas. Como se practica bien tanto desnudos como con ropa, puede hacerse donde se prefiera, y no necesariamente en una cama. No es dolorosa para las mujeres que padecen una retroversión uterina (útero colocado hacia atrás y no hacia delante). Finalmente, puede completarse con la postura llamada «de la carretilla», con las piernas de ella sujetas por los brazos de él. Un pequeño esfuerzo imaginativo y lo conseguiremos, incluso sin dibujo...

## A cuatro patas

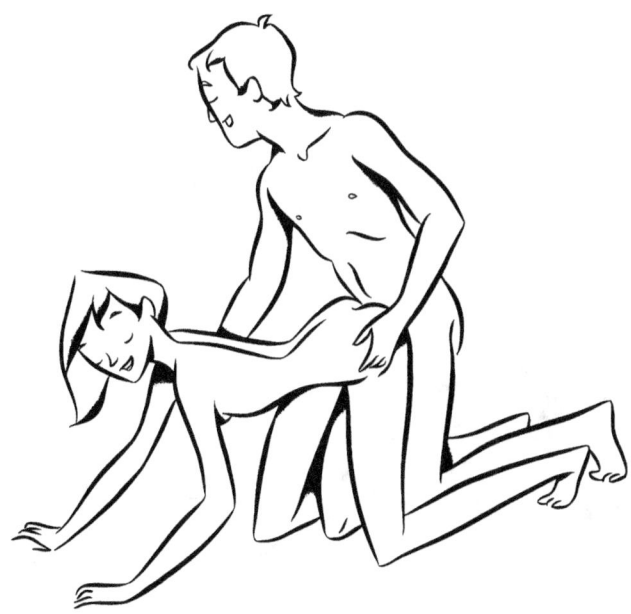

### → Postura lateral

*Los dos amantes se recuestan de lado. El hombre está de cara a su compañera o la toma por detrás.*

Este «encaje» es profundo, pero el margen de maniobra del hombre queda limitado. Las ventajas son que es la menos cansada para los dos componentes, y es muy útil para la mujer embarazada, para las personas con sobrepeso o para los juerguistas agotados. Puede tener numerosas variantes. La más sencilla es empezar con la postura del misionero (el hombre encima de la mujer) y girarse los dos de lado. Esta postura permite una buena estimulación del punto G y un acceso fácil a todas las otras zonas erógenas (pechos, boca, nalgas...). Además, permite murmurarse palabras al oído. Para acabar, si la mujer cruza las piernas, puede aumentar su estimulación clitoriana. Sin duda, es una de las posturas más ricas en sensaciones.

## Postura lateral

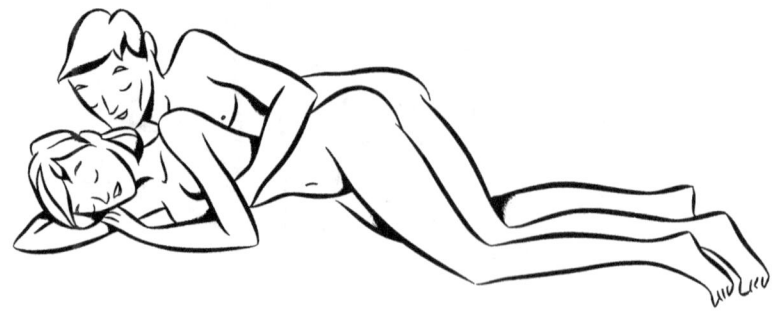

## Exploraciones de todo tipo

⇢ **Sentados**

*El hombre está sentado con las piernas dobladas, y la mujer a caballo, encima de él, se hace penetrar, separando las piernas y agarrándose a sus hombros.*

Este entrelazado permite fogosos diálogos y una insistente estimulación en los senos y la boca. Variantes: la mujer sentada encima de su compañero, también sentado, pero dándole la espalda. La penetración vaginal se hace desde atrás.

## Sentados

**Sexo y sentimientos**

Otra opción es ella sentada en el borde de la cama con el cuerpo recto o tumbada en la cama, y el hombre la penetra de rodillas; entonces él tiene una vista sumergida en el sexo que se le ofrece, algo muy excitante. Estas interpretaciones diferentes cuentan con las ventajas incomparables de la postura de Andrómaca vista en páginas anteriores; son recomendables para las mujeres a las que les cuesta alcanzar el orgasmo y para los hombres que tienen problemas para controlar su eyaculación.

## De pie

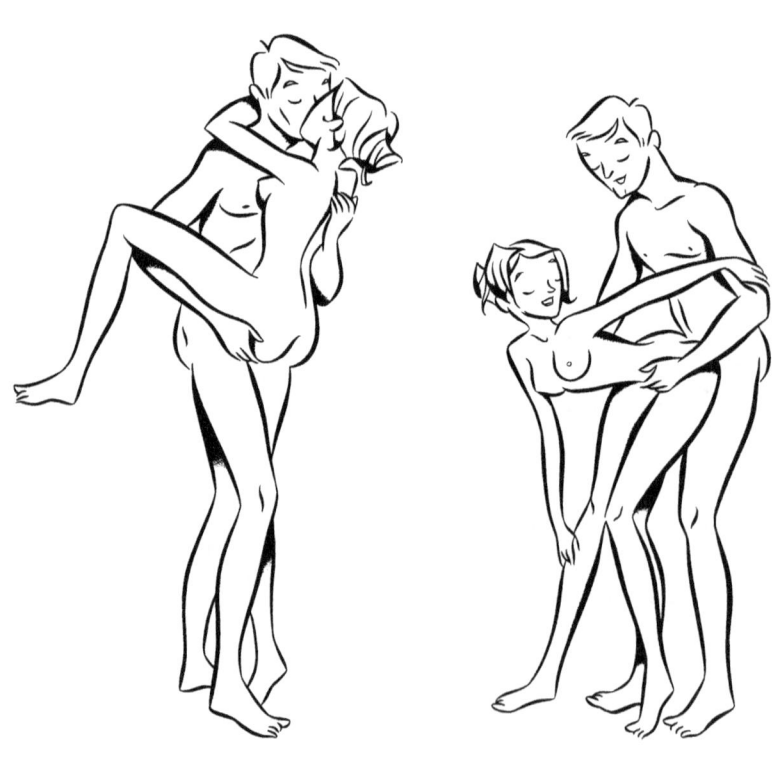

### → De pie

*El hombre y la mujer están de pie. Pueden estar cara a cara (la mujer atrapa el pene entre sus piernas o levanta una pierna, o ambas, si dispone de un apoyo, para dejarse penetrar).*

El hombre también puede estar detrás de la mujer. La penetración entonces será por detrás, con el cuerpo de ella derecho o inclinado hacia delante. Esta orientación favorece una estimulación manual del clítoris o de los pechos.

La postura de pie (pero también de rodillas o sentados) no es simplemente una acrobacia; es también una fantasía amorosa, en el sentido más noble del término, ya que permite hacer el amor en otro sitio que no sea la cama, algo indispensable para estimular la imaginación y escapar de la rutina.

## ¿Cuáles son las posturas más practicadas?

Según Francoscopie 2003, la postura del misionero es la que más se practica (en dos tercios de los casos), justo por delante de la inversa, en la que la mujer domina al hombre (un tercio de los casos). Las otras posturas se mencionan, pero quedan muy por detrás. ¡Así que un poco de imaginación, que hay mucho que hacer!

## Sexo y sentimientos

◇ **¿De qué sirve practicar diferentes posturas?**

*¡En cualquier caso, no para sustituir los resultados deportivos! Estas posturas permiten ir variando los placeres y las sensaciones para que la sexualidad no se convierta en algo repetitivo y aburrido. También aportan sensaciones diferentes, con la estimulación de algunas zonas más que otras. Ayudan a alcanzar el orgasmo de una manera más fácil, a mejorar algunos problemas, como la eyaculación precoz en el hombre o la disminución e incluso la ausencia de orgasmos en la mujer. Además, aportan otras cosas, aparte de la simple cuestión técnica.*

*Por muy curioso que parezca, muchas posturas del Kama Sutra son posiciones del yoga que buscan la armonía del cuerpo y del espíritu. La tradición hindú, que ha hecho que naciese este libro casi tan famoso como la Biblia, considera el cuerpo como expresión de la espiritualidad, y no del pecado.*

◇ **¿Es normal que sólo se haga el amor en una postura?**

*Sí y no. Con el tiempo, tenemos que poder adoptar varias posturas mientras realizamos el acto sexual. Pero en el periodo de «aprendizaje», es normal preferir las posturas sencillas o las que son más eficaces en términos de placer.*

*También con el tiempo algunas parejas que así lo han acordado acaban por utilizar una sola postura: aquella que les conviene a efectos de placer y puede que también en un plano simbólico, ya que pone en juego el pudor, la imaginación o el dominio afectivo. Algunas preferirán adoptar actitudes más dominantes, más o menos activas o pasivas, más o menos arrebatadas... Las mujeres se muestran muy sensibles a los equilibrios que las magnifican y pueden rechazar otras posturas simplemente porque no están a gusto.*

## Penetración anal o sodomía

Según la encuesta ACSF, realizada hace unos diez años, cerca de un tercio de los hombres y un cuarto de las mujeres heterosexuales declaran haber practicado al menos una vez en su vida penetración anal, lo que ya es significativamente más elevado que las cifras establecidas en el informe *Simon* de los años setenta, y sin duda menos que hoy en día. Si nos basamos en los numerosos testimonios recogidos en la encuesta de Janine Mossuz-Lavau de 2002,[25] la sodomía se normaliza. Los hombres la aprecian particularmente por las nuevas sensaciones y la transgresión que supone: «es más ceñido», «más intenso», «más íntimo», «hay que tener más cuidado», «cuando lo hago con mi mujer (a quien respeto), tengo la impresión de que se convierte en mi amante»... Para el hombre, la sodomía es ante todo una nueva manera de ir más lejos, de volver a sentir de otra manera, y a veces de dominar a su compañera o de poseerla por todos los orificios. Para la mujer esta práctica se vive sobre todo como un acto de transgresión, de amor o de sumisión; entregando *también* esto a su compañero lo da todo, absolutamente todo lo que tiene. Sin embargo, algunas la rechazan a causa del dolor, de los tabús, de la animalidad que implica para ellas esta práctica que reprueban.

◇ **¿Una mujer puede sentir placer con la sodomía?**
*Sí, siempre que sea plenamente consentida y la incluya en sus juegos sexuales como una variante posible de placer. A partir del momento en el que está preparada psicológica y físicamente*

---
25. *La vie sexuelle en France*, Ed. La Martinière, 2002.

## Sexo y sentimientos

*gracias a las caricias, la lubricación de la vagina se esparce hacia atrás (incluso también pueden utilizarse lubricantes). La excitación intensa y la estimulación agradable son suficientes para provocar una dilatación del ano. La introducción lenta del pene por esta vía provoca placer; además, el sexo se apoya sobre la parte delantera de la vagina, y por lo tanto sobre el punto G, lo que puede hacer que las sensaciones sean incluso más intensas para algunas mujeres.*

◇ **¿La sodomía es peligrosa para quien recibe la penetración?**

*Esta práctica no es peligrosa en las condiciones descritas más arriba.[26] El riesgo de relajamiento del esfínter (incontinencia anal) mencionado por algunos médicos, de escape de gases (meteorismo) o de fisuras anales se contradice con la experiencia, cuando todo se hace sin ser forzado, incluso tras una práctica mantenida durante años (véase el capítulo 8, «Cómo evitar las ETS y el sida»).*

◇ **¿El hecho de reclamar a la pareja caricias anales o la penetración con un dedo significa que se tienen tendencias homosexuales?**

*No. Las zonas anal y periprostática son erógenas en todos los hombres.*

*Uno puede perfectamente ser heterosexual y también sentir placer con estas prácticas, sin necesidad de tener una inclinación inconsciente y secreta por otros hombres.*

---

26. Según la conferencia sobre sexualidad anal del Dr. Pierre Coulom (proctólogo), Congreso de Ginecología de Tarbes (Francia), octubre de 2002.

◇ **¿El hecho de preferir hacerlo por el ano de la pareja refleja una homosexualidad enmascarada?**

*La sodomía es una práctica en sí misma que no esconde ningún rechazo particular de la feminidad. El hombre puede simplemente encontrarlo más excitante porque siente su pene más apretado que cuando lo introduce en la vagina, sobre todo después de varios embarazos o de la menopausia, cuando los músculos de la vagina pierden elasticidad.*

# Masturbación

«Es la única manera de hacer el amor con quien uno ama realmente», decía Woody Allen. Bromas aparte, esta práctica es la primera exploración que permite conocerse a uno mismo.

¿Para qué sirve? ¿Es una desviación sexual si siendo adultos la seguimos practicando?

La masturbación es un acto natural practicado por numerosos mamíferos, hombre incluido. Este conoce estos placeres solitarios desde muy pequeño. El diccionario la define como una «actividad dirigida a provocar la excitación de las zonas genitales con la mano o con el contacto de cualquier objeto directamente sobre el sexo para estimularlo». Esta práctica procura placer y libera tensiones. Calma y apacigua, sobre todo en periodos de ansiedad o de estrés.

Pero, entonces, ¿por qué se percibe mal en nuestra cultura, hasta el punto de que algunos hombres, aún actualmente, son incapaces de imaginar su mano sobre el pene, aunque sea para una «buena causa»: para aprender a controlar la eyaculación o

## Sexo y sentimientos

para una fecundación *in vitro*? El placer solitario es ante todo rechazado porque pone en peligro el devenir de la especie humana (ocurre lo mismo con la homosexualidad); la valiosa semilla se pierde en la naturaleza en lugar de participar en la reproducción. El tabú ha permanecido durante siglos pero, por ironías de la Historia, la masturbación actualmente está considerada por los sexólogos y los psicólogos como algo necesario para el descubrimiento de la intimidad del propio cuerpo. Se ha convertido en un triunfo necesario para una sexualidad adulta desarrollada, para conocerse mejor, para estar más seguro de uno mismo. Por otro lado, el hombre puede convertir la práctica en algo agradable, y con ella aprender a no ser un eyaculador precoz. En vez de estimularse y de acabar en seguida (normalmente sintiéndose culpable), puede, por el contrario, tomarse su tiempo, aprender a retardar el momento del placer dejando de acariciarse en el límite de la excitación, lo que crea un condicionamiento fisiológico y un dominio envidiable: el sexo controlado.

### ◇ ¿Disminuye la masturbación las ganas de hacer el amor?

*No, con la condición de hacerlo con moderación. Con 20 años podemos masturbarnos al saltar de la cama y tener relaciones poco tiempo después (la fase refractaria es muy corta), pero, en la edad madura o muy madura, se necesitan varias horas (incluso una jornada entera) para poder hacerlo de nuevo. El único peligro de acariciarse en solitario es la tentación de funcionar «en un circuito cerrado». Como lo consideramos agradable, fácil, práctico y rápido, ni siquiera nos molestamos en entablar relaciones con el otro sexo o en proponer una noche de locura a nuestra amada. De ahí que exista el riesgo de aislamiento y cerrazón.*

### Exploraciones de todo tipo

◇ **¿La masturbación puede hacer que caigamos enfermos?**

La masturbación no cansa especialmente, ni nos vuelve anémicos, ni ciegos, ni sordos, ni impotentes, ni siquiera estériles, y tampoco deforma el pene.

Eso sí, puede provocar erupciones por fricción, a veces con quemaduras de segundo grado (aparición de una ampolla por el frotamiento de la mano seca sobre el pene). En ese caso no hay que asustarse: ¡no existe riesgo para el miembro! Sólo hay que aplicar sobre la zona afectada una crema calmante, como alguna con trietanolamina, y esperar algunos días a que todo vuelva a la normalidad.

◇ **¿Es normal tener ganas de masturbarse cuando se tiene pareja?**

Sí, esto les sucede a algunos hombres, lo que nos remite a lo que hemos dicho más arriba. En esta situación, el penitente se culpabiliza, se pregunta si es normal, malvado o incluso antinatural. Evidentemente no se trata de nada de eso; en ocasiones simplemente es que está demasiado excitado o tenso, o puede que, ante la pereza, un pequeño «capricho rápido» parezca más fácil que una relación completa, con una pareja que exige esfuerzos a veces demasiado largos...

Sin embargo, en la pareja, la masturbación puede convertirse en un estimulante igual de eficaz, o más, que la mejor píldora del amor.

Podemos pensar en todas las combinaciones posibles: la mujer que se masturba delante de su compañero, él que se masturba delante de ella, él que la acaricia, ella que se lo devuelve... Sólo hay que dejarse llevar por la imaginación y el deseo.

## Pornografía en Internet y películas porno

Desde la noche de los tiempos, los hombres han fantaseado siempre con la representación del cuerpo desnudo de la mujer. Las ventajas de las imágenes de otros tiempos es que dejaban volar la imaginación; las de las imágenes actuales (cine, Internet) es que muestran mejor las cosas, pero su inconveniente es también este... Ver demasiado soluciona ciertas dudas (podemos perfeccionar nuestros conocimientos del *Kama Sutra*), pero crea otras distintas. Las comparaciones suelen resultar contraproducentes: el tamaño de los penes que se exponen, el tiempo de las erecciones...; todo esto da que pensar. Puede darse otra confusión, sobre todo en los jóvenes: imaginarse que lo único que piensa todo el mundo es en hacer el amor desde la mañana hasta la noche, o que una mujer puede desnudarse en treinta segundos y arrancarle la camisa a un desconocido. Por otro lado, en las consultas ginecológicas empezamos a encontrar mujeres que se quejan de la sexualidad demasiado «porno» de su compañero, sin delicadeza ni preliminares. La complicidad, la convivencia, el humor o el sentimiento de respeto hacia el otro nunca se enseñan en la pantalla, pero constituyen los pilares de la relación entre un hombre y una mujer.

◇ **¿Es inmoral ver una película pornográfica?**
*No, pero hay que hacer algunos comentarios al respecto. En este tipo de películas, la mujer expresa un deseo insaciable y se exhibe como un objeto de placer para el hombre. Además, se representan las prácticas minoritarias: la mayoría de las*

eyaculaciones son externas y remarcan visualmente el goce masculino; las penetraciones son múltiples y a veces simultáneas. Y cuando al fin se muestra a la mujer satisfecha, su orgasmo no llega más que por penetración vaginal. Pero, como ha mostrado el informe norteamericano Hite sobre la sexualidad de las mujeres, la mayoría de ellas se suele excitar primero por el clítoris, mediante el cual suele llegar el orgasmo, con o sin penetración (aunque esta pueda proporcionarles placer).

En el fondo, ¿para qué sirve una película X? Sin ponernos a filosofar, evidentemente es útil para excitarse y, desde este punto de vista, la apuesta está ganada. Las imágenes tienen un poder mágico innegable sobre la mayoría de los hombres. El estímulo comporta la erección y, a continuación, la eyaculación. Todo en pocos minutos.

¿Qué excita realmente a un hombre: ver a la mujer humillada, degradada o dominada, o, por el contrario, verla deseosa, excitada, radiante y satisfecha? La mayoría de los hombres se reconocen en la segunda cuestión. El goce de la mujer los tranquiliza sobre sus propias competencias, aunque esté la pantalla de por medio. Y esto lo cambia todo, porque ya no nos encontramos en una guerra de sexos donde de lo que se trata es de dominar al otro, sino en una confianza en uno mismo y en una búsqueda de sensualidad y de placer compartidos. ¿Qué compañero en la «vida real» se atrevería a expresar su deseo sexual de manera tan inmediata y convincente?

Para identificar las regiones del cerebro implicadas en el deseo, los investigadores en psicobiología ensayaron una experiencia:[27] proyectaron películas con sexo explícito, y otras sin ningún

---

27. El Dr. Serge Stoleru, unidad Inserm 483, en colaboración con el Cermep (Centro de Estudios de Investigación Médica por Emisión de Positrones) de Lyon.

tipo de imágenes consideradas chocantes, a hombres con un buen estado de salud. Resultados: las películas eróticas producían una subida de la concentración de testosterona en la sangre, mientras que las comedias provocaban emociones positivas, pero no sexuales, y no hicieron variar de modo significativo la tasa de hormonas masculinas. ¿Qué ocurre con la testosterona? Se concentra en el cerebro, como muestran las tomografías de positrones, y varias zonas del deseo se activan. Por lo tanto, la erección es, ante todo, cerebral. De esto se desprende que la exposición a este tipo de estímulos (como las fantasías sexuales) provoque un aumento de la testosterona y de las ganas de hacer el amor.

De todas maneras, algunos hombres se muestran reacios a las imágenes pornográficas por varias razones: se sienten inhibidos por las imágenes chocantes, puede que por su educación o por sus principios religiosos, o sencillamente pueden padecer problemas de erección.

En las mujeres, el «efecto porno» es menos sistemático, por una sencilla razón: las películas están producidas por y para hombres. No se tienen en cuenta para nada los gustos de ellas. Ahora bien, como ha explicado la directora de películas porno Lisbeth Lynghoeft,[28] «ya es hora de responder a nuestra espera. Ellas prefieren más preliminares, cuerpos valorados en su conjunto, y no reducidos a meros órganos genitales; una progresión dramática y personajes verosímiles, con sentimientos, mujeres que no tengan que ser ni forzadas ni sumisas contra su voluntad».

Por otro lado, a las mujeres les gusta que estas imágenes se inserten en el seno de juegos eróticos y de una complicidad compartida. Si se les propone de buenas a primeras, sin preliminares, incluso por imposición, puede interrumpirse la lubricación.

---

28. Paris-Macht, 7 de noviembre de 2002.

*Finalmente, un cierto número de mujeres las rechazan por desconfiar de la psicología masculina. Piensan: «Si necesita eso para empalmarse, entonces es que yo ya no lo excito (o es un vicioso)». Hay que tranquilizarlas: «Tú me impresionas tanto que...». Cada uno tiene que encontrar su fórmula mágica.*

## Lo que (ellas) adoran y lo que no

### Les gusta y lo practican
La masturbación de su compañero (59 %); la masturbación a su compañero (56 %); hacer una felación (46 %); practicar el «69» (42 %), y dejarse sodomizar (10 %).

### No lo practican pero les gustaría probar
Hacer el amor con dos hombres a la vez (11 %); ser atada o atar (10 %); hacer el amor con un hombre y con una mujer a la vez (6 %), y utilizar accesorios o el intercambio de parejas (4 %).

### No les gusta pero lo han practicado
Tragarse el esperma (23 %); hacer una felación (21 %); dejarse sodomizar (19 %), y practicar el «69» o masturbar a su compañero (14 %).

### No les gustaría nada practicarlo
El intercambio de parejas, hacer el amor en grupo y el sadomasoquismo (74 %); hacer el amor con un hombre y con una mujer a la vez (69 %); utilizar accesorios (66 %), y hacer el amor con dos hombres a la vez (64 %).

*Fuente: según el sondeo Sofres Marie-Claire Europe 1 (2001) sobre una muestra de 500 mujeres de 18 a 60 años.*

## Sexo y sentimientos

### ◇ ¿Es peligroso ver películas porno con regularidad?

*¿Puede repercutir en nuestra sexualidad?* No, siempre que sepamos que sólo se trata de una pequeña parte del juego erótico, que la cinta no se convierta en indispensable para las relaciones de pareja (que estas imágenes no sean más que un medio entre muchos de aumentar o de acelerar la excitación), que el compañero esté en la misma onda o que lo hagamos (también) para divertirnos o instruirnos. Por el contrario, cuando las películas se utilizan como algo sistemático, crean un condicionamiento, incluso una adicción, lo que puede llegar a ser patológico.

### ◇ ¿Y el sexo por Internet?

*La sexualidad virtual por Internet (o por teléfono) responde a los mismos criterios: mientras no sea algo exclusivo y se utilice para «romper la rutina», crear excitación y alimentar fantasías, no es peligrosa (salvo para la cuenta del banco). Este modo de abordar el sexo es un Eldorado para los tímidos, los cortados, los solitarios o los que tienen prisa. Les permite expresar fácilmente, en total anonimato, su erotismo e incluso su romanticismo. También constituye un medio inesperado de encontrar compañeros para una sexualidad particular (intercambios, sadomasoquismo, etc.).*

Sin embargo, esta virtualidad puede convertirse en una trampa y en una forma de aislarse del mundo, puede llegar a ser nociva, como una droga... Es tan sumamente fácil hacer clic con el ratón, comparado con salir, seducir al otro, aguantar su mirada (a veces rechazada), mantener una relación compartida y equilibrada... En Estados Unidos, existen centros de desintoxicación para los adictos a Internet, y en Francia, desde hace poco, este tipo de problemas se tratan en los servicios de adictología, donde se curan a los alcohólicos y a los toxicómanos. Los fanáticos de Internet, los verdaderos, pueden pasarse cada día horas y horas delante del ordenador.

◇ **¿La pornografía hace que uno se vuelva machista o agresivo?**
*No.* Ruwen Ogien, director de investigación en el Centro Nacional de Investigación Científica (CNRS) de Francia, estima:[29] «Los estudios experimentales demuestran que aquellos que tienen ideas y actitudes repugnantes hacia las mujeres antes de ver porno continúan teniéndolas después, y aquellos que antes no las tienen, tampoco las tienen después. [...] Si el hecho de estar expuesto sistemáticamente a la pornografía fuera suficiente para volverse un violador potencial o real, los individuos más peligrosos serían los miembros de comisiones de clasificación de películas X, que se pasan todo el tiempo visionando porno». Dicho de otra manera: el «determinismo pornográfico» no existe.

## El alcohol y las otras drogas, y su influencia

¿Hacen que nos «tiremos a la piscina» más fácilmente y que abordemos a una desconocida? ¿Aumentan los resultados sexuales? La respuesta hay que matizarla. El alcohol, como el resto de las drogas, son «psicoestimulantes», sustancias activas para el cerebro. A dosis moderadas desatan las inhibiciones (bloqueos) y permiten «soltarse», ser más emprendedor o a veces más divertido y avispado. Provocan una ligera euforia,

---

29. En el artículo «Porno, où est le mal?» de *Inrockuptibles*, 24 de julio de 2002.

## Sexo y sentimientos

ganas de reír, un relajamiento, placer. Pero cuidado con la otra cara de la moneda: estos productos también pueden retardar la erección o la eyaculación. El inconveniente está, a su vez, en que ese sentimiento de «poder hacer cualquier cosa» puede desembocar muy rápido en la impresión de que se está inhibido y bloqueado cuando no se tiene esa droga. Acostumbrados a funcionar a 200 por hora, algunos soportan mal que luego tengan que hacerlo a 100, en seco y sin drogas. De ahí viene la idea de consumir cada vez más, o la de probar otros productos más fuertes. Es mejor que, si se tiene miedo a un fracaso sexual, se tomen esporádicamente medicamentos sexoactivos (consultándolo con el médico).

También hay que saber que con el alcohol y el cannabis uno no es del todo dueño de sí mismo. Todo se convierte en posible: hacer el amor sin precaución ni preservativo con la primera que pase (¡muy arriesgado!); cometer un acto sexual no deseado y sin protección, o incluso, algo eventual, abusar de una mujer, por no decir violarla.

Cuidado entonces porque está bien divertirse, pero siempre y cuando al día siguiente uno se pueda mirar en el espejo sin avergonzarse.

◇ **¿Qué hay que pensar de las «drogas del amor»?**
*Por ejemplo, el éxtasis. Se trata de diaminodifenilmetano (MDA), una sustancia química psicoactiva inventada en 1972 con objetivos militares: ampliar algunos efectos de las anfetaminas. La composición de las tabletas aún no se conoce del todo. Incluso, puede que no haya nada de MDA en las pastillas o que esté mezclado con otras sustancias, como anfetaminas, calmantes,*

*anabolizantes, cafeína, almidón, detergentes, jabón... El efecto buscado por los consumidores es un «chute» de energía (el cansancio se volatiliza y podemos bailar hasta el final de la noche) y facilidad de contacto (las negativas y las prohibiciones desaparecen; uno se siente libre, lleno de comprensión por parte de los demás, abierto, tolerante, enamorado). Los sentidos se despiertan; el cuerpo se relaja. Los efectos secundarios inmediatos son relativamente mínimos, aunque el éxtasis puede ser mortal en la primera pastilla (un caso entre 12.000).*

*Esta droga tiene efectos neurotóxicos a corto plazo. Tres o cuatro días después de haberla tomado, uno puede sentirse ansioso o depresivo, o incapaz de concentrarse. Según Jean-Pol Tassin,[30] neurobiólogo francés, el éxtasis acelera la destrucción de las neuronas que regulan el humor, y los trastornos pueden mantenerse escondidos durante semanas, incluso años.*

*Los popper (se conocen así por sus diferentes nombres, como Boost, Snappers, Magix, Hot Shoot, New Fun, Space, etc.) están considerados como afrodisiacos y se venden en los sex-shop. Circulan por los ambientes gais desde los años setenta, pero los heterosexuales se van interesando cada vez más por estas sustancias. Estos productos líquidos, inhalados o vaporizados por la nariz, son potentes vasodilatadores. Provocan un efecto inmediato: sensación de calor interna, sensibilidad exacerbada, euforia; incrementan el tiempo de erección, amplifican el orgasmo y retrasan la eyaculación. Los efectos son indiscutibles. Desgraciadamente, estos productos[31] tienen una falsa re-*

---

30. *Libération*, 12 de abril de 2003.
31. No se consideran medicamentos, por lo tanto no están sometidos a la estricta reglamentación en cuanto a autorización para que salgan al mercado. Hay que recordar que no se trata del único veneno que se vende libremente; el tabaco, por ejemplo, mata a 60.000 personas por año en Francia. Por no hablar del alcohol...

## Sexo y sentimientos

putación de inocuidad y pueden suponer algunos peligros, aunque no esté prohibida su venta. *Su uso provoca, según la vulnerabilidad de cada uno, enrojecimiento del rostro, dolor de cabeza, vértigos, malestar, náuseas, vómitos, tos e incluso depresión respiratoria o parada cardiaca. Las esnifadas acaban por dañar los tabiques nasales.*

*A largo plazo, con los popper pueden aparecer cansancio o anemia severa, incluso trastornos transitorios de la erección, así como costras amarillentas alrededor de la nariz y de los labios. La combinación con Viagra®, Cialis® o Levitra® puede conllevar colapsos mortales desde la primera ingesta.*

⬦ **¿Qué peligros tienen las «drogas del violador»?**
*El GHB o gama OH, conocido también con el nombre de grievous bodily harm, se presenta en forma de polvos o de granulados para disolver en agua. Es un producto que, por lo general, se utiliza para anestesias, pero se ha hecho famoso gracias a sus propiedades euforizantes.*

*Consumido con alcohol, hace desaparecer los reflejos y la memoria. La persona no se acuerda de nada de lo que ha hecho, se convierte en la víctima ideal para los demás (puede desde firmar un cheque a un desconocido hasta acostarse con él). Sus efectos son similares a los de Rohipnol® o a los de Rivotril®, dos ansiolíticos prescritos como tranquilizantes o somníferos. La calificación penal de su uso en una relación sexual es la de «violación con agravante». La policía está sensibilizada por todos estos fenómenos de amnesia gracias a la presentación de denuncias por violación de algunas mujeres que decían no recordar nada, pero que presentaban todos los síntomas físicos de haber padecido abusos.*

## Saber más y arriesgar menos

Para conocer las drogas que están en circulación, sus efectos y sus peligros, con la posibilidad además de hacer preguntas, consulte el sitio de Internet del Plan Nacional sobre Drogas en www.pnsd.msc.es

La FAD (Fundación de Ayuda contra la Drogadicción) tiene como objetivo sensibilizar a la sociedad sobre la problemática del consumo de drogas, sustancias adictivas y los estudios e investigaciones que elabora. Consulte www.fad.es

En el teléfono 902 885 555, la Fundación Proyecto Hombre informa sobre todos los aspectos relativos a las drogas.

# Bisexualidad

Del mismo modo que nos encontramos con nosotros mismos mediante la masturbación, podemos hacerlo con otros hombres, igual que nosotros, para descubrir nuevas sensaciones, y después, volver otra vez con las mujeres, pasar de uno a otro sexo de forma alternativa, sin fijarse.

Los bisexuales exploran a la vez las dos caras opuestas de la sexualidad: la homosexualidad y la heterosexualidad. ¿Son más felices, se sienten más realizados, más completos o, por el contrario, se sienten ambiguos, indecisos, insatisfechos, ambivalentes y, por decirlo todo, incapaces de un compromiso profundo? La pregunta está hecha. A cada uno le toca saber dónde colocarse. Freud, que introdujo la noción de la bisexualidad en el psicoanálisis, ya en 1899 escribía: «Me acostumbro a considerar todo acto sexual como un acontecimiento que implica a cuatro personas». Maravillosa expresión: todo ser humano alberga su parte masculina y su parte femenina. Algunos llegan hasta el final de esta lógica y pasan al acto; otros, la mayoría, se quedan con las fantasías o rechazan violentamente la idea de la homosexualidad que esta práctica implica.

## Homosexualidad

Desde 1973, la homosexualidad dejó de estar considerada por la OMS (o el DSM IV, la biblia de los psiquiatras anglosajones) como una enfermedad mental para pasar a ser una preferencia sexual.

Algunos saben desde siempre que son homosexuales. Ya desde bien pequeños soñaban con jugar «a médicos y enfermeras» con un chico. Sus fantasías eróticas están centradas exclusivamente en hombres y, señal de que no se equivocan, no sienten ningún deseo por las mujeres, e incluso sienten cierta repugnancia al imaginarse relaciones físicas con ellas. Otros descubren al cabo del tiempo su preferencia por los hombres. Las aventuras sucesivas, decepcionantes, e incluso desastrosas, con las mujeres les han permitido centrarse realmente y saber quiénes son.

La verdadera dificultad del homosexual es la social. Los menores de veinticinco años que van a la consulta esperan ante todo una confirmación, quieren que se les diga que no lo son. En ese periodo, las miradas de los demás resultan especialmente paralizantes y estigmatizantes. Una buena manera de protegerse es vivir en grupo, entre sí, para apoyarse, para superar más rápido las diferentes etapas que llevan a uno mismo a conocerse bien. Otra manera de aprender a aceptarnos tal y como somos es recurrir a la psicoterapia para ver las cosas más claras. Poco a poco, uno se familiariza con su diferencia, la asume y, sobre todo, pasa por los duelos necesarios: el de no ser el niño soñado de sus padres, el de tener una relación especial con su entorno, etc.

Tras esta larga caminata, aún quedan dos dificultades: encontrar un compañero y formar una pareja. Lo primero es relativamente sencillo: entre los homosexuales el acercamiento es relativamente rápido y sin mucho discurso (al impulso le sigue con rapidez el sexo, nadie se compromete verdaderamente). Pero esta aparente facilidad esconde cierta complejidad a la hora de mantener una relación más duradera. La búsqueda del alma gemela se convierte en un recorrido caótico y agitado. Una vez superada esta etapa, la vida compartida de una pareja homosexual estable no presenta diferencias notables con la vida de una pareja heterosexual, y todo lo que hemos dicho en este libro a propósito de la relación sexual o amorosa es aplicable, a excepción de muy pocas cosas. Solo hay que sustituir LA compañera por EL compañero, y todo el mundo se verá reflejado.

## ◇ ¿La homosexualidad es genética (o incluso hereditaria)?

*Seguramente no es así, a pesar de que algunos trabajos muy aproximativos intentan reducirla a una simple mutación genética contra la que no podemos hacer nada, porque es «culpa de los genes o de las hormonas». Nosotros pensamos, por el con-*

trario, que la homosexualidad es verdaderamente una elección, afectiva, psicológica y social, desgraciadamente difícil de asumir a causa de la norma social (el 98% de las parejas son heterosexuales). Según el estudio ACSF,[32] el 7% de las mujeres (el 5% de los hombres) se siente atraído por el mismo sexo; el 2% pasa al acto (el 3% de los hombres) por medio de una práctica homosexual, y el 5% de ese 2% (o 3%) declara ser exclusivamente homosexual, lo que representa un porcentaje de 0,1% de homosexuales «puros y duros», sin duda alguna subestimado. La realidad probablemente sea bastante más significativa.

◇ **¿Siempre aparecen muestras indicativas de la homosexualidad?**

No siempre y, si las encontramos, suele ser pasado un tiempo, a menudo durante una terapia. Conociendo sus verdaderas preferencias sexuales uno ve su pasado de otra manera y se dice: «Pues claro, si me comportaba así con este o con aquel es porque entonces ya era homosexual sin ser consciente de ello...». Y es así como revisamos nuestra historia dándole un sentido.

◇ **¿Algunas relaciones con hombres son suficientes para afirmar que somos homosexuales?**

No, hay que aprender a distinguir las prácticas ocasionales y los comportamientos exclusivos y permanentes. Podemos haber tenido experiencias de este tipo en la adolescencia, pero lo más frecuente es que se trate de una búsqueda personal o de una exploración identitaria. También puede pasar que la ocasión haga al ladrón, que las circunstancias o los reencuentros inciten a una práctica desconocida. O podemos sucumbir a la soledad:

---
32. *Analyse des comportements sexuels en France*, 1992.

a falta de mujeres a muchos kilómetros a la redonda (cárcel, ejército, puestos en el extranjero en universos muy masculinos), encontramos una razón.

◇ **¿La educación es responsable de nuestras tendencias sexuales?**

La preferencia sexual depende de muchos factores y, entre ellos, los padres y su educación han influido, o han podido hacerlo. Pero, en el fondo, ¿es importante saber que puede ser «culpa» del padre autoritario o demasiado ausente, de la madre castradora, posesiva o educada ella misma en el desprecio hacia los hombres? Existen tantos tipos de homosexualidad como trayectorias vitales, y cada uno tiene su propia historia.

◇ **No somos como los demás. Entonces, ¿somos normales?**

¿Qué significa «ser normal»? ¿Representa adoptar las maneras de hacer, de pensar o de amar de la mayoría? ¿O ser fiel a uno mismo, no traicionar los deseos y las aspiraciones, y no hacer trampas? Si es la segunda opción, entonces sí, somos normales.

◇ **Si tenemos dudas, ¿con quién podemos hablar?**

Antes de nada, es indispensable acostumbrarse uno mismo a esta realidad para expresarla y vivirla mejor. Teniendo las cosas claras, es más fácil afrontar los sarcasmos o la lástima de los demás.

La elección de asumir la homosexualidad depende sobre todo de uno mismo. Y si se consulta con un médico o un psicólogo, el objetivo no es afirmar la homosexualidad o mantenerse en la heterosexualidad, es para estar por fin en paz con uno mismo. Afortunadamente, ya no nos encontramos en los tiempos del decondicionamiento negativo cuando, en Estados Unidos, los médicos administraban a los «enfermos» descargas eléctricas haciéndoles ver imágenes eróticas de homosexuales.

◇ **¿Y si padecemos una homosexualidad vergonzosa?**
Es difícil estar toda una vida «haciendo como si...», «siendo lo que no es». Aparentar que se vive una vida heterosexual, considerada más normal, mientras se es «homosexual de corazón» es un sufrimiento inconcebible. Las mujeres pueden ser amigas, confidentes, pero no amantes, y el rechazo sexual llega incluso hasta la repulsión. La homosexualidad es una manera de ser, no de hacer. Va más allá de un simple impulso. En estas condiciones, es más que necesario encontrar ayuda psicológica para deshacerse de la culpabilidad y de la vergüenza, para darle un sentido y sentirse, en definitiva, bien con uno mismo.

◇ **¿Hay que decírselo a los padres?**
Los padres raramente hacen alarde de originalidad frente a esta situación. Se sorprenden, con una negativa, o se hunden claramente. Algunos minimizan la situación, otros no quieren afrontarla y prefieren no saber, otros incluso se culpabilizan y se preguntan qué error cometieron en la educación. Unos cuantos hacen chantaje afectivo, otros cortan el contacto, de lo insoportable que les parece la idea (sobre todo porque tendrán que afrontar las opiniones y la mirada de los demás). Muy raros son los que sacan el champán para celebrar el acontecimiento. Así pues, antes de llegar a la confrontación, es mejor reflexionar, aportar argumentos y prepararse para la eventualidad de un conflicto, o incluso de una ruptura (provisional o definitiva). Si al final decidimos anunciarlo, el tono tiene su importancia. Si presenta-

mos la cuestión de manera catastrófica, como una mala noticia, ellos la tomarán también de esa forma; por el contrario, si abordamos el tema de un modo más neutro, pero firme y seguro, comprenderán que la cuestión no es negociable y que no se está pidiendo su opinión: «Tengo una gran noticia que daros: dejo a mi mujer [...]. He conocido a un hombre [...], somos felices juntos. Sé que es duro para todos, pero yo soy feliz así. ¡No os preocupéis!».

◇ **¿Hay que decírselo a los hijos?**
La mayor dificultad está en este punto. Sí, hay que decírselo. Pero con tacto, con suavidad, escogiendo cada palabra, respetando a su madre y sin entrar en detalles de la sexualidad. Sólo hace falta evocar ideas, apelar al derecho a la diferencia, a la necesidad de ser uno mismo, al hecho de que no hay que juzgar a alguien por sus preferencias sexuales, a que la elección de la mayoría de la gente no tiene por qué ser lo mejor para uno mismo. En el fondo, lo que importa para los niños es que su padre les quiera. Es ahí donde hay que insistir, sobre el amor paternal, que continúa igual, y sobre el hecho de que no escogemos siempre lo que nos pasa.

◇ **¿Cuándo y cómo decírselo?**
Lo ideal sería anunciarlo antes de que se enteren por los demás, pero no siempre es posible. Cuando llegue el momento adecuado, aprovechando un programa sobre la homosexualidad en la televisión o una película que acabe de estrenarse, la verdad puede salir progresivamente, planteando preguntas abiertas: «¿Qué piensas de todo esto? [...] ¿Qué harías si tuvieras amigos homosexuales? [...] ¿Y qué te parecería si yo fuera así?». Poco a poco el niño llega a la conclusión, que se va imponiendo, y él mismo va formulando la realidad.

## Algunas estadísticas

El 7 % de los hombres y el 1 % de las mujeres ya han practicado sexo en grupo (lo que no significa que sea una práctica regular).

El 3 % de los hombres y el 1 % de las mujeres declaran haber hecho el amor con una persona del mismo sexo (lo que no significa que sean homosexuales o bisexuales declarados).

El 20 % de los hombres y el 6 % de las mujeres han tenido varios compañeros a la vez (de lo que se sobreentiende que gozan de una salud formidable).

*Fuente*: Francoscopie 2003, *Ed. Larousse.*

## Desviaciones sexuales

Antes se decía «perversiones sexuales», una expresión con connotaciones morales más fuertes, que daba a entender la idea de enfermedad mental, de maldad o de crueldad. *Desviación* significa, simplemente, «separación respecto a la norma de la sociedad». Aquí, más que de nociones de bien y de mal, nos centramos en una noción «estadística»: uno se desvía del camino trazado por la mayoría. Una desviación puede ser una simple fantasía sexual o un verdadero problema patológico. La frontera aún no está muy definida.

## Exploraciones de todo tipo

De hecho, todo el mundo puede ser, esporádicamente, en un momento u otro, *voyerista* o exhibicionista, masoquista o sádico, hacer intercambio de pareja... Cualquiera puede tener una experiencia sexual «para ver», para realimentar su deseo, para alcanzar sus fantasías... Todas las variaciones son posibles dentro de un mismo registro. El componente sadomasoquista, por ejemplo, se desarrolla en dos niveles: psicológico (querer dominar al otro, querer ser sometido) y físico (querer hacer daño, querer sufrir). Y aun así existen todo tipo de matizaciones, desde los fantasmas hasta el castigo físico. El primer nivel es el imaginario: por ejemplo, el hombre sueña que está atado o es azotado, mientras su mujer le monta en la postura de Andrómaca (la compañera puede aparecer llena de potencia). El nivel siguiente es la expresión de sus fantasías en voz alta, pero sin pasar al acto. El nivel que sigue es jugar a hacerlo. Coger lo que se tenga a mano (un pañuelo, un cinturón) y hacer que la mujer ate al hombre a los barrotes de la cama (y le dé unos azotes). En el nivel que viene a continuación, se compran los accesorios, después toda la colección del perfecto pequeño sadomasoquista (brazaletes, collares, látigos, prendas de látex, etc.). Siguiente nivel: se sale de casa y se participa en fiestas especiales, se frecuentan los clubes sadomasoquistas. Los niveles superiores: dejarse tentar por prácticas cada vez más extremas.

Lo que marca la diferencia entre un perverso de un día y un verdadero perverso es la repetición del comportamiento (como mínimo durante seis meses) y, sobre todo, la imposibilidad de obtener placer de otra manera. También se trata de vivir de las fantasías. La desviación necesita pasar al acto y una puesta en escena; si no, la excitación sexual resulta insuficiente. Cuando esta se queda sólo en el plano imaginario, no es una desviación sexual, sino una fantasía.

Freud diría de los niños que son «perversos polimorfos». Esto significa simplemente que se interesan por todo: tocan sus excrementos y juegan con ellos, miran a través del agujero de la cerradura, se divierten con el «toca el pipí», introducen sus dedos u objetos en los orificios naturales. Los desviados que buscan la estimulación también desean practicar estas variaciones: son como niños bloqueados en un estadio primitivo de su desarrollo.

Pero, en el fondo, ¿qué problema tiene tomar un camino sexual diferente a la norma?

Si se necesita más para provocar un nivel de excitación suficiente, como con la droga, existe el riesgo de la escalada. Y ahí es cuando surge precisamente el problema con la pareja: ¿está de acuerdo con lo que él le pide?, ¿debe dar placer a su amante negando sus propios principios?, ¿o ella es el elemento motor que necesita este tipo de acciones? En el primer caso, mientras esté enamorada y anhelante, podrá aceptar entrar en un juego que no es el suyo, pero muy pronto querrá salir si no quiere perder su integridad...

## ⇢ Algunos ejemplos de desviación (o parafilias)

• El *voyerista* se excita más con la idea de ver a otros haciendo el amor que haciéndolo él mismo. Es alguien pasivo, a menudo reservado. Lo que le excita es el riesgo de ser descubierto.

• El exhibicionista, por el contrario, expone su desnudez, y más concretamente su sexo (es el famoso «hombre de la gabardina»). Normalmente suele ser inofensivo y raramente pasa al acto. Lo que le estimula en ese instante o mientras se masturba es el efecto provocado en el otro (miedo, asco o sorpresa). No es raro que se formen parejas «voyerismo-exhibicionismo».

• El fetichista necesita un objeto o un detalle morfológico para excitarse mientras realiza el acto sexual (tacones de aguja, medias, ropa especial, un material en concreto, o siempre tiene que escoger una compañera rubia o morena, con pechos grandes, que cojee, etc.). Su comportamiento a menudo va ligado a un recuerdo de la infancia que ha provocado en él una intensa emoción sexual. Ha guardado, de un preciso instante, un objeto (o una persona) y busca a toda costa reproducir ese entorno para reencontrar la misma emoción. El inconveniente es que para llegar al orgasmo el objeto (o el detalle morfológico) ¡tendrá más importancia que la propia pareja! Ella se convierte en un *accesorio*.

• El masoquista siente la necesidad de sufrir o de ser humillado para obtener placer y excitarse. Cuando era pequeño pudo ser castigado duramente por sus padres después de una masturbación, lo que ha favorecido la asociación de ideas «sexualidad = sufrimiento». Ha podido sentir un placer inolvidable con un cachete (o con insultos). Y de ahí ha nacido la desviación. Le reclama a su compañera castigos corporales más o menos severos, sin que forzosamente entre en juego la satisfacción sexual. Esta sensación le aporta más gusto que el placer propio. Se siente feliz de ser «esclavo», de estar sometido, de verse rastrero, encadenado, esposado, azotado, fustigado, arrastrado y atado, pero siempre con estímulos y palabras tiernas.

• El sádico es lo contrario del masoquista. Necesita hacer daño, insultar o castigar para excitarse. Ahora entendemos por qué se forman parejas «sadomaso». La violencia está consentida y es buscada, pero tiene que pasar por un ritual y estar teatralizada. No se hace cualquier cosa en cualquier momento. No se pega para brutalizar, sino para jugar. Y, además, existen unas reglas.

- El travesti padece un trastorno de identidad sexual. En su cabeza siente que es una mujer y se viste como tal, con frecuencia para sí mismo y a escondidas; en ocasiones lo exhibe de cara al exterior. Por su vestimenta, pone en evidencia y lleva a la práctica su bisexualidad psíquica.
- El «frotador» necesita «frotarse» contra una mujer en el bus, el metro...; puede hacerlo en cualquier sitio para excitarse. Su desviación recibe el nombre de «froterismo». Algunos individuos se pegan a sus víctimas de pie, otros imaginan estrategias para actuar sentados (por ejemplo, utilizan una cartera: sólo hay que hacer que resalte bien una mano sobre esta para poder acariciarse por debajo con la otra mano). Todo el mundo cree que son imaginaciones... Y eso es lo que le aporta una excitación tan deliciosa.
- Las llamadas telefónicas obscenas: esta vez se trata de llamar al azar y de entablar una conversación con una mujer sabiendo que al final se proferirán palabras o insultos obscenos. Como el exhibicionista, el «telefonista» espera el susto y la repulsión de la persona que está al otro lado de la línea. En la película francesa *Le Père Nöel est une ordure*, encontramos una magnífica demostración de esta perversión.

Algunas desviaciones son poco honorables, francamente, incluso criminales (están inscritas en los manuales de psiquiatría, y a veces castigadas por la ley): la zoofilia (relaciones con animales), la urofilia (jugar con la orina), la gerontofilia (relaciones con personas ancianas), la necrofilia (relaciones con un cadáver), la pedofilia (el adulto desea relaciones sexuales

## Exploraciones de todo tipo

con niños o adolescentes púberes) o la pederastia (se buscan relaciones sexuales con niños), etc.

Independientemente de la desviación sexual de que se trate, nos topamos con la angustia de castración, es decir, con el miedo de verse desprovisto de su poder y de toda su potencia sexual. El *voyerista* evita la prueba del acto sexual: como no pone en juego su órgano, no corre el riesgo de perderlo; el exhibicionista enseña su sexo y, si los otros reaccionan, entonces él existe; el fetichista se refugia detrás del objeto y desplaza metafóricamente el sexo hacia un objeto exterior a sí mismo, etc.

Algunos desviados aceptan muy bien sus inclinaciones, y por otro lado, la sociedad se vuelve de repente mucho más tolerante con ellos. Los clubes de sadomasoquismo o los de intercambios se están multiplicando, las tiendas especializadas crecen, la publicidad se apropia de sus símbolos (dominación, cuero, látex, harén, etc.). Los verdaderos perversos no sufren ni tienen sentimiento de culpabilidad. Muchos de ellos se adaptan, respetan a su mujer y «practican» fuera de la pareja, en lugares adaptados para ello.

Por el contrario, otros no acaban de aceptar su parte de Doctor Jekyll y Míster Hyde. Estos necesitan ayuda. Una psicoterapia les ayudará a descubrir por qué funcionan así y cómo salir de ese círculo vicioso. En algunos casos extremos (pedofilia, agresiones sexuales), pueden prescribirse medicamentos para bajar la libido (acetato de ciproterona = antihormonas masculinas), que no suprimen del todo las erecciones ni tampoco impiden tener fantasías. Independientemente de lo que se trate, los resultados son desiguales, difíciles y, en ocasiones, largos o imposibles; todo dependerá de dónde se parte y adónde hay que llegar.

## ¿Normal o perverso?

*En la inmensa diversidad de comportamientos sexuales de hombres y mujeres, podemos distinguir:*

**Fantasías**
Todas son normales, incluso las humillantes o espantosas (imaginar amores homosexuales, pedófilos o con animales, por ejemplo). No hay que sentirse culpables por tenerlas. Pertenecen al dominio de la imaginación, íntimo, y no molestan a nadie. La única función que tienen es generar excitación. Los que siguen una psicoterapia a veces descubren su significado.

**Comportamiento simbólico**
La fantasía alimenta el comportamiento simbólico, y se realiza con una puesta en escena «tenue». Aquel que en sus sueños encuentre suplicios sadomasoquistas, los satisfará en la realidad pidiéndole a su compañera que se ponga un collar de cuero (signo de sumisión) o accesorios excitantes (medias de red, tacones de aguja). Esta inclinación entra aún dentro de la normalidad.

**Comportamientos ocasionales**
Una vez cada cierto tiempo se prueban prácticas (tríos, intercambio de parejas, etc.) porque se presta la ocasión o porque un encuentro las favorece, pero no es algo necesario para sentir placer.

**Comportamientos exclusivos**
En este caso se trata de verdaderas desviaciones patológicas. Con tal de obtener excitación, uno se ve obligado a llevar a cabo sus actos en ciertos tipos de escenarios (fetichismo, sadomasoquismo, «froterismo», etc.).

# Trastornos del amor

Durante mucho tiempo, hemos creído que los problemas del amor más serios se debían al envejecimiento y a una especie de fatalidad biológica. Actualmente, admitimos que las desgracias en el sexo se dan a todas las edades, en sanos y en enfermos, y que se viven igual de mal en los veteranos que en los adolescentes.

La gran noticia para los hombres es que, en la mayoría de los casos, existen soluciones eficaces a casi todos los trastornos de impotencia o de eyaculación, independientemente de la edad. Tan sólo unos pocos años atrás no era así. Pero, desde entonces, ha aparecido una larga colección de medicamentos «sexoactivos». Gracias a estos tratamientos, el hombre se ha podido liberar por fin de la obsesión que tenía por no funcionar bien.

Antes de llegar a los treinta o cuarenta años, el hombre se queja sobre todo de la eyaculación precoz. Este trastorno está muy extendido y afecta a ¡un tercio de la población masculina! También puede ocurrir, aunque es menos frecuente en este periodo, que sufra eyaculación retardada.

Después de los cuarenta, pero sobre todo tras los cincuenta, los trastornos de la erección toman el relevo: una quinta parte de los hombres confiesan estar afectados por un problema de «impotencia».

## Trastornos de la eyaculación

### → Eyaculación precoz

La afirmación de que una eyaculación es precoz hace que demos, a la fuerza, una apreciación relativa. ¿«Precoz» respecto a qué? ¿Respecto a uno mismo, en otras circunstancias? ¿O bien respecto a su pareja, que no ha tenido tiempo de disfrutar? Según un estudio venezolano,[33] aproximadamente el 1 % de los hombres encuestados eyaculan antes de la penetración y, en el lado opuesto, el 2 % tarda tanto... que no llega a eyacular. ¿Entre los dos extremos? La mayoría de los eyaculadores precoces llegan al orgasmo en menos de un minuto, incluso en treinta segundos. Para los otros, el orgasmo llega de dos a cinco minutos después de la penetración, y el 8 % «dura» de ocho a diez minutos, o más, antes de llegar al orgasmo. Este estudio puede extrapolarse, sin duda, al conjunto de los hombres del planeta.

En la consulta, la percepción del problema de la eyaculación es muy diferente según si se trata del hombre afectado o de su pareja. Cuando preguntamos al cabo de cuánto tiempo tarda el paciente en eyacular después de la penetración, este responde con muy buena fe que de diez minutos a un cuarto de hora.

---

33. «Latency time to ejaculation in general male postulation in Venezuela», Unidad de Medicina Sexual, Departamento de Urología, Hospital General del Este de los seguros sociales, Caracas, Venezuela, presentada en el Congreso Mundial de Sexología de Montreal en 2002.

Si nos dirigimos a su compañera, esta habla de uno a dos minutos como máximo. ¿Por qué una diferencia tan grande de estimación? ¿Son los hombres unos mentirosos? ¿Se dejan llevar por sus sentidos? ¿O las mujeres se equivocan en su apreciación, por culpa de la frustración? Una cosa es segura: en el imaginario masculino, la eyaculación bien controlada es una muestra de saber hacer y no de potencia sexual, que la dejan para la erección. La capacidad de «durar» indica que uno es un buen amante. Entonces, reconocer que duran mucho...

¿De qué se trata en realidad? Los datos fisiológicos indican que, en efecto, resulta complicado para un hombre controlar su tensión sexual, a pesar de que sea posible, como veremos. Varios factores amplifican o aceleran la «puesta bajo presión»: relaciones demasiado separadas entre sí, la extrema intensidad del deseo, los sentimientos de resentimiento por parte de la pareja, sus manifestaciones de excitación, o incluso sus exigencias... Eso sin hablar de los factores fisiológicos o incluso genéticos.

**Por qué tanta prisa**
Apenas unos movimientos, y ya llega el remate final: la eyaculación precoz representa el punto final de la relación sexual. A veces basta con quitarse la ropa o frotarse con su compañera para que «se le escape». En ese caso, los médicos hablan de eyaculación *ante portas*. Al principio de la vida sexual, la falta de confianza y de experiencia contribuye; la emisión de esperma llega muy rápido por la ansiedad y la emoción «desbordada». Igual que una olla a presión, la tensión tiene que salir por algún sitio; si no, hay riesgo de explosión. Pero lo que saben muy pocos hombres, y a veces pocos médicos, es que a fuerza de acabar tan rápido se acostumbran, se crean reflejos condi-

cionados bastante pronto (o automatismos fisiológicos). Y estos se mantienen cuando la excitación ya ha desaparecido. Por eso es indispensable no estar condicionado; dicho de otro modo: reeducar el reflejo eyaculatorio para que el cuerpo (re)aprenda a funcionar de una forma más lenta.

### Cómo tratar la eyaculación precoz

El frenillo, la corona del glande o el prepucio son zonas particularmente sensibles en muchos hombres. Sólo hay que estimularlas un poco para que desencadenen la emisión de esperma, como si hubiéramos apretado un interruptor. Afortunadamente, muchas técnicas conductistas utilizadas en sexoterapia pueden reducir o combatir este problema.

El «**stop and go**» es una técnica voluntarista que permite retrasar la eyaculación. Su nombre resulta bastante elocuente: «parar y empezar». Durante un periodo de varios días, la mujer masturba a su compañero y se detiene cada vez que él avisa (cuando nota la inminencia de la eyaculación). Después, en una segunda etapa, durante la relación sexual, el hombre se coloca tumbado encima de la mujer para poder estar más relajado. Entonces su atención puede concentrarse en su zona sexual. En el momento en que nota que la excitación está subiendo, avisa a su pareja para que detenga la estimulación con el objetivo de retrasar el orgasmo.

Este método al principio puede parecer frustrante: justo en el momento en que las cosas se ponen interesantes, para ella también, tiene que pararse. Así pues, hay penetración y sensaciones, pero a continuación cesa la estimulación porque se detiene el movimiento de vaivén; por eso existe el riesgo de que la compañera se sienta frustrada, a menos que uno siga

## Trastornos del amor

ocupándose de ella con una montaña de besos y caricias. Es más, sin complicidad amorosa, el «stop and go» no sirve de nada. Pero en una pareja estable resulta interesante, ya que permite alcanzar cierto dominio sexual. El inconveniente inicial se acaba transformando en fortaleza y en una ventaja. En ese sentido, puede decirse que el exitoso aprendizaje del «stop and go» se asimila a los ejercicios de los bailarines en la barra trabajando incansablemente.

Con la misma idea, puede probarse la famosa técnica del **«squeezing»**, es decir, la sujeción del frenillo (piel de debajo del glande) por parte de la compañera, poco antes del momento crucial. Esto supone que ella se comprometa y deposite una gran confianza en su pareja. De todas maneras, esta técnica está desaconsejada para los más ansiosos o inexpertos.

Ciertos ejercicios de quinesioterapia permiten frenar el aumento de excitación mediante movimientos musculares (sobre todo con la contracción de las nalgas). Además, constituye parte de las prácticas de los yoguis tántricos: al considerar como algo peligroso la pérdida de su preciado líquido vital, intentan eyacular lo menos posible a lo largo de su existencia, sin dejar de tener orgasmos. Se trata de toda una filosofía... pero algunos se pasan toda su vida intentando alcanzar este mandato.

Los métodos de relajación y de hipnosis ericksoniana aportan buenos resultados, como complemento de los medicamentos o solos, cuando las eyaculaciones son precoces y *selectivas*, es decir, cuando se producen con determinadas personas y con otras no. A lo largo de las sesiones, el paciente aprende a respirar y a imaginar la situación estimulante, a medida que va controlándola. De este modo, el reflejo condicionado va desactivándose en el ámbito mental, lo que constituye un paso indispensable.

## El método que funciona
## (si invertimos tiempo en aprenderlo)

El método sexocorporal desarrollado por el sexólogo canadiense Jean-Yves Desjardins sin duda representa la técnica sin medicamentos más completa. Requiere un aprendizaje progresivo, de ahí el interés de integrar cada una de las etapas a medida que se aplica, con el objetivo de que todos los movimientos propuestos se vuelvan automáticos y espontáneos. Al principio, es mejor practicarlo de pie, y después pasar a hacerlo en posición horizontal, cuando se domine el ejercicio. Para que un virtuoso realice una magnífica improvisación tiene que pasar por varias etapas, igual que ocurre en materia de sexualidad. El objetivo de este trabajo es hacer que descienda la presión de la zona del bajo vientre. Veámoslo, a continuación, a grandes líneas, en cinco o seis etapas:

1. Aprender a respirar con la barriga. Para inspirar, hay que hinchar la barriga; para espirar, deshincharla. Al principio, para respirar correctamente, es mejor colocar una mano justo encima del ombligo, acompañando el movimiento.

2. Al mismo tiempo, y de forma automática, inspirar y espirar por la boca (no por la nariz). De este modo, la presión interna bajará con facilidad.

3. Aprender a mover la pelvis hacia atrás (tire las nalgas hacia atrás) y hacia delante (dirija el pubis hacia delante), en un movimiento de vaivén, como al hacer el amor o bailar. Durante las relaciones sexuales, este movimiento se retomará pero sin mover todo el cuerpo, sino sólo la pelvis.

4. Una vez se ha aprendido bien este movimiento de pelvis, habrá que combinarlo con la respiración del abdomen.

Trastornos del amor

## El método sexocorporal

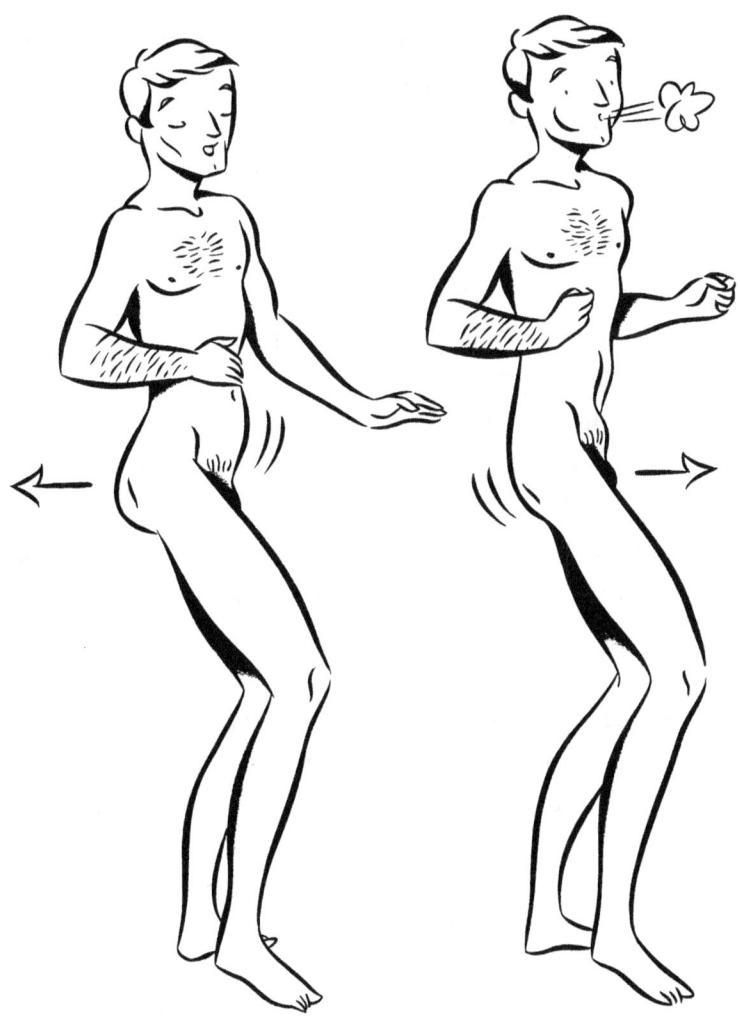

Infle la barriga inspirando por la boca, mientras mueve la pelvis hacia atrás.

Desinfle la barriga soplando por la boca, mientras mueve la pelvis hacia delante.

## Sexo y sentimientos

Cuando las nalgas estén hacia atrás, hay que inspirar inflando la barriga, y en el momento en que el pubis esté hacia delante, espirar desinflándola.

Todo esto parece muy técnico pero, con un poco de entrenamiento, llega a practicarse de manera automática y casi sin pensar. Entonces, podremos añadir la forma y la emoción indispensables. Al principio, hay que asociar estos movimientos al redescubrimiento de la masturbación en posición vertical para que dure el placer. Cuando este va aumentando, hay que respirar ampliamente, mover la pelvis lentamente e intentar retrasar la sensación desbordante (o parar la estimulación y retomarla unos segundos más tarde).

5. Durante la relación con la pareja, en la postura del misionero o en la lateral, lo mejor es la contracción de las piernas apoyándose en las rodillas, con el fin de evitar flexionar las nalgas, ya que esto aumentaría la tensión nerviosa y la presión del bajo vientre. Si el hombre está debajo de la mujer, también puede doblar las rodillas poniendo los pies planos encima de la cama.

6. Para acompañar todo el ejercicio, es conveniente mantener los ojos abiertos, para no concentrarse demasiado en las sensaciones internas (excitación o estrés) y dejarse llevar por ellas. La visión permite cierta distancia emocional, y se disfruta igualmente del momento. Los ejercicios pueden completarse con hipnosis ericksoniana.

Cuando todos estos métodos son insuficientes o poco eficaces, pueden mejorarse o ser sustituidos (sobre todo al principio) por medicamentos. Así, puede aplicarse una crema anestesiante en la corona del glande una media hora antes de

## Trastornos del amor

la relación, de manera que el producto pueda hacer su efecto en el tiempo requerido. Este tipo de pomadas (utilizadas habitualmente para las pequeñas operaciones quirúrgicas) son lo suficientemente potentes como para retrasar la eyaculación. Sólo se obtienen con receta médica.

### ⇢ Eyaculación retardada

Con la edad, la tendencia se invierte: el hombre es un poco «más tendente al gatillazo». Esta vez nos enfrentamos a una eyaculación más difícil. Para los que padecían de eyaculación precoz, el resultado acababa siendo espectacular y positivo, un poco como los miopes, que luego, con el tiempo, padecen presbicia, y al final acaban viendo bien. Pero a los otros se les puede hacer largo el camino, y a su pareja también.

### Cómo tratar la eyaculación retardada

Es importante entender sus diferentes orígenes para tratarla de forma adecuada según el caso.

En el supuesto de que se produzca una disminución de hormonas masculinas (a causa de la edad), el deseo se ve afectado; el impulso, aminorado, y la eyaculación se convierte en algo laborioso. Una solución pasa por aplicarse testosterona en forma de gel o con inyecciones intramusculares en las nalgas, o tomarla en comprimidos. Por supuesto, resulta indispensable que se realice un control médico para evitar contraindicaciones ocasionales, por ejemplo problemas con la próstata.

A veces, es necesario reeducar los comportamientos eyaculatorios, sobre todo cuando la emisión de esperma es tan lenta que no acaba de llegar del todo (aneyaculación). Lo más frecuente es que ocurra normalmente durante la masturba-

## Sexo y sentimientos

ción. Es como si se produjera una desconexión entre el cuerpo y la sexualidad. La reeducación consiste en partir de las costumbres masturbatorias y adaptarlas a las percepciones y a los movimientos del coito. En ocasiones, será necesario disminuir la presión sobre el pene, ralentizar el movimiento, etc.

La hipnosis ericksoniana, además, permite que pueda soltarse la presa reforzando la sensación de excitación interna. Ciertos medicamentos pueden completar el tratamiento actuando sobre el trayecto de los nervios pélvicos. Se trata de principios que facilitan la eyaculación, no la inician. Los encontramos en las farmacias de los hospitales y se dispensan con receta médica. Finalmente, parece que algunos productos usados habitualmente para los problemas de erección, como Ixense® (clorhidrato de apomorfina) o Uprima®, actúan positivamente en la aceleración de la eyaculación. De todas formas, su efecto para esta indicación está aún por confirmarse.

Lo que es primordial es que el tratamiento de que se trate vaya acompañado por una actitud psicológica favorable: si el hombre piensa exclusivamente en su eyaculación como recompensa suprema, tendrá dificultades en alcanzarla, y puede que incluso ni la tenga, o lo haga pero sin ningún tipo de placer. La carrera tras el orgasmo es como correr tras su propia sombra: cuanto más avanzamos, más nos adelanta ella. Así que hay que tratar de centrarse en las sensaciones agradables y disfrutar del momento. Poco a poco, mediante la valoración de los pequeños placeres, y no de un hipotético orgasmo explosivo, el umbral eyaculatorio irá acercándose. En este contexto, los juegos eróticos en pareja resultan esenciales (masajes, caricias, fantasías, películas, etc.), pues ponen en marcha el tren del deseo y ayudan a reencontrar percepciones agradables.

## Trastornos de la erección

Cualquier hombre ha conocido, conoce o conocerá este tipo de circunstancia a lo largo de su vida sexual. La penetración se hace imposible a causa de una ausencia duradera de la rigidez del pene. Dicho de otro modo, ¡está flojo! Si los episodios se repiten, puede entrarse en un círculo vicioso: «Esto no funciona, por eso temo que fracase, y si tengo miedo de no poder hacerlo, ¡seguro que no funciona!». Así que lo mejor es hacer algo al respecto sin esperar, pero tampoco hace falta dramatizar.

### ⇢ Por qué esa obsesión por el fracaso

Situémonos en el escenario clásico, es decir, en la cama. El hombre está manos a la obra y se «activa» normalmente pero, cuando suena el teléfono, el vecino se pone a usar el taladro o el bebé empieza a llorar en su cunita, es el momento en el que un elemento perturbador reduce su preciosa erección a nada-del-otro-mundo. Afortunadamente, y gracias a una gran dosis de buen humor y de confianza en la pareja, la desbandada se queda en un hecho aislado, pero para los más inquietos, la ansiedad puede ser tan intensa que el miedo a un nuevo fallo se apodera de ellos y ya no les abandona, hasta el punto de volverlos «impotentes» de verdad.

Segundo escenario: la ansiedad se impone de forma selectiva con toda compañera nueva. *El hombre, primero, tiene que sentirse seguro, y luego, estimulado;* por eso, en la «primera» situación, es decir, de desafío, se plantea si estará a la altura. Es la famosa angustia del resultado. Influyen la inexperiencia sexual y el complejo de inferioridad frente a una compañera experta. Con todos sus años de práctica el hombre se siente juzgado «desde arriba», mientras espera el momento crucial. En realidad, la competición, o el pulso, se produce con todos los amantes que ella ha tenido antes, y no con ella misma.

## La caída del Imperio Romano

Los fallos se producen con más facilidad en los grandes periodos de duda y de cuestionamiento de la propia persona: paro, problemas profesionales, relacionales, jubilación, etc. El hombre tiene una imagen pobre de sí mismo, y como lo que simboliza su fuerza es el sexo, la dificultad se manifiesta de manera más visible. En *Au-delà de cette limite votre ticket n'est plus valable,*[34] el escritor Romain Gary explica con humor y realismo lo que pasa por la cabeza de un hombre que ve cómo sus primeras erecciones se derrumban. Veamos algunos extractos de los diálogos entre el héroe, que aún no tiene problemas de virilidad, y Jim Dooley, un rico comerciante abatido por la cuestión:

«Naturalmente, aún no me considero derrotado. Pero tú sabes lo que representa estar en la cama con una chica y no osar arriesgarte porque sabes que vas a hundirte; no eres lo bastante duro, no conseguirás abrirte camino; te desarmas completamente por culpa de la ansiedad y de la desesperación, y entonces te encuentras o con una mamá que te consuela, que te acaricia la frente y que te dice "No pasa nada, estás cansado" o "Pobrecito mío", o con una cabrona que intenta no reírse porque al gran Jim Dooley ya no se le empalma, ya no vale nada, ya no es nadie. ¡Vamos, la caída del Imperio Romano! Él no me escuchaba. No me veía. No

---
34. Gallimard, 1975.

estaba allí. Se encontraba solo en el mundo. Cualquiera podía derrumbarse: no se empalmaba más [...].
—Estás a su disposición. Depende de con quién te topes. Si es una cabrona, estás jodido. Ella lo va a ir contando por ahí [...]. Afortunadamente, siempre están las que creen que es culpa suya, que no son lo suficientemente provocativas [...]. Y tú lo sabes: cuanto más nos preguntamos si vamos a conseguir empalmarnos, menos nos empalmamos... Un triunfo más de la psicología. Y cuanto más angustiados estamos, más besamos para asegurarnos o, en cualquier caso, vamos probando. Y al final no es ni siquiera porque tengamos ganas; es para tranquilizarnos, para demostrarnos que aún somos capaces. Cuando lo consigues, te dices: "¡Uf! Aún no es el fin, todavía soy un hombre".»

## ⇢ Cómo tratar la impotencia

El objetivo es, al principio, ser capaz de tener relaciones sexuales sin penetrar con el fin de no obsesionarse con la ausencia de erección, ni de instalarse en el clima del «todo o nada». Lo ideal sería concentrarse en el placer de estar juntos, en la convivencia, la confianza; todo esto ayuda mucho a desdramatizar y a reducir la inhibición que bloquea la erección. Este comportamiento, las caricias estimulantes y los juegos sexuales se vuelven más hechizantes. El goce de la compañera es el mejor dopante si uno se siente bloqueado. Así pues, empezad por el otro: es una buena manera de ocuparse de uno mismo. No se trata de altruismo, al contrario: se trata de jugar con dos ganadores. La penetración es una cosa, pero los preliminares, las caricias, las palabras tiernas, o la expresión de su deseo más intenso... van a hacer que la compañera se sienta segura con sus competencias. Su placer se presenta entonces como un estimulante del placer propio. No olvidemos que no es posible controlar el sexo pero sí la boca o las manos, ¡eso sí!

Si a pesar de los esfuerzos y de la complicidad sexual, la erección no llega, existen mil maneras de solucionarlo. Los hombres (que no estén enfermos y que no sigan tratamientos contra el colesterol o la hipertensión, por ejemplo) acaban por superar su problema en la mayoría de los casos, con o sin medicamentos, con la condición de «tener ganas de tener ganas» y de no temer a las mujeres. De todas formas, los laboratorios han trabajado muy bien: desde ahora existe todo un escudo de productos sexoactivos muy eficaces para estimular el sexo desfallecido.

## Cuando las pastillas del amor no existían

Hace aún algunos años, los amantes cansados debían sufrir toda una serie de exámenes para determinar el origen de sus problemas sexuales. En ocasiones, se planteaba una operación de las arterias, se probaba con una reparación del escape venoso. Todos los especialistas de hoy en día estiman que estas intervenciones quirúrgicas son demasiado pesadas y aportan resultados efímeros. La estrategia adoptada es mucho más sencilla. Con ninguna o muy poca exploración, el principio del tratamiento es el mismo: tratar la erección con la ayuda de medios simples (pastillas, inyecciones, etc.).

## → Remedios contra la impotencia que funcionan

Los medicamentos sexoactivos mejoran la erección y la dureza del pene en más del 80 % de los casos. Pero ¿lo hacen lo suficiente como para permitir la penetración y una relación sexual consumada? Sí, siempre que maticemos la respuesta: si el motivo del bloqueo es de origen psicológico (sobre todo, obsesión por los resultados), la penetración, en efecto, resulta posible en más del 80 % de los casos, pero si el problema de la erección proviene de una enfermedad como la diabetes, que puede alterar de forma severa los vasos sanguíneos del pene, entonces la penetración sólo se hace efectiva en el 60 o 70 % de los casos aproximadamente, y a veces incluso menos, si el trastorno es aún más severo. En ese caso, tendrán que buscarse otros métodos, como las inyecciones en el pene de productos vasodilatadores o la bomba de vacío (véase la pág. 192), que provocan una estimulación «mecánica» del sexo.

### Viagra®, la píldora que levanta montañas

Pfizer, en 1998, inventó su famoso rombo azul. El sildenafil (así se denomina el genérico) es el primer medicamento oral realmente eficaz contra la impotencia. Actúa localmente inhibiendo una enzima presente de forma masiva en el pene, la fosfodiesterasa de tipo 5, lo que permite preservar la cantidad de sangre localizada, y las erecciones llegan súbitamente y se mantienen. Son de mayor calidad (más rígidas y duraderas).

*Indicaciones:* son muy amplias, desde los pacientes con problemas de erección psicógenos (sin causa física) hasta aquellos que sufren patologías (enfermedades cardiovasculares equilibradas, enfermedades neurológicas, diabetes, antecedentes de cirugía como cáncer de próstata localizados con preservación del nervio responsable de la erección, etc.). Para que la Viagra® haga efecto en el hombre sano, es necesario que este sienta deseo y un principio de estimulación. Y sobre el hombre afectado por patologías, hace falta que los nervios responsables de la erección no estén demasiado estropeados.

*Demora y tiempo de acción:* algunos pacientes responden al cabo de veinticinco minutos; otros en sólo una hora, que es lo que indica el prospecto. El efecto dura como mínimo de cinco a seis horas, a veces incluso doce.

*Efectos secundarios:* dolor de cabeza leve en el 12 % de los casos, manchas rojas en el rostro, problemas digestivos, visión de círculos azules en un 2 o 3 % de los casos.

*Contraindicaciones:* está completamente prohibido mezclar el sidenafil con otros derivados de nitrato, activos contra la angina de pecho o prescritos tras un infarto de miocardio. Ambas sustancias juntas provocan una caída masiva de la tensión arterial que a veces origina un colapso (bajada brutal de la tensión). Por otro lado, la actividad sexual en sí misma puede estar también contraindicada para el paciente que apenas puede subir un piso y que se ahoga con facilidad, y por lo tanto tampoco es deseable utilizar la Viagra® para facilitar las relaciones, ya que estas están totalmente desaconsejadas. Por el contrario, en caso de insuficiencia cardiaca moderada, el producto se tolera completamente. Los hipertensos bajo tratamiento también lo usan y son los que constituyen el grueso del batallón de usuarios de este tipo de productos.

### Cialis®, la píldora de San Valentín

El tadalafil, lanzado el 14 de febrero de 2003 por Lilly Icos, actúa en el pene con una eficacia comparable a la de la Viagra®, y cuenta con un mecanismo de acción similar, e indicaciones y contraindicaciones idénticas. También es un inhibidor de la fosfodiesterasa 5, pero su fórmula química, ligeramente diferente a la del sildenafil, le confiere ciertas pequeñas particularidades cinéticas interesantes.

*Demora y tiempo de acción:* Cialis® actúa al cabo de un cuarto de hora y su acción dura veinticuatro horas según el prospecto; pero puede llegar a durar cuarenta y ocho horas.

*Efectos secundarios:* dolor de cabeza (6 %) y dolores musculares (6 %), en ambos casos moderados.

### Levitra®, la esperanza

El vardenafil, de los laboratorios Bayer-GSK, actúa de forma local, como los otros dos productos, inhibiendo la fosfodiesterasa de tipo 5. Así pues, posee las mismas indicaciones y contraindicaciones, pero con un pequeño extra suplementario: su potencia es superior sobre las células cultivadas... *in vitro*. Esto significa que, para obtener el efecto buscado, se necesita una considerable cantidad menor del producto. Debido a esto, Levitra® es diez veces más potente que la Viagra®, y de doce a trece veces más que Cialis®. Pero en cuanto a la magnitud natural en las erecciones, ¿qué sucede? Lo sabremos muy pronto, ya que los estudios comparativos en el hombre aún están realizándose. De todas maneras, existen indicios para esperar buenos resultados: en los diabéticos, la mejora de la erección es de un 72 % (algo masivo), y la de la penetración, de un 64 %. Después de la extracción de la próstata, y en caso de que los dos nervios se conserven, la mejora de la erección es de un 71 %, y la de la penetración, de un 47,5 % (lo que también resulta elevado).

*Demora y tiempo de acción:* la respuesta se obtiene al cabo de veinte minutos. El tiempo de acción es de seis a doce horas, por lo tanto más largo que el de la Viagra® y más corto que el de Cialis®.

*Efectos secundarios:* son prácticamente los mismos que los de la Viagra®, salvo que el pequeño halo azul se observa en menos del 1 % de los casos.

## «La banda de los tres»: ¿cuál escoger?

Para los hombres afectados supone una gran suerte poder elegir entre tres productos perfectamente activos y bien tolerados. Cada uno posee sus particularidades, con sus ventajas y sus pequeños inconvenientes. ¿Cuál es la ventaja de la Viagra®? Ya la conocemos, millones de hombres en el mundo la han probado, existen estudios muy bien realizados —sobre todo de pacientes con riesgos— y el resultado es tranquilizador. No se han dado casos de infarto u otro tipo de accidentes en ninguno de ellos. Para los pacientes con problemas de corazón, es mejor que opten por este medicamento a la espera de que los otros se prueben bien. Con Cialis®, evidentemente es el tiempo de acción lo que más destaca. Ya no tiene que programarse tanto la relación, porque puede actuar en cualquier momento, sobre todo cuando ya se conocen sus efectos. Así, la pareja no tiene que estar dispuesta en sesión continua y nadie se siente «obligado». Con Levitra® se espera sobre todo una cierta rapidez de acción y potencia. Los tres productos se obtienen con receta médica, tienen prácticamente el mismo precio y no son reembolsables. No actúan como afrodisiacos, ni aumentan las sensaciones ni las ganas de hacer el amor, únicamente las erecciones, que no está nada mal...

## Los gemelos Ixense® y Uprima®

Estos dos productos, creados en 2001, fueron lanzados por los laboratorios Takeda y Abbot. Dichas apomorfinas no actúan «abajo», en el pene, sino «arriba», en el cerebro, en el hipotálamo, concretamente en el núcleo paraventricular, donde confluye toda la información significativa («veo a mi compañera, la deseo», «la escucho, la toco, tengo fantasías»). Las células nerviosas solicitadas se activan por medio de mensajeros químicos como la dopamina o las apomorfinas, que se le parecen. De este modo, estas controlan la erección del pene. Desgraciadamente, cuando un paciente se bloquea a causa de la ansiedad por el resultado o por dificultades a la hora de percibir el deseo, no responde a estas sustancias. Por el contrario, si el medicamento se complementa de manera correcta con sesiones de sexoterapia global, en las que el deseo puede volver a surgir y la comunicación de la pareja puede mejorar, entonces sí que resultan eficaces y funcionan perfectamente bien. Estos productos son utilizados sobre todo por sexólogos, que los recetan combinados con terapia.

*Demora y tiempo de acción:* veinte minutos una vez que los comprimidos se han disuelto debajo de la lengua. Su duración es de dos a tres horas.

*Efectos secundarios:* dolor de cabeza (7 %), mareos (4 %), náuseas (7 %), somnolencia y, en casos excepcionales, desmayos o síncopes (menos del 2 ‰) a causa de bajadas y subidas repentinas de tensión.

## Inyecciones intracavernosas

Son interesantes sobre todo en caso de causa orgánica mayor, cuando los medicamentos no hacen ningún efecto. La inyección de un producto vasodilatador en el pene (prostaglandinas, moxisilita) arrastra un torrente de sangre casi mecánico que provoca la erección. Existen dos productos que disponen de la autorización para comercializarse: Caverject® y Muse® (ambos con alprostadil). Los instrumentos autoinyectores simplifican mucho la faena, y el pinchazo es casi indoloro. Muse® no es inyectable, se utiliza como supositorio intrauretral. Los productos vasodilatadores penetran directamente en el meato urinario, gracias a una pequeña pera que se vacía en la uretra.

### Bomba de vacío o vacuum

El pene se introduce en un tubo conectado a una bomba que permite el vacío en el tubo y, por lo tanto, mediante un sistema de aspiración, arrastra el flujo de sangre hacia los cuerpos cavernosos. La erección se vuelve firme y rígida. Entonces sólo hay que deslizar un anillo de látex desde la base del tubo a la del pene, lo que mantiene la rigidez durante unos treinta minutos aproximadamente. Este procedimiento médico tiene la ventaja de reeducar la función eréctil por la invasión repetitiva de flujo sanguíneo al pene. Tiene muy pocas contraindicaciones y se utiliza sobre todo cuando los otros métodos se han probado ya sin ningún éxito.

Hay que tener cuidado en no confundir este dispositivo, obtenido directamente del laboratorio y con prescripción médica, con algunos que se encuentran en los *sex-shop*. Aunque estén basados en un principio parecido, la bomba a veces es tan pequeña (poco más grande que la de un vaporizador de perfume) que el torrente de aire resulta ridículo. Es más barato pero bastante menos eficaz.

## Trastornos del deseo

Hasta ahora, sobre todo eran las mujeres las que acudían a la consulta por problemas de deseo. La situación está cambiando: un creciente número de hombres también se queja de su libido, como si este problema ahora estuviese socialmente admitido. En la consulta, no siempre es fácil distinguir un verdadero problema de deseo de un trastorno de erección. En teoría, un hombre sabe perfectamente si tiene ganas de hacer el amor o si le cuesta tener erecciones firmes. Pero en realidad no es así, no resulta tan sencillo. Los pacientes explican en la consulta: «No tengo erecciones porque no siento deseo» (se sobreentiende: «Si sintiese deseo, sería capaz de tener una»). Y lo que descubrimos la mayoría de las veces a lo largo de las sesiones es que no sienten deseo porque no tienen más erecciones. Los fracasos reiterados o el miedo a flaquear bloquean el deseo.

Los verdaderos problemas de deseo son más bien raros en el caso de los hombres. Los encontramos en dos circunstancias: una bajada hormonal o un problema psicológico. Un análisis de los niveles de testosterona permite concretar la situación. Si la tasa está por los suelos, el aporte de hormonas masculinas tendrá un efecto muy positivo en la libido; si la tasa es la habitual, pueden presentarse dos casos: o bien se trata de un problema de erección, y el hombre se cura y recupera su deseo, o bien puede ser que el tratamiento no cambie nada, lo que confirmaría la ausencia de deseo, a menudo asociada a una falta de fantasía. El hombre no se excita con nada, no le emociona nada, las mujeres le dejan indiferente por la calle. La solución, entonces, sólo puede venir de la psicoterapia, acompañada quizá con medicamentos, etc.

## Acercamiento psicosomático

El cerebro mantiene sorprendentes relaciones íntimas con todos los órganos, incluso algunas que resultan paradójicas. Esto remite sin ninguna duda a su historia y a la manera en que se ha ido sofisticando a lo largo de la evolución de las especies. El cerebro más primitivo o cerebro «reptiliano» comprende sólo el tronco y el cerebelo. Es el cerebro del instinto; determina el nivel de vigilancia y regula las funciones básicas que son necesarias para sobrevivir. Por encima de este se encuentra el cerebro intermediario, llamado también sistema límbico. Cuenta con prolongaciones y conexiones por todo el cuerpo. Controla el ritmo cardiaco, la respiración, la presión arterial, la glicemia, etc. Es también el cerebro de las emociones, de ahí que el goce, el miedo, el enfado o la vergüenza se expresen con reacciones físicas: aceleración del ritmo cardiaco, respiración entrecortada, nudo en la garganta, sudor, etc.

Finalmente, el córtex o cerebro superior, característico del *Homo sapiens*, recubre los dos hemisferios cerebrales. Es la sede del lenguaje, de la memoria y de la reflexión, pero también de las sensaciones y del control de los movimientos. Cuando la carga emocional se desborda y se vuelve incontrolable en un momento dado, puede desatar un proceso somático «de golpe por golpe». El órgano, bajo el efecto de la presión que persiste, empieza a funcionar mal: la piel se convierte en un foco de alergias; la cabeza, de migrañas; el tubo digestivo, de colopatías, etc. La investigación psicosomática consiste en buscar dentro de la vida y de la historia del paciente los acontecimientos susceptibles de haber desencadenado la enfermedad: conflictos conyugales, familiares o profesionales, cambios de situación, etc.

Los procesos somáticos, cuya expresión visible es el síntoma, no deben representar el árbol que impide ver el bos-

## Trastornos del amor

que. Lo que importa es renovar el vínculo roto entre el enfermo y su historia, su entorno, etc. Para poder hacerlo, los tratamientos médicos se combinan con algunas terapias breves, ciertas sesiones de hipnosis, de relajación o de psicoterapias más largas. Si se aplican estas distintas medidas, pueden ayudar a disminuir progresivamente los síntomas o incluso a hacerlos desaparecer.

¿La «elección» del órgano tiene un significado simbólico? Podemos considerar que el legado o la herencia son una suerte de fragilidad orgánica que predispone a un problema antes que a otro en caso de vulnerabilidad psíquica. También podemos pensar que la persona «dirige» inconscientemente el órgano de su elección para manifestar algo: los dolores testiculares o cardiacos (precordialgias) no serían otra cosa que un modo de expresar su inquietud, su frustración, y así evitar tener que enfrentarse a un fracaso. Lo que sí que es seguro es que no existen perfiles tipo, ni retratos robots de las personas que padecen enfermedades psicosomáticas: cualquiera puede desarrollar una; en función de su historial y de su legado biológico, puede expresarse con un síntoma o con otro y cambiar de forma eventual con el transcurso de los años.

## Sobre los trastornos de la eyaculación

◇ **¿Cuándo se habla de eyaculación precoz?**
*Un hombre puede ser perfectamente normal para una mujer y un eyaculador precoz para otra si acaba siempre antes que ella. Nos encontramos ante niveles relativos, no absolutos. Científicamente, los médicos hablan de relación prematura cuando dura menos de un minuto después de la penetración.*

## ⬥ ¿Una disminución de la libido provoca eyaculación precoz?

*Lo que ocurre es exactamente lo contrario: la eyaculación precoz provoca la caída de la libido. El hombre que eyacula demasiado pronto y que no deja tiempo a su compañera para llegar al orgasmo también se siente desgraciado, su placer se ve reducido. Las repetidas frustraciones a lo largo de las relaciones sexuales acaban por provocar desinterés.*

## ⬥ ¿La psicoterapia corrige una eyaculación precoz?

*Es cierto que, al principio, la ansiedad y el estrés son en gran medida responsables de la eyaculación precoz, pero después el fenómeno se autoalimenta fisiológicamente. Por eso, en este estadio, la psicoterapia no es suficiente. Aunque estemos radiantes y relajados, el automatismo continúa sustentando una eyaculación rápida. Lo que hace falta entonces es generar un nuevo reflejo por los medios que hemos descrito más arriba. Si después de esto, todo va bien... no se hable más. Pero si, a pesar de todo, seguimos teniendo la misma dificultad, en ese caso hay que remitirse al problema psicológico subyacente. La eyaculación precoz es sin duda la punta del iceberg: en este momento hay que interesarse por las dificultades psíquicas del paciente. Algunos sociólogos y psicólogos afirman que el problema amoroso no es otra cosa que la expresión visible de una relación de fuerza en la pareja, la cual conduce a una relación corta, insatisfactoria para ambos. Para nosotros, no es lo más frecuente.*

## ⬥ ¿Los preservativos «retardantes» son eficaces?

*Desde hace poco tiempo, en farmacias y grandes superficies podemos encontrar dos tipos de preservativos, para un uso prolon-*

gado o «retardantes». Los primeros actúan gracias a su forma más estrecha en la zona del glande y frenan, en teoría, la eyaculación. Estos modelos están dirigidos a los eyaculadores rápidos y a todos aquellos que quieran prolongar las relaciones sexuales para hacer que el placer dure más. Los otros preservativos funcionan químicamente: encontramos un gel anestesiante (agua + benzocaína) en el depósito para el semen; con el calor, el producto se funde sobre la zona erógena y la insensibiliza un poco. Los resultados aún están por ver a gran escala. Pero, mientras tanto, nada impide ir probando para ver si funciona...

⟡ **¿Puedo ponerme dos preservativos para retrasar el placer?**
Es una buena idea..., pero ineficaz. Cuando nos ponemos dos preservativos a la vez para comprimir el pene y retrasar la eyaculación, con ello aumentamos de manera considerable el riesgo de que se produzcan roturas. No obstante, pueden probarse diferentes tipos de anillos vendidos en los **sex-shop** que aprietan el pene para prolongar el acto. Sin garantía de resultados...

⟡ **¿Cuándo hablamos realmente de eyaculación tardía?**
Para empezar, respecto a uno mismo y a sus costumbres anteriores; luego, la eyaculación es tardía, evidentemente, en relación con la pareja. Entonces el «más» puede llegar a ser «demasiado». Después de su orgasmo, ella agradecería mucho un poco de complicidad y de atención, está psicológicamente «menos lubricada», igual que en el plano fisiológico. El movimiento se convierte poco a poco en un roce molesto o incluso doloroso. Cinco minutos de «extras» aún se aguantan, pero tres cuartos de hora es un castigo; se trata de buscar soluciones, porque existen.

◇ **Desde que tomo antidepresivos me cuesta eyacular. ¿Qué debo hacer?**

*Los antidepresivos pueden frenar la eyaculación, e incluso suprimirla; este efecto es más intenso a los cincuenta años que a los treinta, puesto que con el tiempo los impulsos son menos potentes. Es posible probar otros antidepresivos que no tengan estos indeseables efectos. Otra opción es visitar a un psicoterapeuta para sentirse mejor y reducir los antidepresivos, si esto fuera posible.*

## Sobre la impotencia o los trastornos de erección

◇ **A veces, durante las relaciones, tengo el pene menos duro. ¿Es el principio de una impotencia?**

*Es importante saber si se trata de un trastorno repetitivo o permanente, o de un problema aislado, como ocurre en la inmensa mayoría de los casos en hombres jóvenes, o incluso más mayores si están sanos. Las preguntas que hay que hacerse son fáciles: ¿somos capaces de tener erecciones que se mantienen fuera de esas relaciones sexuales imposibles?, ¿por la mañana, nos levantamos con el sexo duro?, ¿podemos empalmarnos con la masturbación o mirando imágenes excitantes? Si es así, TODO VA BIEN, el sistema fisiológico funciona. El resto se debe entonces a una cuestión de bloqueo y de tiempo. Si no es así, habrá que buscar las causas de la insuficiencia eréctil. Pasados los cincuenta años, a menudo esta proviene de una serie de anomalías fisiológicas asociadas a pequeñas enfermedades y amplificadas por la ingesta de algunos medicamentos (para la hipertensión, por ejemplo).*

◇ **Mi tratamiento contra la hipertensión (o el colesterol) me ha dejado flojo. ¿Tengo que dejar de tomarlo?**

*No se trata de que uno mismo interrumpa la medicación, pues sería peor el remedio que la enfermedad. ¿De qué serviría tener erecciones de vez en cuando con un riesgo de tensión o un colesterol mucho más alto? Por el contrario, podemos comentárselo a nuestro médico, revisar las dosis, adoptar una mejor higiene de vida y cuidarnos un poco: la comida, la bebida, hacer algo de actividad física... Alguna vez, el cambio de los productos, o la ingesta de antídotos, o sea, de medicamentos sexoactivos, para compensar los efectos indeseables del tratamiento que debemos seguir, puede ser también una solución.*

◇ **¿Los productos sexoactivos crean dependencia fisiológica?**

*Sí y no. De manera general, cuando no se toma ningún producto inhibidor de la erección (contra la hipertensión o el colesterol, antidepresivos, etc.), las píldoras sexoactivas pueden utilizarse de forma puntual, como detonante, para dar confianza. Al cabo de un tiempo, se volverán inútiles y podrá prescindirse de ellas sin problemas. Pero si se padecen problemas orgánicos o se sigue un tratamiento, en ese caso las «píldoras del amor» serán indispensables a largo término como antídotos, y por qué no, puesto que aseguran una sexualidad distendida.*

◇ **¿Puede tenerse al mismo tiempo eyaculación precoz y problemas de erección?**

*Sí, los dos problemas van a menudo asociados. El trastorno de la erección suele ser la consecuencia de la eyaculación precoz, y el tratamiento consiste en atender los dos problemas simultáneamente.*

◇ **¿Pueden mezclarse distintos medicamentos estimulantes para tener mejores erecciones?**
*No, en ningún caso, pero pueden utilizarse como relevo. Por ejemplo, si un hombre no responde a la Viagra®, le interesará recurrir a otros tratamientos sexoactivos (Cialis® o Levitra®) o a las inyecciones intracavernosas.*

◇ **A mi mujer no le gusta hacer el amor, y creo que es la responsable de mis problemas de erección. ¿Qué hago?**
*Algunos sexólogos no dudan en afirmar que las mujeres pueden estar fuertemente más implicadas de lo que se cree en los trastornos de erección de su compañero, y el fenómeno está ampliamente subestimado.*[35] *Según los estudios realizados, del 25 al 60% de los casos, la mujer de un hombre «impotente» presenta también trastornos sexuales: padece una bajada de libido, dolores mientras hace el amor, ausencia de orgasmos, imposibilidad en el momento de la penetración... Todo esto explica la desmotivación del hombre o los bloqueos que se producen, sobre todo si él mismo está afectado por razones profesionales o afectivas. Así que lo mejor es ocuparse de la pareja y no sólo del trastorno eréctil.*

◇ **Mi mujer minimiza mis problemas de impotencia y acepta muy bien la situación que me angustia. Me siento incomprendido...**
*Esta actitud demasiado indulgente no es la mejor, aunque tampoco se trata de la peor de todas. En este tipo de situaciones, las mujeres, por lo general, adoptan tres tipos de posturas:*

---

35. Según la intervención del Dr. Robert Porto, psiquiatra y sexólogo, en el Congreso Anual de la SFSC (Sociedad Francesa de Sexología Clínica), octubre de 2002.

1. La mayoría son conciliadoras y dicen: «No pasa nada; mañana seguro que va mejor». Es un detalle, efectivamente, pero muy poco estimulante para los hombres. Lo que ellos quieren es una solución que les tranquilice. La excesiva complacencia de su mujer puede ser interpretada —a menudo de forma equivocada— incluso como un rechazo («Ya no le gusta hacerlo») o como una muestra de indiferencia («Ya no siente interés por mi culpa»).

2. Algunas mujeres, por el contrario, se muestran francamente negativas y hostiles ante la impotencia de los hombres. Justo en el momento, y tras el golpe de la frustración, pueden llegar a proferir palabras dolorosas que se quedarán grabadas para siempre, a veces incluso durante veinte o treinta años. Se viven como sanciones despiadadas: «¡No es un resultado muy esplendoroso!», «He conocido a otros mejores...», «¡Oh, no! ¡Eres un completo inútil!», «Esto no funciona; es mejor que te vayas a tu casa...». Lo peor es que las mujeres no lo viven como una catástrofe; se llegan a disculpar con insistencia después de su explosión de humor pero el mal ya está hecho. Otras incluso interrumpen la relación: lo que quieren es sexo, y no es negociable.

3. Las últimas, sin duda las que actúan de la mejor manera, piensan en ellas, y se preocupan por conseguir placer durante la relación, cosa que... alivia bastante al compañero. Ya no se siente presionado; no se pregunta más si va a poder tener una erección o no; está feliz de ver que, a pesar de sus dificultades, su compañera puede sentir placer con sus caricias, y eso acaba por estimularlo, algo que ayuda a superar el trance.

◇ **¿Es la infidelidad un remedio contra la impotencia?**
*Todo depende de la persona. Algunos hombres descubrirán que con otra mujer funcionan mejor, y eso hará que recuperen la*

## Sexo y sentimientos

confianza que habían perdido; otros, por el contrario, verán que, con una compañera nueva, la preocupación por el resultado será tan fuerte que la relación se vivirá aún peor. La infidelidad no pasa por ser ni un método ni un remedio, ni la encontramos en los apuntes de la facultad. No se prescribe en las consultas de los sexólogos o de los médicos: este contexto sobrepasa sus funciones. La verdadera pregunta que hay que hacerse es cómo se vive esta experiencia. Si es con culpabilidad y con el fin de comprobarlo («¿Soy mejor con otra que con mi mujer?»), es mejor no intentarlo: la prueba siempre tiene efectos desastrosos en el plano sexual. Si es por deseo hacia otra mujer, el contexto se muestra más favorable. Cada uno tiene que hacer su propio examen de conciencia. Y si resulta ser algo terapéutico, pues entonces...

## Sobre el deseo

◇ **¿Es normal no pensar para nada en el sexo?**
Puede estarse perfectamente constituido, física y psicológicamente, y sin embargo no tener deseos sexuales. La cultura y la educación tienen mucho que ver en este asunto. La educación religiosa puede hacer que se piense que, si no se está casado, aunque se esté profundamente enamorado, o si no es para tener hijos, no hace falta tener relaciones sexuales. La zona genital está adormecida y el espíritu manda sobre el cuerpo. En el momento en que se encuentra al alma gemela, ya sea a los veinticinco, a los treinta, o incluso a más edad, la sexualidad funcionará de forma normal. Otra posibilidad es el miedo de no estar a la altura: se presenta con tal intensidad que prefiere mantenerse el deseo a distancia. El pensamiento de que no se tiene deseo es una ma-

*nera de protegerse (claro está que de forma inconsciente), y así se evita tener que enfrentarse a sus angustias. Puede que el deporte, el trabajo u otras pasiones sean los únicos centros de interés. También puede ocurrir que se coloque a una mujer en un pedestal, de manera que no se llegue ni a imaginar ensuciar su nombre con el deseo vivido como algo animal...*

## ◇ ¿Es normal tener muy pocas relaciones, y con esfuerzos, con la mujer que se ama?

*Freud señalaba que muchos hombres no pueden desear a la mujer que aman, ni amar a la mujer que desean. Lo que se evoca aquí es, sin duda, el imaginario inviolable de la madre en todo su esplendor: se la respeta y, por lo tanto, está prohibida. En este caso, la solución pasa por el psicoanálisis. Sería posible sentir deseo y excitación con otra mujer, siempre que no se viva ni se tenga un hijo con ella.*

## ◇ ¿Se puede vivir sin hacer el amor?

*No existe ninguna ley escrita que lo diga, a pesar de la «tiranía del placer»[36] que gobierna en nuestra sociedad. No podemos ser seductores, perfectamente equilibrados e imponer el silencio a nuestro cuerpo para reafirmarnos. También puede ser que estemos afligidos a causa de una ruptura, y se quiera evitar sufrir de nuevo. El dolor moral afecta todavía a la perspectiva de placer. Es una opción que puede durar semanas, meses, o incluso años. La particularidad del deseo y del amor es que se necesitan dos personas para poder desearse o amarse.*

*Si no se tiene pareja, la abstinencia es lógica, llevada mejor o peor. Si se tiene, y se está en fase de abstinencia, aunque sin sa-*

---

36. *La tyrannie du plaisir*, Jean-Claude Guillebaud, Le Seuil, 1999.

crificios, no representa ningún problema: simplemente significa que la pareja ha desarrollado otros centros de interés y de complicidad. Ahora bien, las cosas resultan más complicadas si el otro lo reclama y nosotros lo rechazamos (conscientemente o no). En ocasiones, el rechazo llega hasta la repulsión misma del acto, puede que con esa pareja en concreto o con cualquier otra. Hay que buscar ante todo en la propia historia del afectado, en el traumatismo inicial inhibido, y tiene que equilibrarse con la ayuda de un psicoterapeuta. Este procedimiento se convierte en algo necesario si queremos preservar un mínimo de armonía en la pareja.

◇ **Tras una larga abstinencia, ¿puede tenerse de nuevo una vida sexual normal con facilidad?**
El sexo es como aprender a montar en bicicleta, algo que no se olvida nunca. Pero después de meses o de años de «pausa», sobre todo si hemos pasado de los cincuenta años, hay que tener expectativas realistas. No volveremos a tener forzosamente las mismas relaciones como si fuera la primera vez. Los tejidos genitales son menos reactivos y, ante todo, a esto se le añade una aprehensión del fracaso. Es como si un deportista, después de haber dejado de entrenar durante años, decidiese correr 100 metros con los mismos resultados y sin calentamiento.

◇ **¿La ausencia prolongada de relaciones puede tener consecuencias en la salud?**
A priori no, ya que la sexualidad no es una necesidad vital como la de respirar, comer o dormir. Se trata de una pulsión razonada (en el amor no somos como animales) y, si queremos reproducirnos, una necesidad fisiológica. De todas maneras, la abstinencia prolongada y mal vivida puede comportar reacciones

*psicológicas: nerviosismo, irascibilidad, impaciencia, agresividad e incluso enfermedades psicosomáticas localizadas en la zona genital o en otras partes (picores, dolores pélvicos de la uretra, etc.).*

## Sobre los sexólogos

◇ **¿Para qué sirve un sexólogo?**
*Uno va a visitar a este «terapeuta del sexo» para superar las dificultades o los bloqueos que afectan a uno mismo o a la pareja: problemas de erección o de deseo, o trastornos sexuales o amorosos.*

◇ **¿Cuál es la formación de los sexólogos?**
*En Francia, por ejemplo, hay aproximadamente unos mil sexólogos, de los cuales dos tercios son médicos (la mayoría de ellos generalistas, o psiquiatras, ginecólogos, endocrinólogos o urólogos). El tercio restante se compone de psicólogos, terapeutas, quinesiterapeutas, consejeros conyugales o hipnoterapeutas. Desde hace poco, existen carreras universitarias de tres años abiertas a médicos y también a los que no lo son para evitar las numerosas consecuencias y las fantasías terapéuticas que se observan en esta profesión tan mal definida. En España, la especialidad en Sexología, dentro de la carrera de Psicología, es el único diploma consensuado que está reconocido por el Ministerio de Educación. Pero, en la actualidad, se están desarrollando diversos másteres en Terapia Sexual de la Pareja impartidos en Universidades.*

*Según la formación inicial del terapeuta, el tratamiento será médico, «mecanicista» o psicológico, pero todos comparten el mismo objetivo: combatir la causa del daño (lesión orgánica, traumatismo psicológico, problema relacional).*

### ◇ ¿Existen ejercicios prácticos?

*Sí, llegan incluso a ser inevitables. Evidentemente, estos ejercicios no consisten en trabajos prácticos que se efectúan en el gabinete con el sexólogo, sino en tareas que hay que realizar en casa, con uno mismo, con su pareja o en la vida cotidiana (caricias, adopción de ciertas posturas amorosas, contracción del perineo, cambio de comportamientos en la pareja, prohibición al perro de estar en la cama conyugal, instalación de un cerrojo en la puerta para que los niños no entren de improviso, etc.).*

*Para un problema sencillo (ciertas eyaculaciones precoces), la terapia dura varias sesiones, pero para un problema más complejo (anorgasmia, por ejemplo) puede tomar algunos meses. Lo que sí es seguro es que todo depende del problema de la pareja.*

### ◇ ¿Hay que ir a la consulta solo o con la pareja?

*Al principio es mejor hacer lo que resulte más fácil. Algunos hombres se sienten molestos, incluso humillados, ante la presencia de su compañera; otros se contienen ante ella. Y, a pesar de ello, a veces resulta indispensable para precisar el diagnóstico del problema sexual, para ayudar al médico a hacer una buena elección terapéutica o para mejorar la aplicación del tratamiento. Cuando se interroga a la pareja en la consulta, esta aporta elementos de la situación que quizá no se hubieran llegado a imaginar, o que a lo mejor no se hubiesen valorado igual: «Cada noche habla con su madre por teléfono ¡durante una hora!», «Prefiere masturbarse y después ya no tiene ganas», «Sólo accede a la práctica de la sodomía...». En el 70% de los casos, el diagnóstico se modifica después de su intervención debido a que el hombre cae en errores u omisiones.*

**Trastornos del amor**

No obstante, algunas mujeres rechazan rotundamente acudir a la consulta del médico. El motivo que aportan es: «Es tu problema, así que te espabilas tú... A mí no me pasa nada». En realidad es cierto y falso a la vez: hasta que no se demuestre lo contrario, el amor es cosa de dos. Y si cada uno diese un paso hacia el otro, el camino por recorrer sería menos largo y difícil. Un hombre respaldado por la actitud de su compañera reacciona más rápido (es exactamente lo mismo que ocurre cuando es la mujer la que padece trastornos sexuales: si se siente apoyada por su pareja, se recuperará mejor y de forma más rápida).

El objetivo del juego no es averiguar quién es el responsable, sino demostrar la capacidad de ayuda mutua. Porque al final todo el mundo sale ganando si la relación mejora, ¿no? Pues he aquí un argumento para convencer a la pareja de que también vaya a la consulta.

## Dónde encontrar un especialista

### Un sexólogo
**La sexologia.com** ofrece un teléfono de información sexual y afectiva para personas de todas las edades. Es el 91 523 08 14. Está operativo de lunes a jueves (y viernes por la mañana), en horario de oficina. El sitio web es www.lasexologia.net

La **Federación Española de Sociedades de Sexología** representa a más de mil seiscientos profesionales de la sexología y a veinticinco sociedades de toda España. En su página web puede encontrarse la dirección y los teléfonos de todos los asociados, por provincias. www.fess.org.es

**Asociación Española de Sexología Clínica**, c/ Santa Cruz de Marcenado, 12, 28015 Madrid. Tel.: 91 448 93 27. Correo electrónico: aesc@aesc.com.es. Sitio web: http://www.aesc.com.es

**Un especialista en psicosomática**
Sociedad Española de Medicina Psicosomática, avda. San Juan Bosco, 15, 50009 Zaragoza. Correo electrónico: semp-secretaria@wanadoo.es. Sitio web: http://semp.org.es

**Un terapeuta de pareja**
Federación Española de Asociaciones de Psicoterapeutas, c/ Arganda, 8, 28005 Madrid. Tel.: 91 474 26 06. Correo electrónico: secretaria@feap.es. Sitio web: http://www.feap.es

**Un hipnoterapeuta**
Sociedad de Hipnoterapia Clínica, c/ José María Mortes Lesma, 33, 46014 Valencia. Tel.: 96 325 04 24. Sitio web: http://www.hipnosisclinica.org

**Un urólogo**
Asociación Española de Urología, c/ Valenzuela, 6, 28014 Madrid. Tel.: 91 364 08 49. Correo electrónico: aeu@aeu.es. Página web: http://www.aeu.es

**Un andrólogo**
Asociación Española de Andrología, c/ Nicaragua, 42, 08029 Barcelona. Tel.: 93 491 23 54. Correo electrónico: secretaria@asesa.org. Página web: http://www.asesa.org

# 7
# Cómo evitar un embarazo

# O «PROGRAMARLO»

## La contracepción: también es cosa de hombres

El amor se concibe entre dos personas, y la contracepción, también.

En tiempos «prehistóricos», cuando la píldora no existía, toda la responsabilidad de «evitar la catástrofe» recaía sobre los hombres, aunque estos ya lo han olvidado; todo versaba sobre su capacidad de retirarse a tiempo o en el uso del preservativo. Pero con la aparición de la píldora han comprendido muy rápido que por fin se liberaban de esta carga. Y muchos (la mayoría, en realidad) consideran que ¡ahora les toca a las mujeres tomar el relevo! Estaban tan dispuestos a pensar esto que creían que el discurso médico favorecía su liberación: la píldora es mucho más eficaz que el preservativo como medida para evitar el embarazo.

Por eso, desde los años setenta, asisten a un periodo de negación contraceptiva. Y cuando aparece el sida, en los años ochenta, el preservativo vuelve a primer plano, pero únicamente contra las enfermedades de transmisión sexual.

## Sexo y sentimientos

Sin embargo, desde el fallo del Tribunal Supremo de Francia del 28 de marzo de 2000, surgen novedades en la jurisprudencia que dan que pensar. Una mujer puede emprender un procedimiento de reconocimiento impuesto de paternidad con prueba de ADN para demostrar la filiación entre su hijo y el presunto padre biológico.[37] Las muestras de sangre o de saliva del padre, la madre y el hijo son realizadas por un laboratorio propuesto por el tribunal. Las diferentes huellas genéticas se analizan y se comparan. Si el hombre es reconocido como padre biológico, tendrá que pagar una pensión hasta que finalice la época de estudios del hijo, y en ocasiones hasta la mayoría de edad, lo admita o no. Esta demanda de prueba de paternidad se ha convertido en algo corriente. Una aventura de una noche —sin protección— puede tener consecuencias incalculables. Anteriormente, era la palabra de la mujer contra la del hombre, y aun con buena fe, podía refutarse. Hoy en día, el ADN es el que habla y, ante eso, no hay nada que hacer.

Los hombres tienen doble interés en sentirse afectados por la contracepción: primero, por la preocupación ante la responsabilidad que comparte con su compañera, y luego por la preocupación por «protegerse» a ellos mismos. Un hombre cómplice e implicado vale más la pena que uno que esté perdidamente enamorado o un egoísta que sólo piensa en su complacencia sin preocuparse de sus actos.

---

[37]. Esta petición sólo puede hacerse dentro de un marco legal ordenado por el juez, en el contexto de una acción judicial. Se atiene a plazos concretos: dos años desde el nacimiento del niño, dos años desde el cese de la convivencia entre la madre y el presunto padre o dos años desde el cese del mantenimiento del niño por parte del presunto padre. Si la acción no ha sido realizada durante la minoría de edad del hijo, este puede emprenderla por su cuenta en su mayoría de edad, es entonces cuando existe un plazo de dos años para actuar.

## Por qué protegerse y de qué

El objetivo de la contracepción es evitar un embarazo, y el del preservativo, además, es impedir una ETS o enfermedad de transmisión sexual.

Incluso si el aborto existe y es legal, la decisión de interrumpir voluntariamente un embarazo no resulta gratuita: a veces genera un gran sufrimiento o un sentimiento de culpabilidad en la mujer que debe enfrentarse a ello; así que cada uno tiene que hacer todo lo que esté en su mano para evitarlo si no lo desea.

### Basta con muy poco

Una sola relación puede ser suficiente para engendrar un bebé, incluso a la primera. De los cerca de cien a seiscientos millones de espermatozoides contenidos en el esperma, sólo uno puede fecundar el óvulo. Una chica joven, púber, de doce años, puede tener un hijo desde sus primeras reglas. Una mujer puede tener hijos teóricamente hasta la menopausia (de todas maneras el riesgo desciende a partir de los cuarenta y siete años). El número de espermatozoides en el hombre disminuye significativamente después de los cincuenta y cinco años, pero quedan células suficientes para fecundar hasta los setenta u ochenta años si se mantienen relaciones con una mujer muy fértil: sólo hay que ver a Charlie Chaplin, Yves Montand o Luciano Pavarotti, por citar a los más famosos.

# La contracepción que recae en el hombre

### → Preservativo (o condón)

Es la única contracepción masculina verdadera. El preservativo es una funda de látex que se coloca en el pene en erección. Su función es la de recuperar todo el esperma liberado en la eyaculación. Puede ser que lo proponga la compañera pero, en principio, es el hombre quien debe saber cómo se utiliza, cómo se coloca y cómo se retira. Este método es fiable, en un 96 % de los casos, cuando se utiliza correctamente (lo que no ocurre siempre, sobre todo en los inicios de la vida sexual o cuando se usa por primera vez a los cuarenta años).

**A qué se deben los fracasos**
Normalmente a condiciones de almacenamiento y de utilización. Los preservativos no pueden estar expuestos al sol, al calor o a la humedad. Tampoco soportan bien estar metidos permanentemente en una cartera o en un bolsillo, demasiado apretados. Es mejor conservarlos en su envase original. Tienen una fecha de caducidad que garantiza su eficacia. Las rupturas durante las relaciones a menudo se deben por utilizar tijeras de las uñas o los dientes para sacar el condón del envase. La utilización de productos grasos (vaselina o cremas), o si se tiene la piel muy grasa, para lubricar a la pareja crea esporas en el preservativo que disminuyen su seguridad. Hay que usar lubricantes o geles con base acuosa.

Finalmente, el exceso de cuidado tampoco es una garantía: dos condones superpuestos aumentan peligrosamente el riesgo de ruptura. Por el contrario, es muy recomendable usar dos preservativos, uno después del otro, a lo largo de una misma relación, si se varía la zona de la penetración (si no, la pareja corre el riesgo de coger infecciones) o si la relación se prolonga (hay que cambiar el preservativo después de toda eyaculación). Un preservativo no se lava para reutilizarlo una segunda vez: esa es la mejor manera para dejar embarazada a la compañera.

## Algunas ventajas insospechables del preservativo

Una mujer que ve a un hombre que se siente cómodo con el «objeto» está totalmente convencida de sus responsabilidades y de sus competencias sexuales. Liberada de las preocupaciones por las ETS, o incluso por el embarazo, puede dejarse llevar con más facilidad, lo que hace que mejoren las sensaciones de la pareja. Por el contrario, si ve a su compañero «cortado» con el tema látex, será más fácil que se encierre en ella misma antes de mostrarse más abierta.

Por otro lado, el tiempo del preservativo está bastante limitado, «hablando claro». Actualmente existen modelos de gustos distintos (la vainilla es el gusto preferido), pero también formas y texturas diferentes. Los modelos con relieves y grabados aportan sensaciones nuevas; la extremidad más larga de algunos ejemplares permite que los dos componentes puedan sentir emociones ignoradas con un preservativo clásico; también se encuentran variedades con un efecto prolongador, más apretados en la zona del glande, que ayudan a alargar el acto sexual. Con todo esto, es imposible saber cuándo se es un amante infatigable o un eyaculador precoz, ¿no?

## Cómo lo ponemos por primera vez

Lo ideal es entrenarse *antes*, solo, al menos unas tres veces. La operación se desarrolla en cuatro tiempos:

## Sexo y sentimientos

1. Rompa el envoltorio con delicadeza por la marca del recorte, sin tijeras ni utilizando los dientes.
2. Coloque el preservativo en la punta del pene, preferentemente en erección, aunque no es obligatorio. ¡Cuidado con las caras del condón! La parte abultada debe ir en el exterior (¡hasta los expertos pueden equivocarse!). Si el preservativo no se desenrolla o hay que forzarlo, significa que está al revés, así que habrá que girarlo. En esto se invierte una cuarta parte de un segundo.
3. Desenrolle el preservativo colocado (escoja preferentemente uno lubricado o con depósito) y estire delicadamente de la punta del depósito de semen sujetándola con los dedos, con el fin de crear un espacio suplementario de medio o un centímetro: es la mejor manera de evitar escapes o rupturas.

Cuando llegue el día, hay que procurar «tener preparado» el preservativo (y haber abierto ya el envoltorio, porque con la pasión o las prisas podemos romperlo).

### Y a los de cuarenta, ¿qué?
Los cuarentones y otros hombres llenos de experiencia tienen dificultades a la hora de utilizar los condones, pues no en vano han estado toda su vida perfectamente sin ellos. Pero, un buen día, tienen una aventura, o se separan de su mujer, y vuelven a encontrarse «dentro del mercado», y en ese momento llega la pregunta: ¿con condón o sin condón? Las críticas y los razonamientos contrarios a la falta de ingenio se manifiestan.

«Voy a perder la erección.» Este miedo ya no se presenta cuando se practica. Es más, el preservativo ayuda incluso a mantener la erección. Lean detenidamente los párrafos que siguen.

## Cómo poner un preservativo

Rompa el envoltorio por el punto señalado, evitando estropear el preservativo.

Saque delicadamente el preservativo de su envoltura.

Antes de cualquier penetración sexual, coloque el preservativo en la punta del pene en erección, sujetando el depósito del semen.

Desenrolle el preservativo hasta la base del pene. Si no puede hacerlo con facilidad, quiere decir que lo ha puesto al revés. ¡Nunca hay que forzarlo!

Retire el preservativo inmediatamente después de la eyaculación sujetándolo en la base del pene.

## Sexo y sentimientos

«Hace de barrera para el placer.» Un preservativo de látex tiene una media de 50 a 60 micras de grosor (¡de 0,050 a 0,060 mm!).

Además, la sexualidad es un aprendizaje que apela a sistemas reflejos condicionados. Si el hombre se pasa al preservativo, es evidente que este cambio de referencia le molestará, ya que al principio tendrá sensaciones diferentes. Pero al cabo de 15 o 20 sesiones acabará por integrarlo en su esquema corporal, y el «chubasquero» no le molestará más. El placer que obtenga con condón será idéntico al que tenía antes sin él. Por el contrario, si el preservativo sólo se usa de vez en cuando, el reflejo condicionado no actuará y el hombre se remitirá siempre a su antiguo esquema corporal.

«Ella me notará menos.» Son muy raras las mujeres que rechazan el uso del preservativo. Pero, bueno, admitámoslo... La única solución es demostrar a la pareja que se está muy convencido de usarlo, así ella pensará que son imaginaciones suyas. Lo mejor es que sea partícipe de la acción, para que lo entienda.

«Aprieta demasiado.» Existen modelos XXL (King size, Xtra Pleasure, etc.) que tienen una media de 18,5 a 19 cm. En la farmacia puede pedirse información, y si uno no se atreve a decir que ha sido agraciado con un buen órgano, puede escribirlo en un trozo de papel, algo más discreto pero igual de eficaz.

«Estoy seguro de mí mismo, así que es inútil que me proteja.» Esta idea puede generar más de una sonrisa, pero muchos hombres piensan que, si están sanos (por lo habitual son monógamos, viven en una provincia atrasada y su prueba de VIH es negativa), no corren ningún riesgo. Es lo que hacen los avestruces, que esconden la cabeza para no ver el peligro, o es como tener un pensamiento mágico («No voy a pillar la enfermedad, así que no me lo pondré»). Olvidan que su compañera puede haber tenido relaciones por su lado y ser seropositiva. Además, no sólo está el sida; el preservativo protege de *todas* las ETS. Lo más increíble es que algunos hombres están dispuestos a pagar más caro a una prostituta para que esta acepte la relación sin nada: hablamos de... kamikazes del sexo.

«No es romántico.» Cierto, *a priori* es menos espontáneo (aunque si lo hemos dejado a mano...), pero ¿es más romántico levantarse por la mañana con el miedo instalado en la cabeza? La noche feroz ha pasado, el extravío está olvidado, y uno se dice a sí mismo que ha sido terriblemente inconsciente por hacer el amor sin protección. ¡Maldita debilidad! Sin látex de por medio, sólo queda la prueba de embarazo o la del sida.

## Para todos los gustos

Desde 1998, todos los preservativos deben estar fabricados según la norma europea (CE), que es garantía de calidad y fiabilidad. Existen preservativos de diferentes tallas y colores, de gustos variados, de texturas y formas nuevas. Cada vez los hacen más finos, más suaves, lubricados o no, con o sin depósito, a precios muy distintos, o incluso gratuitos para los menores en centros de planificación familiar. Para los alérgicos al látex existe un preservativo masculino en poliuretano, el Durex Avanti. También encontramos el Cristal de la marca Manix, hecho de un látex muy purificado que minimiza los riesgos, pero hay que saber que las verdaderas alergias al látex son raras: las irritaciones o inflamaciones que se observan se deben normalmente a una mala lubricación o a una ETS mal curada.

### Cuándo ponérselo

Como hemos dicho anteriormente, antes de los primeros achuchones, hay que abrir el envoltorio y dejar el preservativo medio preparado para no tener que buscarlo cuando llegue el momento. Es necesario actuar *antes de la primera penetración,* y no convencerse de que después habrá tiempo de hacerlo. El contacto de piel a piel es, sin duda, más dulce y agradable, pero hay que saber que sin preservativo no se está protegido en absoluto de las ETS. Con una compañera que se supone fiel no pasa nada, pero con una nueva pareja es mucho más arriesgado. Además, a lo largo del juego sexual y de las primeras penetraciones, el orgasmo puede venir de manera brusca y rápida. Una gota de líquido preeyaculatorio se emite segundos antes de la eyaculación, sin que ni siquiera lo percibamos. Y en esa gota que parece tan poca cosa puede haber centenares de espermatozoides.

### Cuándo quitarlo

Inmediatamente después de la eyaculación hay que retirarse y quitar el preservativo. Desgraciadamente, es desaconsejable quedarse sin hacer nada, bien calentito, porque el pene se encoge, el preservativo ya no queda lo suficientemente apretado y el esperma puede deslizarse hasta el interior de la vagina. Así que lo mejor es actuar valerosamente, sujetando con firmeza el preservativo por la base del pene para impedir que resbale o se vacíe dentro de la vagina. A continuación, haga un nudo y tírelo a la basura. ¿Puede estarse en contacto íntimo, pegado uno al otro en el exterior, después de la eyaculación? Si la compañera toma la píldora, no supone ningún peligro. En caso contrario, existe un mínimo riesgo de embarazo.

## El condón protege de todo, hasta de la preocupación

Vicente vino a la consulta con su mujer para iniciar una fecundación in vitro (FIV). La pareja estaba muy enamorada y todo iba muy bien. Las pruebas del procedimiento habitual habían empezado, y la del VIH es obligatoria en toda tentativa de FIV. Entonces, en medio de la calma, ¡llegó la tempestad! La prueba de Vicente dio positivo, y la de su mujer, negativo. La conclusión la sacó ella misma: ¡él había tenido una relación extraconyugal sin protección! Sólo una, admitió Vicente. Seguro de sí mismo (su primer despropósito) y de su mujer, había juzgado conveniente no usar preservativo con su compañera (de trabajo). Confiaba en ella, y ella en él, y con el impulso de la pasión ninguno se atrevió a tirar un rayo de sospecha o de desconfianza contra el otro. Pero la dama era seropositiva sin saberlo. Esta historia verídica, aunque quizás algo banal, muestra hasta qué punto puede cambiar la vida en un instante. Por ese «pequeño detalle», su mujer lo dejó...

### ⇢ Marcha atrás

Se trata de una técnica natural de contracepción tan vieja como el mundo pero, ¡nada eficaz! Incluso los que poseen un magnífico control sexual y se retiran «como quieren y cuando quieren» no pueden controlar siempre la emisión del líquido preeyaculatorio anterior al orgasmo. De ahí los fracasos del método natural en una de cada tres veces. Además, resulta muy frustrante tanto para uno mismo como para la pareja tener que retirarse para eyacular en el exterior, justo en el momento en que se llega. Esto obliga a estar permanentemente bajo vigilancia e impide relajarse, mientras que lo característico en el placer del orgasmo es justamente la pérdida total de control.

## ¿Y la píldora para hombres?

Los proyectos y los estudios no escasean. Se empezó por intentar copiar la píldora de las mujeres adaptándola a los hombres. Esta aportaba testosterona y progestativos pero, como estas hormonas hacían que los testículos estuviesen en reposo, se observaba un descenso de la libido. Se ha probado la vía de la inyección de testosterona dos veces por semana, pero tampoco resulta práctica, con un incremento del acné y del vello corporal, pérdida del cabello y aumento de peso y de los trastornos del humor. El método más prometedor es el de la vacuna: una sola inyección anual (en el hombre o en la mujer) que inmuniza contra los espermatozoides.

# La contracepción que recae en la pareja

→ **Píldora y condón: ¡lo ideal!**
Con los adolescentes y las mujeres de menos de treinta años, es recomendable una doble protección desde el primer momento, ya que la fertilidad está en su máximo nivel. El dispo-

sitivo intrauterino (DIU) es desaconsejable (a causa del elevado riesgo de infección), y la píldora representa la contracepción más segura y la mejor adaptada, con sólo un 0,5 % de fracasos. El preservativo es preferible cuando no se mantiene una relación sexual estable con una persona fiel. Muchas mujeres se sienten más seguras cuando su compañero les propone el condón, aunque estén completamente seguras de que su pareja está sana y es fiel.

### → Espermicidas (esponjas, cremas)

Se trata de sustancias que se colocan en la vagina y que actúan localmente. Como su propio nombre indica, destruyen los espermatozoides. Su porcentaje de fracaso es superior o igual al 5 %, menos eficaz que la píldora o el preservativo, pero siempre mejor que nada.

Cuando la compañera no usa ningún método serio de contracepción o ha olvidado tomarse la píldora en algún momento del ciclo, puede combinarse el preservativo con un espermicida para reducir el riesgo de embarazo. De todas maneras, estos productos presentan una ventaja doble: se consiguen sin receta en la farmacia y permiten, a su vez, una relativa espontaneidad (no hay necesidad de pensar en ello todos los días, como sucede con la píldora). Se usan como mínimo diez minutos antes (excepto la esponja) y exigen que la limpieza después de la relación sea superficial (sobre todo sin nada de jabón). El hombre no siente irritación, escozor ni sensación de quemazón. La esponja puede guardarse durante veinticuatro horas seguidas conservando su efecto protector.

## → Otros métodos naturales para nostálgicos o los kamikazes...

### Método Ogino o elección del día 14

Es una técnica muy tentadora, pero infinitamente menos eficaz que la píldora. Se afirma que, si se evita toda relación el día que se ovula (el decimocuarto), puede impedirse la fecundación. ¡Pues no! Hay que saber que la ovulación en realidad puede producirse en cualquier momento. Las mujeres no están programadas necesariamente como un reloj. Las que tienen un ciclo de veintiocho días tienen la ovulación normalmente el día 14 antes de la regla, o sea, hacia la mitad del ciclo. Pero basta que haya cierto grado de estrés, una emoción intensa o un viaje en avión para que el ciclo se trastorne y la ovulación se dé antes o después. Incluso puede suceder (afortunadamente es algo raro) que el orgasmo provoque una emoción tan fuerte que suponga la puesta del óvulo. También se han observado embarazos que se producen durante las reglas o justo antes. Por otro lado, algunas mujeres tienen ciclos más cortos o más largos que los de veintiocho días. En estos casos, la ovulación no se produce el día 14, sino catorce días antes de la regla. Además, hay ciclos irregulares, ausentes o imprevisibles. Eso hace imposible calcular su periodo más propicio.

En definitiva, la presunta fecha de la ovulación no es el único parámetro «técnico» que hay que tener en cuenta. Un espermatozoide fogoso puede vivir hasta cuatro o cinco días en las vías genitales femeninas (con una media de dos a tres días). El periodo de riesgo se sitúa entonces tres días antes y tres días después de la ovulación. Pero, insistimos, todas estas cuentas de la abuela ¡no son muy fiables!

**Otras técnicas naturales**
Todas ellas resultan poco eficaces:
   **Método de la temperatura.** Utilizado en otra época, intenta localizar la emisión del óvulo gracias a la subida de temperatura del día siguiente al que se produce (más de 37 °C).
   **Método Billings.** Se basa en la naturaleza del estado del flujo secretado por el cuello del útero, que va modificándose a lo largo del ciclo.

La tasa de fracasos de estos dos métodos se estima en un 15 %, y hasta en un 20 %. Hoy en día, estos métodos se reservan a las parejas... que subestiman su fertilidad o sueñan con tener un hijo sin saberlo. No son nada aconsejables para las mujeres con más de cuarenta años: sus ciclos, muy caprichosos, hacen que sea aún más arriesgado.

## La contracepción que recae sobre la mujer

⇢ **Píldora**
Es el método anticonceptivo por excelencia para las adolescentes, pero también para el resto de las mujeres. Es seguro y puede utilizarse pocos meses después de las primeras reglas, si se quiere durante años y casi hasta la menopausia.
   La píldora clásica contiene dos tipos de hormonas cercanas a las femeninas naturales: los estrógenos y la progesterona. Se habla entonces de píldora «estroprogestativa». Su objetivo es bloquear la ovulación. Debe tomarse durante las tres primeras semanas del ciclo, seguido de siete días de descanso. Otras pastillas sólo contienen progestativos en dosis bajas: se

## Sexo y sentimientos

trata de las «micropíldoras». Su mecanismo funciona de manera diferente pues no bloquean la ovulación sino la flema secretada en el útero, que va cambiando y se espesa, de modo que los espermatozoides no pueden circular con normalidad ni implantarse en la pared uterina. Esta píldora tiene que tomarse de manera continuada, los siete días de la semana, ciclo tras ciclo, y a una hora fija.

La píldora protege desde el primer día siempre que se tome todos los días hasta terminar la caja. No se vende libremente, independientemente de la marca que sea, y tiene que estar recetada obligatoriamente por un médico. Se trata de un verdadero medicamento, hay que saber usarlo, entender cómo «funciona», estar segura de que no existen contraindicaciones y saber que no es muy bueno combinarlo con el tabaco.

Según la marca, puede entrar por la Seguridad Social o no. No obstante, las menores pueden conseguirlas por medio de la planificación familiar, de forma anónima y gratuita.

### Preguntas

◇ **¿La píldora tiene algún efecto sobre la libido?**

*Es difícil responder científicamente a esta pregunta. A pesar de los numerosos estudios que se han realizado, no ha podido comprobarse ninguna evidencia en ninguno de los dos sentidos. A veces es sospechosa de hacer que el deseo descienda, y desempeña el papel de cabeza de turco de todos los males de la pareja, lo que impide que pueda cuestionarse con más profundidad. Pero ¿es cierto que frena el deseo o el placer?, ¿son unas fuertes ganas de tener hijos, expresadas con una disminución del deseo, las que hacen que inconscientemente se rechace la píldora?, ¿las dificultades de la pareja hacen que el sexo pase a un segundo plano? Toda pareja tiene que poder responder honestamente a estas preguntas...*

## Cómo evitar un embarazo o «programarlo»

### ◇ ¿Y si nos olvidamos de tomar la píldora antes de una relación?

Generalmente, los olvidos al principio de la caja son más preocupantes que los del final.

Si el olvido es de menos de doce horas, la mujer debe tomársela de inmediato y continuar normalmente (lo que puede suponer tomarse la píldora dos veces el día del descuido). En caso de que se trate de una micropíldora, que tiene que tomarse a una hora relativamente fija, hay que tener en cuenta que no se está protegida, por lo que habrá que utilizar un preservativo o un espermicida local.

Si el olvido es de más de doce horas, o incluso de veinticuatro, tendrá que tomarse el doble de precauciones en las relaciones que vengan después y utilizar píldora y preservativo (o espermicida) a la vez hasta el final de la caja.

Si una relación se produce justo antes del olvido de la toma, lo mejor es leer el prospecto.

### ◇ ¿Qué hay que hacer en caso de accidente?

Preservativo roto, píldora olvidada, relación sin protección... Existen dos soluciones para remediar estos fallos: la «píldora del día después» y el «DIU de urgencia». Contrariamente a lo que piensa mucha gente, estos métodos no están reservados sólo a los adolescentes: son válidos en todas las etapas de la vida sexual.

La píldora del día después es un método preventivo que se utiliza en los tres días siguientes a la relación de riesgo. Puede tomarse un comprimido de progesterona (NorLevo®) seguido de otro igual doce horas más tarde (esto representa a tomar a la vez 25 comprimidos de la píldora Microval® [levonorgestrel]). Esta dosis hormonal impide la anidación del óvulo fecundado, que no puede desarrollarse. Estudios recientes de la Organización Mundial de la Salud muestran que incluso una toma única de dos comprimidos resulta aún más eficaz.

Hay que tener en cuenta que, cuanto antes se tome la píldora del día después, mayor es su eficacia: hasta del 95% en las siguientes 24 horas, de un 85% de 24 a 48 horas y de un 58% de 48 a 72 horas. Existen otras dos clases de píldoras, Stédiril® (norgestrel) y Minidril® (etinilestradiol), con una eficacia menor: del 77% frente al 95 % de NorLevo®, si se toma en condiciones óptimas.[38]

El DIU de urgencia, si se coloca en los ocho días siguientes a la relación sin protección, evita que se produzca la implantación del óvulo. A menudo se continúa usando después como método anticonceptivo.

◇ **¿La píldora del día después es eficaz en todos los casos?**
No, pero es una solución de emergencia muy eficaz que puede tomarse de una forma rápida justo después de la relación. La eficacia de un mismo producto varía del 95 al 58% de los casos. Las reglas llegan normalmente en las fechas habituales, a veces un poco antes o un poco después. Pasados cinco días de retraso es necesario consultar con un médico, porque puede significar que hay embarazo a pesar del tratamiento.

◇ **¿Mi pareja puede tomar la píldora del día después en todas las relaciones, en torno al día 14, en vez de tomar la píldora todos los días?**
No. La píldora del día después es un anticonceptivo mucho menos eficaz que la píldora clásica, que se toma en pequeñas dosis

---
38. Fuente: www.planning-familial.org

*pero a diario. La píldora del día después es demasiado fuerte y menos tolerada, y a largo plazo puede presentar riesgos serios para la salud. Además, como ya hemos dicho, todas las relaciones sin protección son actos potencialmente fecundos.*

## Interrupción voluntaria del embarazo

Si la píldora del día después no ha podido tomarse a tiempo y se produce el embarazo, puede seguirse adelante o solicitar una interrupción voluntaria del embarazo (*IVE* significa «aborto»).

El número de IVE se estima, en Francia, sobre los 220.000 por año. Si observamos la curva acampanada que representa el número de IVE en función de la edad, vemos en un extremo a las de 15 a 19 años, que realizan un total de 16.000 interrupciones, y en el otro, a las de 35 a 39 años, que representan unas 24.000 IVE, a las que se suman las 9.000 IVE de la franja que va de los 40 a los 44 años.

Así, el número de IVE en las de más de 40 años no resulta nada insignificante: las mujeres se consideran menos fértiles y dejan de protegerse de una forma eficaz, incluso para demostrarse a sí mismas que son capaces de tener un hijo.

En España, el total de abortos registrados en el año 2002, en mujeres de 15 a 44 años, fue de 77.125, siendo de 79.788 en el 2003. En el mismo año 2002, el riesgo de la salud materna justificó el 96,81 % de los abortos. El riesgo fetal, el 3,03. La violación justificó el 0,03. Varios motivos: el 0,13 %. Por regiones o Comunidades Autónomas, se llevan la palma Cataluña (15.373 en el 2003), Madrid (15.434 en el mismo año) y

Andalucía (14.280). En el mismo periodo, las adolescentes que abortaron fueron 70 en Andalucía, 52 en Cataluña y 35 en Madrid, según los registros del Instituto de la Mujer del Ministerio de Trabajo y Asuntos Sociales. Para cinco mujeres de cada seis el recurso del aborto es accidental y excepcional. De este modo, la IVE no representa un método anticonceptivo.

Existen dos técnicas: la aspiración uterina (se aspira el embrión) con anestesia local o general, y el tratamiento médico, que está reservado a las mujeres embarazadas de menos de cinco semanas (siete semanas después de la última regla). La píldora $RU_486$ provoca una expulsión del embrión parecida a un aborto natural.

En Francia, la solicitud de abortos comporta unas gestiones obligatorias tanto para uno como para el otro método (quirúrgico o con la píldora $RU_486$). Las disposiciones legales comprenden dos visitas médicas y una entrevista con la asistente social (esta última es obligatoria para las menores y está aconsejada más allá de los 18 años). Todas estas gestiones pueden ser hechas directamente en un mismo centro sanitario con la condición de que forme parte de la red asistencial. Hay que remarcar que las menores precisan autorización paterna (y que se presenten acompañadas de un adulto), además, desde mayo de 2002, el seguro de enfermedad permite hacerse cargo de los gastos del aborto legal en Francia. También es gratuito para los beneficiarios de la CMU (Confederación de Mutuas) y para aquellas mujeres que tengan este derecho.

En España, los supuestos legales del aborto son tres, siempre que el aborto se practique antes de las 22 semanas del feto: que exista un peligro para la salud de la madre, para el feto (de manera que presente irregularidades en la amniocentesis) o que haya existido violación. En estos casos, la Seguridad Social corre con los gastos del aborto. Sin embargo, en la realidad estos supuestos son mínimos como hemos visto en las estadísticas y el riesgo de salud de la madre supone el 96,81 en el año 2002. Claro que en este supuesto es donde se colocan las potencialidades de mengua de salud psicológica que, firmadas por un médico, se convierten en supuestos legales, practicados o no por centros públicos o privados.

## La decisión de tener un bebé...

### ⇢ Un hijo, ¡si puedo!

Después de usar métodos contraceptivos durante años, muchas mujeres esperan quedarse embarazadas en los dos o tres meses siguientes al cese de la protección. Arrastradas por la ilusión, se dicen: «Si con píldora no tenemos hijos, sin píldora tendremos uno». Pues bien, está lejos de ser tan sencillo, y las cifras lo demuestran: las posibilidades de quedarse embarazada en cada uno de los ciclos descienden a un 25 % con 25 años, a un 12 % con 35, a un 8 % con 40 y a un 2 % con 42. A este porcentaje se le denomina fecundabilidad. Al cabo de un año, el 80 % de las parejas (con una fecundabilidad del 25 %) tendrán un hijo, y esto se producirá después de 18 meses en el 90 % de los casos.

### ⇢ Cuándo hay que preocuparse

«El intervalo teórico a partir del cual una infertilidad es médicamente tenida en cuenta va desde los dieciocho meses a los dos años cuando la pareja no tiene antecedentes particulares.

No obstante, puede proponerse un pronóstico más prematuro en determinados casos muy concretos, si la edad de la pareja es avanzada o cuando existan factores que señalan un motivo de esterilidad (antecedentes de infecciones genitales severas en la mujer o de operación de testículos en el hombre).»[39]

Las causas de la infertilidad se reparten de la manera siguiente: 30 % en la mujer, 30 % en el hombre y el 40 % afecta a la pareja (algunos de estos casos resulta inexplicable).

No obstante, algunas parejas pueden ser más agraciadas que otras en términos de fertilidad: un hombre poco fértil tendrá un hijo sin problemas con una mujer que sea muy fértil, pero contará con más dificultades con una mujer hipofértil como él.

### → Causas de la infertilidad en el hombre

*Causas médicas:* en la mayoría de los casos, los espermatozoides son los causantes. Pueden estar ausentes (azoospermia), en número insuficiente (oligospermia) o, a veces, con poca movilidad (astenospermia), y cuando presentan diversas anomalías en la forma se habla de teratospermia. También intervienen otros motivos. Por ejemplo, los canales que conducen a los espermatozoides desde los testículos hacia la uretra pueden estar taponados a causa de una infección o como secuela de una intervención quirúrgica en la zona genital (hernia, etc.). El varicocele es una dilatación de las venas que hay encima del testículo; en ocasiones, puede constituir el origen de una infertilidad.

*ETS:* cada vez más numerosas, provocan infecciones que afectan a la producción de espermatozoides y pueden ocasionar lesiones en los tubos seminíferos que las generan (véase el capítulo 8, «Cómo evitar las ETS y el sida»).

---

39. René Frydman y François Olivennes, *Vaincre la stérilité*, Ed. du Rocher, 1994.

## Cómo evitar un embarazo o «programarlo»

*Paperas:* el 5 % de los hombres que han tenido paperas tienen problemas de reproducción después de la pubertad.

*Alcohol, café, tabaco y medicamentos:* juegan un papel más o menos importante.

Para los excitantes no hay nada establecido: algunos estudios muestran una alteración de los espermatozoides y una disminución de su movilidad en los fumadores, pero el fenómeno está lejos de ser sistemático. En cuanto al alcohol, actúa en la libido por la vía de la impotencia... Para el que tome medicamentos, como sustancias anticancerígenas, algunas neurolépticas, antihipertensores o antiulcerosos, ciertos antiinflamatorios y corticoides a dosis altas..., de todos ellos sabemos que pueden alterar el esperma.

*Polución:* un conjunto de estudios muestra un declive en la concentración de esperma en los últimos cincuenta años. Se han apuntado diferentes motivos. El mayor denominador común puede ser la polución o la alimentación (por aumento de estrógenos, sustancias feminizantes que se encuentran en la comida, los abonos y la contaminación del aire).

*Pantalones demasiado apretados y calzoncillos muy ajustados:* pueden tener un papel muy modesto. Sabemos que la temperatura ideal de los testículos es de 35 °C; a partir de ahí, la calidad del esperma y su ritmo de reproducción pueden verse afectados.

*Profesiones «de riesgo»:* a causa del calor, cocineros o panaderos, por ejemplo, pueden volverse hipofértiles temporalmente. Por otro lado, un gran número de estudios han demostrado que los metales pesados (plomo, mercurio), los pesticidas o los fungicidas pueden tener efectos negativos sobre la fertilidad de los trabajadores de estas industrias.

## Primera consulta de esterilidad y reconocimiento

La primera consulta puede hacerse en el médico de familia, pero el encargado de seguir y de tratar a la pareja debe ser un especialista en ginecología y obstetricia o un andrólogo. A lo largo de la primera entrevista, el médico intentará encontrar las causas médicas (o las prácticas de la pareja) susceptibles de explicar la ausencia de descendencia.

En una primera fase, hará que se realicen exámenes sencillos pero decisivos, como una prueba de curvas de temperatura en la mujer durante dos o tres meses, dosis intravenosas de hormonas en el tercer día del ciclo o una radiografía del útero. Paralelamente, se le pedirá al hombre que realice un espermiograma (análisis microscópico de las características del esperma) y un test de Hünher (o test poscoital de compatibilidad). Este último consiste en mantener una relación sexual en la víspera del análisis y, a continuación, examinar la mucosidad femenina para determinar las posibilidades de movimiento que tienen los espermatozoides en el útero. Un profundo control completo a veces puede llevar de tres a seis meses.

## Anticonceptivos... ¡y sin saberlo!

Por ignorancia o por costumbre, la pareja puede reducir sus posibilidades de fecundación sin saberlo y retrasar así la lle-

## Cómo evitar un embarazo o «programarlo»

gada de un embarazo, hasta tal punto que llegan a creerse estériles. Algunos métodos demasiado inseguros para que funcionen como anticonceptivos eficaces, si se aplican de forma frecuente, ¡resultan especialmente inoportunos cuando existe el empeño de concebir un bebé!

### Sábado, sabadete...
Una única cifra para recordar: una pareja que tiene una sola relación por semana reduce a la mitad, e incluso a tres cuartas partes, sus posibilidades de concepción en relación con una pareja que multiplica sus relaciones entre semana.

### Hay que apuntar correctamente
Es decir, apuntar a la ovulación. Esta la detectamos gracias al método de la temperatura, pero si se espera a la variación de la temperatura matinal, que indica que el óvulo ha sido expulsado para disponer el acercamiento sexual, resulta demasiado tarde, puesto que el óvulo vive sólo doce horas. De este modo, se reducen las posibilidades de fecundación de un 80 a un 95 %. Para determinarla correctamente, es mejor comprar un test de detección de la ovulación vendido en farmacias.

A partir de ahí, todo es posible: los espermatozoides sobreviven de dos a cinco días y pueden fecundar el óvulo con toda tranquilidad.

### No hay que enriquecer el esperma
Los más espabilados creen que «economizando», es decir, reduciendo su actividad sexual, van a «enriquecer su esperma». No vale la pena. De todas formas, la mucosidad del cuello uterino selecciona los espermatozoides más activos. Lo único que

hacen las relaciones reiteradas es aumentar las posibilidades de seleccionar espermatozoides «buenos» y, por lo tanto, de embarazo.

## Para jóvenes

**Una página web para aclarar nociones sobre la contracepción,** pero también para conocer la actualidad del tema y plantear preguntas: www.anticoncepcionsiglo21.com

**Un sitio dedicado al pene y a la sexualidad masculina:** www.info-pene.com

**Una postal sonora.** Si vuestra amiga toma la píldora y es despistada, decidle que existen postales de recordatorio. Puede pedírsela a su ginecólogo, quien se la facilitará de forma gratuita. Suena todos los días a la misma hora, durante tres meses, para recordar la hora de su píldora cotidiana.

**Línea Sex-Joven:** 608 102 313. Sábados y domingos, de 10 de la mañana a 10 de la noche.

## Algunos contactos

**Sociedad Española de Contracepción (SEC)**, correo electrónico: sec@sec.es, sitio web: http://www.sec.es

**REPROLINE Línea de Salud Reproductiva,** un servicio de JHPIEGO organización afiliada a la Universidad John Hopkins, es un recurso que nos permite disponer de una información actualizada sobre sexualidad. Sitio web: http://www.reproline.jhu.edu/spanish/index.htm

**Página web www.loeweb.com.** Página dedicada a los anticonceptivos orales, especializada en la mujer, pero muy interesante también para los hombres.

**Centro Joven de Anticoncepción y Sexualidad de Madrid,** c/ San Vicente Ferrer, 86, 28015 Madrid. Tel.: 91 531 66 55. Correo electrónico: cjas@centrojoven.org. Sitio web: http://www.centrojoven.org

**Centre Jove d'Anticoncepció i Sexualitat de l'Associació de Planificació Familiar de Catalunya i Balears,** c/ de la Granja, 19-21, 08035 Barcelona. Tel.: 93 415 10 00. Correo electrónico: cjas@centrejove.org. Sitio web: http://www.centrejove.org

**Para la píldora del día después.** Hay que acudir a los servicios de urgencias de los centros de atención primaria o a los centros de salud sexual y reproductiva. Se encuentra una extensa guía de direcciones en el sitio web: http://www.fpfe.org/guiasexjoven

**Federación de Planificación Familiar de España,** c/ Ponce de León, 8, 28010 Madrid. Tel.: 91 591 34 49. Correo electrónico: info@fpfe.org. Sitio web: http://www.fpfe.org

# 8
# Cómo evitar las ETS

## Y EL SIDA

Una ETS es una enfermedad que puede transmitirse mediante el contacto sexual con una persona infectada, lo que por fortuna no ocurre en todas las relaciones sexuales. En otra época, las ETS recibían el nombre de enfermedades venéreas, que venía de Venus, diosa del amor; recientemente, la denominación ha vuelto a cambiar: ahora hablamos de ITS (infecciones de transmisión sexual). Estas enfermedades son contagiosas y se transmiten entre hombres y mujeres, o entre personas del mismo sexo. En todo este capítulo hablaremos, por comodidad, de la relación heterosexual (porque es la más frecuente), pero se entiende que los riesgos son de la misma naturaleza en una relación homosexual. Sólo tiene que sustituirse el sintagma «la compañera» por «el compañero». En caso de especificidades relativas a las prácticas «homo», ya lo indicaremos...

Ninguna de las ETS resulta tan peligrosa como el sida. Algunas son banales, y otras, por el contrario, tienen que tratarse de inmediato, ya que pueden llegar a tener consecuencias serias, como la esterilidad. Uno nunca sabe con qué microbio va a toparse, así que lo mejor es utilizar por sistema un preservativo durante la relación sexual con una pareja nueva.

Hoy en día, el preservativo representa la mejor defensa contra las ETS, incluido el sida.

## Menores de treinta años, más vulnerables

Los jóvenes, sobre todo solteros, están especialmente expuestos a estas enfermedades, más aún que los hombres que mantienen relaciones estables. ¿Por qué? Por tres razones, como mínimo, una «estadística», otra «psicológica» y, la última, «biológica»:

1. Cuanto más joven se es, más parejas sexuales se tienen (al menos teóricamente), y por lo tanto más riesgos de contagio. Incluso si se es fiel, se producen encuentros con más regularidad. Y si hablamos de más encuentros, hablamos también de un riesgo más elevado.

2. Los jóvenes viven más el momento, sin tener ganas siempre de programar una relación ni de comprar preservativos con anterioridad. Aún se sienten invulnerables. También pueden situarse en la negativa y pensar que las ETS sólo las padecen los demás. No van a ponerse un preservativo o pedirle una prueba a su nueva conquista (tiene tan buena pinta...): eso estropearía el ambiente y acabaría con la compañía. Los temerarios piensan que la vida es una sucesión de riesgos, así que...

3. Las consecuencias de una ETS en los menores de treinta años son más serias porque los tejidos genitales son más frágiles, y el riesgo de complicaciones (esterilidad, por ejemplo), importante. La pérdida de la fertilidad cuando ya se tienen hijos no es tan grave como cuando aún no se han tenido.

## Mayores de treinta años, más fóbicos

A los dieciocho años no se tiene miedo a nada pero a los cuarenta puede suceder lo contrario, sobre todo si se multiplican las malas experiencias con los «microbios». Cuando se coge miedo a las ETS de forma obsesiva, pueden generarse numerosos trastornos psicosomáticos o dificultades sexuales. «Cogí esa basura por culpa de mi compañera», se queja Lucas. Mientras algunos hombres viven su infección como una miseria banal, otros, por el contrario, rechazan cualquier responsabilidad sobre su pareja, y se aterrorizan por la mínima señal en la zona genital. Las opiniones tranquilizadoras del médico no hacen ningún efecto; se sienten contaminados, «engañados por la mercadería», estafados e, incluso, agredidos. Tras estas desventuras, algunos hombres oscilan entre el impulso sexual y el miedo a nuevas amenazas. Si ceden a la tentación del placer, se sienten débiles o culpables, y si no lo hacen, frustrados y agresivos con las mujeres. Los más obsesivos llegan a ponerse lejía en el sexo después de un contacto íntimo para eliminar cualquier nuevo riesgo de contaminación. En medio de este clima más bien tenso, es muy difícil que la relación sexual resulte satisfactoria.

La enfermedad de transmisión sexual es una enfermedad «vergonzosa». «Sólo he engañado una vez a mi mujer», asegura Adrián, que ve en su blenorragia un castigo que le recuerda sus deberes como marido, ignorados en una aventura. «Empecé a tener estas quemaduras cuando mi novia me dejó», explica Víctor. «Desde que tuve la primera ETS, hace veinte años, todas mis relaciones sexuales han sido dolorosas», deplora Iván. Las ETS a veces remiten a males que encubren la culpabilidad del adulterio, o a una herida enorme a causa de una ruptura mal vivida. Actúan precisamente ahí donde los hombres ven cuestionada su virilidad. En el caso de Iván, como en muchos otros, esta dolencia esconde otra; la quemadura en la zona de la uretra focaliza toda su atención, pero olvida que antes de la ETS tenía problemas de eyaculación precoz y de impotencia. Cuando no se comenta nada de esto (ni al médico), el temor va creciendo de forma encubierta y se expresa indirectamente por trastornos funcionales o psicosomáticos: dolores genitales, fatiga sexual, insomnio, falta de apetito, etc. El miedo al contagio, la angustia o el malestar ocupan demasiado. Afortunadamente, para salir de este círculo vicioso, existen tratamientos médicos contra las ETS, contra el dolor o antineurálgicos, efectivos de inmediato. Pero una toma de conciencia psicológica, con la ayuda de un medicamento psicosomático, resulta casi siempre saludable en los casos de fobias o de «enfermedades tapadera».

## ETS no rima necesariamente con traición

Lo importante es que en una pareja las ETS pueden generar conflictos. Los consortes pueden incluso volverse agresivos: «Es culpa tuya... Me has engañado. ¿Dónde lo has cogido? ¿Cómo has podido hacerme esto?». Sospechas, dudas, celos, miedo, preocupación de abandono... Sucede de todo. Y, en esto, los ginecólogos, a pesar de sus intenciones, pueden envenenar más las cosas: una palabra de más, una alusión dudosa, una explicación errónea, rápida o demasiado inconsistente pueden representar una ventana abierta a cualquier interpretación.

## Cómo evitar las ETS y el sida

Lo que hay que saber para no imaginarse lo peor es que:

1. Un gran número de gérmenes transmitidos por contacto sexual pueden haberse cogido hace meses, o años, incluso decenios atrás, y manifestarse tardíamente. Es el caso del papilomavirus, a veces contraído en la adolescencia, y que puede originar en la mujer lesiones precancerígenas *cinco, diez o quince años más tarde*. Si el ginecólogo no pone los puntos sobre las «íes», la mujer, fiel desde su matrimonio, puede pensar que su marido la ha contagiado, y el marido, a su vez, puede imaginar que su mujer lo ha engañado o que ya era portadora del papilomavirus sin saberlo. También sucede con las infecciones de clamidia o herpes genital, que puede que vayan a casi nada, es decir, que no manifiesten ningún síntoma durante años. El 60 % de las personas que se descubren un herpes genital no saben cómo lo han cogido. Sólo existe una infección de la que sabemos con seguridad que se da por contaminación reciente: se trata de la blenorragia. Salvo esta ETS, y según el caso, es completamente inútil hacer pesquisas policiales para saber quién, cuándo y cómo. La inmensa mayoría de las veces no encontraremos la respuesta.

2. Todas las infecciones encontradas en el sexo femenino no han sido forzosamente transmitidas por vía sexual. La vagina de una mujer normalmente constituida alberga entre 100 y 1.000 millones de gérmenes por milímetro de secreción vaginal, y el ano y la boca cuentan todavía con un número mayor de gérmenes. Esta flora no supone ningún problema mientras se mantenga equilibrada. Por otro lado, el 85 % de esta flora está constituida por gérmenes «policías» (los lactobacilos), que «mantienen el orden» en la cavidad vaginal. En

caso de ruptura de este equilibrio (a causa de un aseo con demasiado jabón, por una molestia física, una infección, la toma de antibióticos...), muchos gérmenes que hasta el momento eran inofensivos se multiplican y provocan una infección vaginal. Algunos de estos gérmenes sólo pueden desarrollarse en la vagina de una mujer, y otros, por el contrario, pueden desplazarse al compañero a lo largo de la relación sexual. Por eso es importante analizarlo y tratarlo de forma sistemática.

Por todas estas razones, es mejor hablar de *enfermedades potencialmente transmisibles por vía sexual*, lo que justifica la necesidad de examinar también al compañero, a la vez que explica otra posible vía de contagio diferente.

## Cómo reconocer una ETS

No resulta evidente. Algunas ETS son fáciles de identificar (cuando uno se ve afectado, ¡normalmente no se equivoca!), pero otras pasan totalmente desapercibidas. Estas ETS difíciles de detectar son las más molestas, puesto que suelen tratarse tardíamente.

### ⇢ ETS reconocibles
**Blenorragia**
Es la más conocida de todas: se trata de la famosa gonorrea. En el hombre, se identifica porque este tiene ganas frecuentes de ir al baño, dolores y sensación de quemazón al orinar, o pus de color blanco o amarillo que sale de forma espontánea del glande. El gonococo es el germen responsable. Tres o cuatro días después de la relación sin protección, como muy tarde diez días

después, aparecen las ampollas. Es necesario visitar a un médico desde los primeros signos. La gonorrea se trata rápido y bien gracias a los antibióticos pero, si no se procura un tratamiento en el menor tiempo posible, existe el riesgo de que se produzcan complicaciones que pueden desembocar en la esterilidad por obturación de los canales eyaculadores o en daños en los testículos. Es indispensable poner al corriente a la pareja para que ella también pueda tratarse. Una mujer tarda más tiempo en notar los primeros síntomas (de varios días a algunas semanas), ya que todo sucede «en el interior» y no en la superficie. También puede tener quemaduras o pus. Si no se trata deprisa, existe el riesgo de complicaciones inmediatas (dolores, fiebre) o más tardías (infecciones de canales eyaculadores en el hombre, trompas o embarazos extrauterinos en la mujer, y esterilidad en los dos casos). Una compañera contagiada puede, a su vez, transmitir la enfermedad durante una relación sexual sin protección y volver a infectar a un hombre que ya se había desecho de sus gonococos. Es como una partida de pimpón: siempre que nos cruzamos con este germen existe el riesgo de una nueva infección. ¡Uno no se inmuniza de una vez por todas! Afortunadamente, existe un «tratamiento al minuto» sencillo, rápido y eficaz: varios comprimidos que se toman en una sola vez o con una única inyección. Las relaciones pueden retomarse en el momento en que el pus haya desaparecido, algo que normalmente sucede a la semana siguiente. Se recomienda usar preservativo durante los quince días posteriores.

## Micosis

Los especialistas ya no la consideran una ETS pero, como puede confundirse con infecciones de transmisión sexual, igualmente hablaremos de ella. Sus causantes son unos hongos minúsculos, los *Candida albicans*. En el hombre es bastante rara y se manifiesta con manchas rojas, puntos blancos e irritaciones en la zona del glande (debajo del prepucio), con irritación, picor o escozores al mínimo contacto, es decir, algo muy desagradable. Pero, a diferencia de la gonorrea, el escozor no proviene del «interior», al orinar, sino que se origina por el contacto externo de la orina con la piel del glande. El tratamiento es local y se limita al uso de una crema antimicótica durante algunos días. En las mujeres, las micosis son mucho más frecuentes: el 75 % se encontrará con este problema al menos una vez en su vida. Y, en otras, ¡el problema será casi crónico! Estas micosis se traducen también en este caso en irritación o escozores intensos en la vagina y en la vulva, con pérdidas de color blanco, espesas y abundantes. El tratamiento consiste en introducir un óvulo antimicótico en la vagina, y una crema de tratamiento para la vulva. Lo que hay que recordar: si nuestra pareja tiene micosis no puede transmitirla sexualmente, salvo en casos excepcionales. Sin embargo, la sensación de escozor puede llevarla a rechazar cualquier relación sexual.

## Condiloma

Llamado comúnmente verruga genital, se debe a unos virus denominados papilomavirus. Se manifiestan con pequeñas verrugas, a menudo microscópicas, en el glande, las zonas genitales, el pubis o la zona anal. No son nada dolorosas pero sí muy contagiosas. Una penescopia permite observar el pene con lupa. El tratamiento debe aplicarse lo antes posible; es sencillo: una crema (Aldara®) destruye las lesiones estimulando la inmunidad natural del cuerpo; el nitrógeno líquido es también muy eficaz (puede ir asociado con la crema). No hace falta señalar que la compañera también se encuentra bajo riesgo y que debe tratarse, tanto más porque algunos de los virus causantes pueden ser los responsables, años más tarde, de lesiones precancerígenas o cancerígenas. La presencia de anomalías en el cuello del útero se detecta fácilmente con un ligero *frotis* y una prueba HPV (papilomavirus humano) cada cierto tiempo. Así pues, resulta esencial que una mujer en periodo de actividad genital se haga un *frotis* regularmente para detectarse condilomas, los cuales pueden eliminarse con láser sin consecuencias graves. En cuanto a las verrugas externas, desaparecen fácilmente con una crema.

### Herpes genital

Es una hinchazón que recuerda algo a una «calentura», es decir, a un herpes labial. En el estadio más prematuro, la zona afectada (sexo, pubis, parte inferior de la espalda, nalgas, etc.) pica y escuece, y además aparecen pequeñas erupciones traslúcidas abarrotadas de virus, que se aglutinan unas contra las otras y que son muy contagiosas. En el estadio siguiente, las ampollas se secan una vez que han soltado todo su líquido. En total, la primera crisis (primoinfección) puede durar de dos a tres semanas. El tratamiento a base de antivirales tiene que aplicarse localmente desde los primeros signos, con comprimidos asociados a veces a una crema antiviral (aciclovir). Las relaciones deben evitarse o, como mínimo, hay que protegerse durante la fase contagiosa (hasta que la erupción se seque).

Desgraciadamente, se producen recaídas frecuentes. Es cuando hay que estar especialmente atento: el retorno del herpes genital, al principio, se manifiesta con escozores o picores en el lugar del brote precedente. Desde ese momento, hay que empezar a tratarlo, antes de que salga la erupción y, a modo preventivo, evitar las relaciones sexuales o, como mínimo, protegerse.

Finalmente, algunos sujetos afectados por el herpes genital pueden contaminar a sus parejas, incluso sin tener ninguna lesión visible, ya que el virus quizás está presente en las secreciones genitales sin que aparezca ningún síntoma. En ese caso, es posible aplicar tratamientos específicos para evitar el contagio.

### Tricomonas

Se trata de un viejo conocido. Este minúsculo parásito se coge casi exclusivamente por contacto sexual. En el hombre, la infección provoca algunas veces escozor al orinar, irritación, y aun unos días después, un flujo de pus parecido al de la blenorragia. En su compañera, la enfermedad se muestra por pérdidas vaginales no habituales y con mal olor, escozor y picor, y la vulva se vuelve roja e irritada. La solución consiste en tomar medicamentos antiparasitarios (cuatro comprimidos en una sola toma, desde los primeros síntomas, para los dos miembros de la pareja). No hay que tomar nada de alcohol en los dos días siguientes a la ingestión de los medicamentos. Si el tricomonas se detecta tardíamente, al cabo de una o dos semanas, el tratamiento será más largo.

### Sífilis

La creíamos una enfermedad de otra época, pero ha vuelto a ganar terreno (sobre todo entre toxicómanos, prostitutas y seropositivos). En su comienzo, se manifiesta con una erupción en el sexo o una llaga (placa pequeña y dura, no necesariamente dolorosa, que forma una especie de cráter, cuyos bordes son de color más o menos blanco y rojo). El microbio responsable, el treponema pálido, aterrizó con todas sus fuerzas hacia el siglo XIX y generaba trastornos neurológicos y, a continuación, la muerte.

En nuestros días, es el microbio el que perece gracias a un tratamiento de antibióticos muy efectivos. Lo importante es que el hombre que padezca esta infección avise a su compañera para que pueda tratarse.

## Ladillas

Se trata de unos piojos localizados exclusivamente en la zona del pubis, responsables de la pitiriasis (nombre de esta infección). Estos parásitos, provistos de seis patas, se desplazan por los pelos del pubis, por las compresas o por las toallas. Estos «vampiros» no sólo chupan la sangre de sus huéspedes para alimentarse, sino que su saliva contiene una sustancia particular que hace que den muchas ganas de rascarse. Son visibles para el ojo humano (aunque no son mucho más grandes que la cabeza de un alfiler), por lo que podemos deshacernos de ellos fácilmente afeitándonos, con la ayuda de cremas, lociones, champús o insecticidas en aerosol.

Daremos dos recomendaciones importantes para combatirlas: hay que volver a empezar el tratamiento una semana después de la primera aplicación para tener en cuenta el ciclo reproductor del insecto, y deben lavarse las sábanas y toda la ropa a altas temperaturas o con limpieza en seco para que no vuelvan a infectarse.

## → ETS poco claras

### Infecciones por micoplasmas y clamidia

No se manifiestan con ningún signo al principio pero, al cabo de varios días o semanas después de una relación sin protección, acaban por aparecer algunos síntomas: escozor al orinar, dolor en los testículos, fiebre, irritación y derrame de pus. En este estadio, se hace realmente necesario un tratamiento para evitar la esterilidad: el canal deferente puede obstruirse a causa de una infección. En la compañera: mismas causas, mismos efectos, pero ahora son las trompas las que pueden taponarse definitivamente. Para la infección por clamidia existe un tratamiento antibiótico inmediato que comporta una sola toma. Para el micoplasma, cierta cantidad es normal pero, a partir de un límite (100.000 gérmenes por mililitro), debe tratarse también con antibióticos.

### Hepatitis B

Se debe a un virus que ataca el hígado y que puede destruirlo. Esta enfermedad se transmite mediante la sangre, el esperma y las secreciones vaginales, y puede que también por la saliva, pero nunca por el sudor. Puede tenerse una hepatitis sin presentar ningún signo visible: en estos casos, sólo queda el análisis de sangre para saber si se tiene el virus o no. Por otro lado, la hepatitis provoca un tono amarillento en la piel, el «blanco» de los ojos se vuelve amarillo, uno se siente muy cansado y tiene fiebre. En el 80 % de los casos, la hepatitis B se cura sola y sin dejar secuelas, pero en el 20 % restante, el virus puede continuar desarrollándose. Una vez empieza, en menos del 5 % de los afectados la enfermedad provoca una ci-

## Cómo evitar las ETS y el sida

rrosis o un cáncer de hígado. Existe una vacuna contra la hepatitis B, que es recomendable para el soltero susceptible de tener compañeras diferentes con frecuencia, ya que así evita contraer enfermedades graves a largo plazo.

### Sida

Es causado por un virus, el VIH (virus de la inmunodeficiencia humana). Ataca progresivamente el sistema de defensas del organismo (o sistema inmunitario). Esta lenta destrucción expone a los enfermos a reiteradas infecciones llamadas infecciones «oportunistas». Antes de llegar al estadio de sida declarado, puede estarse años sin síntomas aparentes: la persona es seropositiva, no está «enferma», pero el problema está ahí, puede transmitir el virus sin saberlo y propagar la enfermedad. Gracias a los antirretrovirales, se muere cinco veces menos de sida que en el año 1996, pero el número de personas con VIH sigue creciendo en Francia (120.000 aproximadamente) y el número anual de nuevos contagios está cerca de los 5.000 casos. Todos los indicadores de tendencia confirman el relajamiento de los comportamientos de prevención *(relapse)*: la venta de los preservativos se mantiene (en vez de aumentar) y ciertas ETS, estabilizadas durante años, vuelven a fluctuar. En cuanto a los exámenes médicos preventivos, han disminuido inevitablemente desde 1994, sobre todo en los jóvenes, los solteros y los promiscuos, es decir, en los que más puede afectar el virus. Como los medicamentos tranquilizan, nos protegemos menos. Pero, si bien el tratamiento prolonga el tiempo de vida, no llega a curar, y en algunos casos provoca numerosos efectos indeseables, no siempre fáciles de sobrellevar: está lejos de ser la panacea. Mientras tanto, el preservativo es el medio —aparte de la abstinencia— que ofrece una mayor seguridad a la hora de evitar el virus. Las prácticas sexuales peligrosas (sin preservativo) son, en primer lugar, la sodomía (sobre todo en los casos de relaciones extraconyugales o de toxicomanía), la penetración vaginal y, por último, la felación. Todas las secreciones del organismo son potencialmente contaminantes (esperma, secreciones vaginales o sangre) si penetran por una pequeña herida abierta (en la vagina, en el pene o en las encías). Un ejemplo: una mujer (o un hombre) no se contagiará con el esperma de un seropositivo si el fluido está sobre la barriga pero, por el contrario, sí que podrá contagiarse por una felación con esta misma pareja si ella (o él) tiene pequeñas heridas en la boca.

## Para recordar

Si uno siente la menor irritación o escozor en la zona genital, es mucho mejor visitar al médico antes que pensar que el mal se irá solo. Y lo mismo ocurre con otras infecciones debidas a la clamidia, en que los síntomas molestos desaparecen pero los gérmenes se mantienen, y la posibilidad de contagiar también, mientras uno piensa que está curado.

La comunicación a la pareja de que se tiene una ETS es valiente, responsable y, francamente, es lo que está BIEN. Así ella puede tratarse por su lado para curarse si lo necesita. No es fácil, resulta incluso delicado, pero es muy útil para todos, hasta para uno mismo. Si ella no se trata, puede infectar de nuevo a su compañero ya curado, y a los siguientes...

## Sobre las ETS, sus signos y sus consecuencias

◇ **¿Por qué ahora se usa el término ITS en lugar de ETS?**

*El término ETS da a entender que hay enfermedad y, por lo tanto, síntomas, algo demasiado restrictivo, ya que no tiene en cuenta las infecciones de transmisión sexual sin signos aparentes, a espaldas del portador sano (condiloma, clamidia, etc.).*

◇ **¿A quién dirigirse en caso de anomalía en la zona genital?**

*Lo mejor es empezar por consultar a su médico. Este se encargará de remitirnos al especialista necesario: un dermatólogo, un ginecólogo o un centro especializado en análisis preventivos de ETS.*

◇ **¿Puede contraerse una ETS o el sida desde las primeras relaciones sin protección?**

*Desgraciadamente, sí. Basta con una sola vez si la pareja está contagiada. Y puede ser que ni siquiera lo sepa, y presentarse como una persona sana con toda su buena fe.*

◇ **¿Existe una edad que sea más favorable para las ETS?**

*No. A partir del momento en que se mantienen relaciones sexuales, incluso a los ochenta años, corremos el riesgo de coger una infección. Una sola relación es suficiente. Pero, por estadística, los jóvenes están más expuestos ya que, teóricamente, tienen más actividad sexual.*

## Sexo y sentimientos

◇ **El preservativo no protege al 100 % del embarazo pero ¿protege al 100 % de las ETS y del sida?**

No. Incluso con preservativo no se tiene un «seguro a todo riesgo». Pero, en cualquier caso, representa el mejor método que existe actualmente para protegerse de la mayoría de las ETS y del VIH, además de, evidentemente, la abstinencia. Ofrece unas garantías que difícilmente pueden ignorarse.

◇ **¿Una mala higiene puede ser responsable de estas enfermedades?**

Uno puede ducharse dos veces al día (y también la pareja) y aun así coger una ETS. Los microbios existen y nadie puede hacer nada para evitarlo. Con frecuencia ya los llevamos encima, pero en uno u otro momento se multiplican de manera anormal y entonces se vuelven peligrosos. No hay que avergonzarse de tener una ETS, pero lo que sí que es cierto es que una higiene defectuosa incrementa el riesgo de complicaciones.

◇ **Tengo un quiste en el pene, ¿puedo haberlo cogido por contacto sexual?**

No, puede que se trate simplemente de la inflamación de una glándula sebácea. Si el pequeño abultamiento no es doloroso ni purulento, puede permanecer en la misma zona durante años, pero si crece y es molesto, puede suprimirse con una sencilla operación en la misma consulta del dermatólogo o en quirófano.

◇ **Tengo sangre en el esperma, ¿se trata de una infección?**

No necesariamente. Lo más frecuente es que sólo sea un pequeño capilar en la uretra que se ha roto y que libera sangre en

## Cómo evitar las ETS y el sida

el momento de la eyaculación. El semen será de color marrón si la ruptura es de hace algún tiempo, o de un rojo vivo si es reciente. Raramente se trata de una infección. Para saberlo, el médico solicitará un espermocultivo (recogida de una muestra de líquido seminal) con el objetivo de identificar el eventual germen en cuestión e iniciar el tratamiento adaptado.

◇ **¿Un derrame uretral puede ser contagioso?**
Sí, la señal «faro» de la blenorragia es el flujo espontáneo de líquido en la punta del pene. Los culpables pueden ser tricomonas, clamidias o micoplasmas (con irritación). A veces se ve implicado más de un germen. Sin embargo, puede pasar que el derrame no sea del todo infeccioso, sino fisiológico (pequeña inflamación benigna de la uretra o de la próstata).

◇ **Mi nueva compañera se preocupa por unas manchas marrones que tengo en el pene. ¿Son normales?**
Sí, aunque con matices. Lo que suele pasar es que las manchas marrones y planas han existido siempre, sin que las hayamos notado antes. También puede ser que sean simplemente consecuencia de la edad: se instalan en el sexo como lo hacen en las manos o en la cara. Igualmente, existen enfermedades dermatológicas que se manifiestan con manchas de este tipo. En cualquier caso, no se trata de ETS.

◇ **Tengo ampollas blancas en el pene. ¿Debo dejar de mantener relaciones sexuales?**
Esta pregunta aparece muy a menudo en los foros de Internet y en la consulta, y con razón: un gran número de hombres tiene «ampollas blancas» en la corona del glande. Se trata de erup-

## Sexo y sentimientos

ciones fisiológicas y, por lo tanto, completamente normales, que forman la «corona perlada del glande». Esta rugosidad es más o menos visible según el hombre o la etapa de la vida. Una nueva compañera sorprendida o una pequeña molestia dolorosa en el sexo, y la alerta se dispara. Si sólo aparecen una o dos ampollas, se trata de otra cosa muy distinta: puede que sea un condiloma o una micosis. En ese caso, aparecerán otras señales: irritación, escozor, dolores, manchas rojas...

◇ **¿Que haya escozor durante la relación significa que existe infección?**
*Todo depende del contexto y de su localización. Puede que se trate de la falta de lubricación de la compañera (muy seca) o de una relación especialmente prolongada y fogosa. Unos minutos después, u horas más tarde, el frotamiento puede ocasionar una molestia dolorosa, un calentamiento e incluso un edema. Basta con interrumpir la actividad el tiempo necesario (por lo general unas cuarenta y ocho horas), aliviar el pene con compresas de agua fría y suministrar una crema hidratante y calmante para disminuir el escozor. Puede que también se trate de una infección de la pareja: poco lubricada —es un clásico en caso de ETS—, si nota calentamientos en su propia mucosa o si el contacto con el hombre hace que él también tenga escozores. En ese caso, hay que tratar la ETS.*

◇ **Tengo el glande pelado, ¿es peligroso?**
*Lo más frecuente es que sea a causa de un roce repetido (véase la pregunta anterior) o de una micosis que a veces pasa desapercibida. Esta última reseca la piel, lo que genera, lógicamente, una descamación. Cuando este es el único signo que hay, y*

no existe ningún problema más, no vale la pena consultarlo. Por el contrario, si persisten signos relacionados (escozor, irritaciones, etc.), se necesita un tratamiento adecuado.

◇ **Si hay erupción y pica, ¿se trata forzosamente de una ETS?**

Ante la ausencia de comportamiento o de relación de riesgo, una mancha roja, una erupción, un derrame o la presencia de escozor no son necesariamente muestras de una ETS. A menudo, las erupciones son la consecuencia de pelitos que se han infectado y que duelen. Señalan la presencia de gérmenes habituales en la piel (estafilococos, etc.). Una vez «secos», todo va mejor. Pero ante la menor duda, lo mejor es consultar con un médico. Tampoco hay que olvidar que un bulto abierto o poroso (sobre todo si es en el glande o en el pene, lejos del vello púbico) puede revelar los síntomas propios de la sífilis. Entonces, será conveniente realizar un análisis de verificación. Lo importante es que el médico se atenga al secreto profesional.

◇ **¿Una ETS se manifiesta necesariamente en el pene o en la vagina?**

No. Cada vez observamos más ETS relacionadas con relaciones extragenitales (sobre todo con la felación y la sodomía, y más raramente con el cunnilingus o el anolingus). Pueden aparecer lesiones en la boca, la garganta, el ano o incluso el dedo; una erupción de herpes o una úlcera de sífilis pueden confundirse con simples hemorroides; pequeñas ronchas en la garganta quizás aparecen por una mera angina... Dicho de otro modo, una mujer que tenga gonococos o clamidia en el fondo de la garganta puede transmitirlos mediante la felación, y viceversa: un hombre infectado que introduce su pene en la boca de su compañera también puede contagiarla.

◇ **Desde mi última relación, tengo un dolor en el testículo. ¿Qué hago?**

Un dolor persistente tiene que incitarnos a consultar con un médico a la fuerza. Puede que se trate de un simple problema mecánico o de una infección tras una relación un tanto fogosa. En ese caso, tendrá que tratarse para evitar complicaciones más serias.

◇ **Una ETS que duele mucho (o que está muy expandida) ¿es peligrosa?**

No, una ETS muy dolorosa puede curarse muy rápido y de forma correcta con el tratamiento adecuado; por el contrario, una ETS indolora (a menudo no curada) puede tener consecuencias más serias.

◇ **¿Las ETS pueden curarse solas?**

Los síntomas de algunas ETS pueden desaparecer de manera espontánea, sin tratamiento, dejando que se desvanezcan. Pero, de hecho, la infección siempre está presente, y existe el riesgo de que aparezca más tarde en forma de complicación... En caso de duda, es mejor consultarlo, ya que la enfermedad puede resurgir de una sola vez y la enfermedad puede propagarse muy rápido (si se lleva una vida descontrolada o si la compañera sale con otros hombres). Lo que no hay que hacer es llenar el botiquín de cremas antisépticas, plantas o antibióticos, por si acaso. Contra todo microbio existe un tratamiento concreto. Una bacteria se destruye sólo con antibióticos; un virus, con antivirales; un parásito, con antiparasitarios, y un hongo, con antimicóticos. Además, el remedio que nos ha funcionado tan bien la vez anterior, o que ha curado a un colega del trabajo, no tiene por qué ser necesariamente el más adecuado esta vez, para este nuevo microbio y esta ETS.

◇ **¿Una esterilidad a raíz de una ETS es forzosamente irreversible?**
*No necesariamente. Si la infección afecta sólo a un testículo, la fertilidad puede llegar a conservarse, y en caso de que se vean afectados los dos testículos y las vías eyaculatorias estén obstruidas, puede plantearse la opción de una intervención para retirar el obstáculo. Los resultados son muy relativos y dependen de lo que dure la obstrucción de los canales. Si los espermatozoides subsisten, lo único que sucede es que no pueden ser conducidos con normalidad hasta la salida. Pueden realizarse punciones directamente en su origen, en el epidídimo, y utilizarlos luego, con la ayuda de técnicas de reproducción asistida, si se desea tener hijos. En caso de que la infección esté extendida hasta los testículos (orquitis), esta quizás haya afectado incluso a la producción de espermatozoides; en ese caso, la esterilidad corre el riesgo de ser más delicada de tratar.*

*En la mujer, la afección en una sola trompa no impide que pueda quedarse embarazada. En caso de que el daño sea bilateral, puede probarse una intervención que «destape» las trompas. Lo más frecuente, hoy en día, es acudir a técnicas de reproducción asistida, ya que existen menos cirujanos que practiquen la microcirugía de las trompas.*

## ETS: los signos que deben alertarnos

**Lesiones del pene y del glande**
— Pene o glande irritados
— Pequeñas úlceras o llagas
— Verrugas más o menos numerosas que crecen muy rápido

**Lesiones del ano**
— Irritaciones
— Pequeñas úlceras o llagas
— Verrugas más o menos numerosas

**Signos urinarios**
— Flujo anormal, fuera de las emisiones de orina
— Picores y escozor en el conducto
— Irritación al orinar
— Dolores durante y después de las relaciones

**Signos asociados a una infección de la próstata o de los testículos**
— Dolor en el escroto y en los testículos (además de signos urinarios)
— Dolor en el bajo vientre y fiebre
— Dolor o molestias en la eyaculación, sólo ocasionalmente

En cualquiera de estas situaciones, es necesario consultar de urgencia a un médico, ya que estas infecciones son potencialmente graves y pueden ser el principio de una esterilidad.

Fuentes: CRIPS (www.crips.asso.fr) e Instituto Alfred Fournier (www.institutfournier.org).

## Sobre la transmisión de las ETS

◇ **¿Puede contraerse una ETS en una relación sin eyaculación?**
*Sí, es posible. Si la compañera está contagiada (por un herpes, por ejemplo), basta con un contacto íntimo (de la mucosa a la piel) para contraerla. Si somos nosotros quienes tenemos una ETS, podemos contagiar a nuestra pareja durante la erección, ya que la uretra está lubricada por el líquido preeyaculatorio (producido por glándulas) y este puede estar infectado.*

◇ **¿Las relaciones sin penetración protegen de las ETS?**
*Muchos hombres y mujeres consideran que la felación no es una penetración. ¡Esto es falso, puesto que el pene penetra en la cavidad bucal! Por lo tanto, una felación sin preservativo puede ser contagiosa. Inclusive un simple beso o un contacto piel con piel puede transmitir el herpes u otras infecciones, pero esto es algo más raro. Asimismo, el hecho de introducir los dedos en la vagina no está exento de riesgo, aunque este sea infinitamente menor que durante la penetración vaginal o anal.*

◇ **¿Pueden contraerse enfermedades con un vibrador?**
*A priori, si la pareja es la única que lo utiliza (o uno mismo), no hay ningún problema. Ahora bien, si pasa de mano en mano y no se limpia cuidadosamente, es otra historia...*

◇ **¿Pueden contraerse ETS por las toallas o en sitios públicos?**
*En efecto, existen casos de vulvovaginitis con tricomonas tras una contaminación por las toallas o después de un baño toma-*

do con la madre. Pero seamos claros: este fenómeno representa un caso excepcional. Los tricomonas sobreviven muy poco tiempo fuera del medio vaginal, y aún menos sobre la ropa. En cuanto a las infecciones contraídas en lugares públicos (baños, etc.), es un viejo mito que hay que desterrar.

### ◇ ¿Pueden cogerse infecciones en las piscinas?

No, no existe ningún riesgo de contraer ni la más insignificante de las ETS en la piscina, con todos los desinfectantes que el agua contiene.

### ◇ Mi mujer a menudo tiene micosis, ¿puede transmitírmelas sexualmente?

No. Cuando una mujer toma antibióticos, por ejemplo, su flora vaginal puede encontrarse desequilibrada, y los Candida albicans, presentes normalmente en la vagina, se desarrollan y provocan una micosis vaginal. Pero el pene se defiende perfectamente contra este tipo de gérmenes en el 99,9% de los casos. Las excepciones se dan en los hombres diabéticos, puesto que sus defensas locales son más reducidas.

Desde 1999, las micosis no forman parte de la lista «oficial» de las ETS.

### ◇ ¿Un hombre puede ser el responsable de las repetidas micosis de su compañera?

Por lo general, no, salvo si hay lesiones evidentes de micosis en el glande, lo que puede ocurrir en un diabético o si se tiene un prepucio largo y comprimido, que favorece la multiplicación de los Candida.

### ◇ Mi compañera tiene condilomas, y yo, no. ¿Me ha engañado?

*Normalmente, tras detectar condilomas en su compañera, el hombre también es examinado, y ahí llega el desconcierto, puesto que se enfrenta al concepto de enfermedad de transmisión sexual, que asusta.*

*Tiene que entender que el contagio de su compañera puede ser antiguo, e incluso puede estar relacionado con verrugas que ha tenido en las manos durante su infancia. Le ha bastado con secarse después de ir al baño para autocontagiarse y conservar el virus sin manifestarse durante años. Luego, con ocasión de un embarazo, de un exceso de relaciones sexuales o de cualquier tipo de estrés, el virus se ha reactivado. En el hombre, este modo de autocontagio es mucho más raro, puesto que los mecanismos de defensa del pene son más sofisticados. De todas formas, para responder a la pregunta: no, ella no tiene por qué haber sido forzosamente infiel.*

### ◇ Tengo herpes labial, ¿puedo contagiar a mi compañera lamiéndole?

*Sí. No hace mucho aún se consideraba que había herpes de tipo 1 (labial) y de tipo 2 (genital), y se pensaba que no existía ninguna relación entre las dos afecciones. Ahora sabemos que el herpes de tipo 1 puede provocar lesiones (ampollas, dolores) también en la zona genital, y viceversa.*

*Dicho de otro modo: durante un cunnilingus (o una felación), hay cierto riesgo de contagio si existe un eccema en el labio. También sabemos que el virus de tipo 1 puede producir lesiones en las manos (panadizos herpéticos). Estos últimos a menudo son subestimados en el pronóstico, pero potencialmen-*

te infecciosos en caso de caricias donde existen mucosas. Por eso hay que tomar todas las precauciones posibles durante la fase contagiosa (manchas rojas, aparición de ampollas), para no contagiar a la compañera o ser contagiado por ella si esta cuenta con una erupción de herpes.

Por el contrario, no existe la autocontaminación del virus. Este se pasea sobre uno yendo de la boca a la zona genital.

◇ **¿Puede pillarse un herpes (bucal o genital) de alguien que te da la mano en plena crisis?**

Esto no son más que rumores que circulan y que no tienen ningún fundamento.

Para que haya transmisión, e infección, es necesario que haya cierta cantidad de virus emitida, lo que sólo ocurre con las llagas (bucales o genitales), y que el contacto se produzca en zonas del receptor donde hay mucosas. Estas mucosas se defienden gracias a un «sistema de barreras» que está preparado, y eliminan la mayoría de los gérmenes. Los dos o tres virus que se baten a duelo en las manos no tienen, por tanto, ninguna posibilidad de infectar a nadie.

◇ **¿Pueden los gérmenes de la micosis bucal transmitirse a la pareja?**

No. Si se trata de estomatitis micósica (micosis bucal), no existe riesgo de transmisión.

Los hongos inoculados a lo largo del acto sexual son controlados por las defensas vaginales (o del sexo masculino durante una felación). Por otro lado, esta infección es algo rara y afecta normalmente a personas inmunodeprimidas o seropositivas de VIH.

## Cómo evitar las ETS y el sida

◇ **¿Hay más protección contra las ETS y el sida si se usan dos condones?**
No, más bien pasa lo contrario. El riesgo de rotura a causa de la fricción es mayor, y por lo tanto, también el riesgo de una infección.

◇ **¿Protegen la píldora y los espermicidas de las ETS?**
No, sólo protegen de los embarazos.

◇ **¿Puede contraerse la hepatitis C por medio de relaciones sexuales?**
La respuesta es no, o sólo como algo excepcional. Hoy en día, la hepatitis C se adquiere casi exclusivamente por intercambio de jeringas contaminadas o bajo cualquier situación en que se tenga contacto con sangre infectada (pírsines o tatuajes cuando el material no está esterilizado, intercambio de pendientes, etc.). No existe vacuna para este tipo de hepatitis.

◇ **¿Podemos saber fácilmente si nuestra compañera tiene una ETS o el sida?**
No, no resulta evidente del todo. Una mujer puede estar infectada sin sospecharlo y transmitir la enfermedad con buena fe. Las muestras visibles por medio de las cuales puede evidenciarse son: dolores poco habituales durante la relación sexual, escozores o picores en la zona vaginal, o pérdidas que huelen mal y que manchan la ropa interior.

En cuanto al sida, sobre todo en el estadio de la seropositividad, no se nota ni en el rostro ni en el comportamiento. Al principio, la enfermedad no es dolorosa en absoluto... Sólo puede saberse con la prueba.

## Sobre el sida en particular

◇ **¿Puede contraerse el sida si ambos integrantes de la pareja son vírgenes?**
*No, no hay ningún riesgo, a menos que uno de ellos, o ambos, sea toxicómano y haya usado jeringas contagiadas. Una pareja virgen (que no ha tenido ningún contacto sexual) no puede contraer ETS. Otra dificultad: ¿se está seguro de que la pareja es virgen y nunca ha realizado juegos sexuales en la entrada de la vagina o del ano? Actualmente sabemos que, por motivos culturales o religiosos, muchas mujeres «preservan» su himen para no ser deshonradas, pero aceptan la sodomía y la felación...*

◇ **¿Qué modos de transmisión del sida son los más frecuentes?**
*En las personas infectadas, el virus está presente de forma masiva en la sangre, el esperma, las secreciones vaginales y la leche materna. Por el contrario, en las lágrimas, la saliva y la orina, su concentración es tan débil que no existe ningún riesgo de contagio.*

*La transmisión por transfusión de sangre casi ha desaparecido. Queda la transmisión entre los consumidores de drogas, y sobre todo, la sexual. El riesgo de contagio todavía resulta elevado en algunas situaciones: enfermedad de transmisión sexual asociada, relación sexual durante la regla, violencia sexual o carga viral elevada en el sujeto infectado.*

◇ **¿El sida se transmite durante la penetración o durante la eyaculación?**
*El mayor riesgo tiene lugar en la eyaculación. Si se es seropositivo, entonces puede transmitirse el virus del sida en ese mo-*

mento, pero también antes, durante la emisión del líquido preseminal (justo antes del orgasmo) que alberga el VIH en cantidades más pequeñas, pero que igualmente lo contiene.

◇ **¿Puede transmitirse (o contraerse) el sida con una felación?**
Sí. Hasta el momento, el riesgo había sido ampliamente subestimado pero un estudio norteamericano[40] ha modificado estos datos por completo.

Se ha interrogado sobre las prácticas sexuales a 102 homosexuales que acababan de saber que eran seropositivos. De estos, cerca del 8% confirmaron que practicaban la felación sin preservativo (por precaución, los autores han eliminado los otros comportamientos que podían haber sido responsables de la infección de VIH). De este modo, el riesgo de infección por esta vía está comprobado.

¿Qué deducimos de esto? Primero, en una relación homosexual, no existe salvación sin preservativo, sobre todo con una pareja nueva. Antes de cualquier felación, hay que evitar lavarse los dientes, que hace que las encías sean más sensibles y que permite que el virus VIH se transmita con más facilidad. En una relación hetero, hay que tomar todas las precauciones necesarias en el caso de ser seropositivo o de no haberse hecho la prueba en varios meses. La eyaculación en la boca de la compañera aumenta el riesgo. Existen modelos de preservativos no lubricados (más agradables para esta práctica) y de varios gustos (vainilla, fresa, etc.).

---

40. «Primary HIV infections associated with oral transmission», Centros para el Control y la Prevención de Enfermedades (CDC) de Atlanta, 7.ª Conferencia sobre los Retrovirus y las Infecciones Oportunistas, 30 enero-2 febrero de 2000.

### ◇ ¿El cunnilingus y el anolingus son peligrosos?

El hecho de lamer el sexo o el ano de la pareja no está libre de riesgo, aunque sea muy tenue. Puede practicarse con la compañera de forma razonable si esta (o este) es fiel. Los más inquietos deben evitar lavarse los dientes para minimizar la amenaza. Cuidado con el periodo de las reglas, porque por la sangre pasa un elevado número de virus.

### ◇ ¿Qué significa exactamente la expresión *sexo seguro*?

En sus orígenes, el sexo seguro era una práctica propia de los ambientes gais, que siguió a los primeros estragos producidos por el sida; luego se extendió a los heteros, como la abstinencia permanente de antaño.

Consiste en evitar cualquier contacto con las mucosas, y sobre todo, cualquier penetración durante el acto sexual, y proporcionarse placer de todas maneras. Esto significa masturbarse mutuamente, o cada uno por su lado, abrazarse, acariciarse, pero no mucho más... a pesar de las afinidades. Gracias a ello, efectivamente, se consigue un riesgo nulo. Pero ¿cuánto tiempo puede aguantarse en este punto?

### ◇ ¿Cuándo abandonar el preservativo con la pareja?

Puede decidirse prescindir del preservativo cuando se tiene una relación estable y de confianza con ella desde hace meses. Entonces cada uno tendrá que hacerse la prueba del VIH para estar completamente seguros de que ninguno de los dos es seropositivo. Asimismo, no hay que olvidar hacerse la prueba de la hepatitis B. El sida no es la única enfermedad potencialmente grave...

### Cómo evitar las ETS y el sida

◇ **He pasado por una situación de riesgo, ¿debo hacerme la prueba?**

Sí. En caso de haber mantenido una relación sin protección o de haber usado un preservativo defectuoso con una compañera nueva, es mejor hacerse la prueba del VIH. Puede ser prescrita por el médico habitual y realizarla en un laboratorio de análisis médicos. La Seguridad Social cubre el 100% del importe. Si prefiere hacerse de forma anónima, puede irse directamente a un médico privado. Otras soluciones: la planificación familiar, el ambulatorio, el centro de ETS o la mutua. Consulte las direcciones que aparecen en las siguientes páginas.

◇ **Si uno está preocupado, ¿cuánto tiempo tiene que esperar para hacerse la prueba?**

Las recomendaciones oficiales y medicolegales, de acuerdo con los datos de la OMS, consideran que la prueba Elisa sólo es fiable de forma definitiva al cabo de tres meses. El procedimiento que hay que seguir es el siguiente: si el test Elisa es negativo, estamos seguros en un 100% de ser seronegativos, y por lo tanto de estar completamente sanos; si el test es positivo, es indispensable realizar otra prueba para confirmarlo, la Western Blot. Estas pruebas se apoyan sobre la reacción de defensa inmunitaria provocada por el VIH en el organismo. Sólo son funcionales al cabo de varias semanas después del contagio, el tiempo necesario para que los anticuerpos aparezcan en la sangre de la persona seropositiva. En la práctica, en los centros hospitalarios y en los de diagnóstico precoz, se considera que el test Elisa aporta una respuesta definitiva y fiable al cabo de dos meses. Pero dos meses es mucho tiempo, y a veces se hace insoportable la espera, por lo que numerosos centros proponen análisis llamados de «4.ª gene-

## Sexo y sentimientos

ración» que proporcionan datos fiables al cabo de sólo tres semanas o un mes, y con una fiabilidad superior al 90%. La confirmación del resultado se realiza un mes más tarde.

Asimismo, es posible aplicar pruebas todavía más precoces, aunque su eficacia sea algo menor. Se trata de la búsqueda del antígeno p24, una proteína del virus presente en la sangre antes de la aparición de los anticuerpos. Si el test relativo al antígeno p24 es positivo, permite afirmar que el paciente está afectado; si es negativo, no elimina completamente el diagnóstico y será necesario hacer un test de confirmación un poco más adelante...

◇ **¿Aparecen signos físicos desde la primera infección?**
Sí. La «primoinfección», que llega después del contagio, viene acompañada dos de cada tres veces de algunos síntomas, pero resultan tan banales que es muy difícil interpretarlos bien: fiebre, cansancio, diarrea, vómitos, agujetas o anginas, durante más o menos tiempo, más o menos fuerte. Durante esta fase, el enfermo está en su periodo de máximo contagio. A continuación, se vuelve completamente asintomático, mientras el virus se multiplica y se integra en un gran número de células del organismo. A la mínima sospecha, y frente a estos signos días después de una relación sin protección, lo mejor es hacerse la prueba del VIH.

◇ **¿Durante cuánto tiempo se puede ser un portador sano?**
Los especialistas consideran que un seropositivo puede mantenerse asintomático una media de diez años, siempre que se tenga un buen sistema inmunitario y no se haya padecido una enfermedad anterior que haya debilitado las defensas. Gracias a los cócteles de medicamentos, se dan casos de portadores que

están veinte años sin ningún síntoma, aunque por desgracia son modelos excepcionales. Los tratamientos aplicados en la fase de la seropositividad permiten controlar la carga viral y mantener el nivel de $CD_4$ (las células del sistema inmunitario que constituyen el blanco perfecto del virus VIH).

◇ **¿Qué hay sobre la vacuna contra el sida?**
Con la vacuna preventiva, destinada a proteger de la infección a una persona seronegativa, la mayor dificultad está en la gran variabilidad que presenta el VIH. Los fragmentos del virus seleccionados por la preparación de la vacuna no son necesariamente los que vayan a servir en el momento de la infección. De ahí que algunos investigadores se muestren pesimistas. Sin embargo, la vacuna terapéutica va avanzando positivamente por su lado. Su principio activo consiste en aumentar la respuesta inmunitaria en el seropositivo, de manera que pueda prolongarse el periodo en que la enfermedad no se desarrolla. Francia se sitúa a la cabeza en este terreno, con el desarrollo de varios programas al respecto.

◇ **En caso de accidente, ¿qué hay que hacer para limitar los riesgos de sida?**
En caso de incidente con el preservativo (relación no protegida o mal protegida con una persona seropositiva, violación, etc.), lo primero que hay que hacer es acabar con las relaciones sexuales (si es posible) para limitar al máximo el contacto con la mucosa. La contaminación sexual con una persona seropositiva afortunadamente no es sistemática. Pueden mantenerse varias relaciones sin protección y no infectarse, del mismo modo que puede mantenerse sólo una y contagiarse. Es como una ruleta rusa...

*Existe un «tratamiento de urgencia» que reduce los riesgos. Su principio es bloquear la multiplicación del virus antes incluso de su difusión por el organismo. Tiene que aplicarse en las horas siguientes a la situación de riesgo (cuarenta y ocho horas como máximo). Este tratamiento dura un mes y actúa por la combinación de tres antivirales. Hay que dirigirse al servicio de urgencias del hospital. Este tratamiento no debe tomarse a la ligera pues es pesado, tiene efectos desagradables (náuseas, vómitos, etc.) y caro (aunque lo cubre la Seguridad Social). No existen pruebas absolutas de su eficacia y, si funciona, nunca se sabrá si es por no estar infectado o porque el tratamiento ha funcionado; al menos, con esta terapia de urgencia, existen más posibilidades de éxito.*

## En la práctica

**En caso de duda sobre una ETS.** Puede acudirse a un médico, o ir a un ambulatorio, un centro antivenéreo, un centro anónimo y gratuito de diagnóstico precoz o a un hospital (en un servicio de dermatología o de infectología).

**RED 2002.** Red Comunitaria sobre el VIH/sida en España. Sitio web: http://www.red2002.org.es

**Fundación para la Investigación y la Prevención del Sida en España (FIPSE).** Sitio web: http://wwww.fipse.es

**Apoyo Positivo.** Organización que intenta satisfacer las necesidades de bienestar de los pacientes de VIH que no cubre el sistema sanitario. Avda. Llano Castellano, s/n, 28034 Madrid. Tel.: 91 358 14 44. Correo electrónico: info@apoyopositivo.org. Sitio web: http://www.apoyopositivo.org

**Programa per a la Prevenció i Control de la Sida,** de la Generalitat de Cataluña. Travessera de les Corts, 131-159, pavellón Ave María, 08028 Barcelona. Tel.: 93 227 29 83. Teléfono gratuito de información sobre sida: 900 212 222.

**Plan Nacional del Sida.** Página del Ministerio de Sanidad dedicada al sida. Sitio web: http://www.msc.es/ciudadanos/enfLesiones/enfTransmisibles/sida/home.htm

# ENFERMEDADES MASCULINAS

Las enfermedades de la zona genital a menudo se perciben como enfermedades vergonzosas; esto se da incluso por parte de hombres maduros, con una supuesta seguridad en ese sentido.

Algunos sabrán desdramatizar la situación y curarse; otros se hundirán, heridos por su imagen, a veces francamente deprimidos, hasta el punto de no tener más relaciones sexuales y de vislumbrar un futuro muy sombrío. Puede que lo consulten desde el primer síntoma o, por el contrario, que dejen el problema de lado huyendo de cualquier comprobación para evitar enfrentarse a lo que ven como una herida narcisista.

Podrán ignorar una micosis durante semanas o meses mientras que, con una simple crema, resolverían el problema rápidamente. Soportarán estoicamente los escozores y el dolor, cuando puede que se trate de signos precursores de una enfermedad más seria (ETS, diabetes, cáncer). Soportarán virilmente los reiterados problemas sin preocuparse de sí mismos ni de su compañera, y sin hacerse muchas preguntas. Teniendo en cuenta la importancia simbólica que tienen los órganos genitales para los hombres, la angustia suscitada por la presencia de problemas en general suele ser superior a la que demuestran las mujeres ante la misma situación.

La regla de oro es que cualquier síntoma nuevo doloroso o molesto debe ser estudiado con un análisis médico. Pueden consultarse a varios médicos: de familia, dermatólogos (venerólogos), andrólogos, urólogos o incluso a médicos psicosomáticos: están ahí para eso.

Y si el dolor se presenta *con regularidad*, razón de más para no ignorarlo, «porque te acostumbras». Un achaque crónico en los testículos o en la uretra, o molestias en el glande, apuntan hacia un problema localizado *en esa zona y no en otro sitio*, y no es por casualidad, porque aparece precisamente de manera crónica. Así pues, en este capítulo trataremos la influencia de la enfermedad en la relación de pareja o la de esta en el problema. ¡Un acercamiento que reserva muchas sorpresas!

## (Pequeñas) enfermedades del pene o de los testículos

Los hombres se preocupan mucho por su sexo y sus atenciones pero, con su salud, son más bien descuidados. A menudo es su compañera la que les recomienda visitar al médico. Estas tienen agudizada la vista (o el olfato) para detectar que de repente pasa algo raro: «No huele igual que antes», «Se ha puesto rojo», etc.

A veces se preocupan equivocadamente, y otras con razón, pero como nadie puede saberlo con seguridad lo mejor es pedir consejo facultativo.

## ⇢ El prepucio duele (fimosis)

Cuando el prepucio (piel que recubre el glande en los que no se han sometido a circuncisión) tiene un orificio demasiado pequeño, resulta difícil deslizarlo para descubrir el glande. Produce molestias durante el aseo, el acto sexual o la masturbación. En ocasiones, puede producir pérdidas de sangre, hasta el punto de que algunos prefieren espaciar en el tiempo sus relaciones, evitan los juegos eróticos o pierden la erección con las primeras fricciones (una manera inconsciente pero eficaz de rendirse, por miedo a sufrir).

> *Enrique (51 años) es un claro ejemplo. Siempre ha tenido fimosis, pero con muy pocas molestias. No obstante, con los años, el tejido se vuelve menos elástico (más fibroso) y más tirante, hasta el punto que las relaciones son demasiado dolorosas. A causa de eso dejó de tener relaciones sexuales con su mujer y no decidió consultarlo hasta al cabo de cinco años. El examen médico ha mostrado una fimosis muy aguda. Un pequeño gesto quirúrgico ha bastado para transformar su vida sexual y devolver la moral a su mujer, que pensaba que ya no la deseaba más desde que tuvo la menopausia.*

La intervención consiste en agrandar suficientemente el orificio, y dura poco tiempo. En caso de fimosis más severa, el médico puede proponer una circuncisión, que esta vez consiste en recortar el prepucio. Dicha operación no puede realizarla cualquiera a la ligera. A pesar de todo, hay hombres que encuentran placer en deslizar la piel sobre el prepucio del glande mientras se masturban, por ejemplo. No la retiran por completo y lo dejan al descubierto justo lo necesario, aunque no demasiado..., y precisamente es este movimiento el que desata el orgasmo. Para estos hombres, sería preferible un simple alargamiento del prepucio.

### ⇢ Ruptura del frenillo

El frenillo es un pequeño trozo de piel colgante que une el prepucio con el glande. Está situado debajo de este y se ve perfectamente cuando se retira el prepucio. Habitualmente la incisión es fácil e indolora, pero si el frenillo es corto (incluso en ausencia de fimosis), puede que se produzca tirantez o curvatura por debajo del glande. Durante la relación sexual o la masturbación, la tensión generada puede provocar una fisura (ligera), o una rotura o desgarramiento acompañado de dolor y sangre. A pesar del aparente traumatismo, no resulta grave, pero es mejor acudir a urgencias para detener la hemorragia, limpiar la herida y calmar el dolor. Si el frenillo se rompe, sólo hay que esperar que la herida cicatrice para que todo vuelva a la normalidad. En caso de que esté desgarrado, puede reforzarse con un pequeño gesto quirúrgico a fin de evitar secuelas dolorosas en un futuro, que pueden llegar a afectar la relación sexual.

### ⇢ Liquen (escleroatrófico)

Esta enfermedad crónica de origen misterioso aparece sobre la cuarentena o más tarde. Puede afectar la piel y las zonas genitales. Se caracteriza por pequeñas erupciones nacaradas de color blanco dispersadas, que en ocasiones llegan a formar placas. Como puede degenerar en cáncer (del 4 al 7 % de los casos), requiere un cuidado atento y regular, pero resulta totalmente benigna. No se transmite sexualmente ni es contagiosa. En el hombre, las lesiones de aspecto blanquecino afectan al meato, al glande y al surco situado entre el glande y el prepucio. Su presencia puede provocar fimosis.

El diagnóstico a simple vista no es tan evidente como parece. Lo más frecuente es que el médico se ayude con unas muestras (algo sistemático en caso de pérdidas de sangre o de endurecimiento, para eliminar el riesgo negativo de evolución). Afortunadamente, es muy raro que se llegue a esos extremos, pero las lesiones que se inician en esta zona tan delicada hacen que se analice con rapidez.

El tratamiento se limita a la aplicación de una pomada a base de cortisona de tres a ocho semanas, con endrógenos y, en ocasiones, a una circuncisión en caso de fimosis. Esta intervención puede discutirse, aunque raramente resulta útil si el tratamiento se aplica correctamente.

### ⇢ Pene curvado

La enfermedad de Peyronie normalmente aparece cerca de la cincuentena. Se forman unos nódulos en los cuerpos cavernosos, recorridos de nervios, de vasos sanguíneos y de fibras musculares lisas. Algunas de estas fibras cuelgan por su elasticidad, se aglutinan y forman bultos. Estas pequeñas bolsas dolorosas, que se notan si se pasa la mano por encima, impiden al pene extenderse con normalidad. La enfermedad en sí no es grave, ni evoluciona hacia ninguna complicación más seria. Se sabe que el estrés puede ser su origen, pero las causas exactas continúan siendo misteriosas.

En cualquier caso, la aparición de la inclinación del pene puede provocar tal impacto en algunos hombres que estos lle-

## Sexo y sentimientos

gan a interrumpir todas sus relaciones sexuales. Ahora bien, lo que hay que hacer, precisamente, es todo lo contrario. Cuantas más relaciones, más funcional se mantiene el sexo y más posibilidades hay de que la curvatura disminuya. Aunque existe una excepción: cuando el pene está inclinado hacia la derecha, en ese caso la intervención se impone inevitablemente. El nódulo responsable se suprime bajo el sacrificio de un pene un poco más pequeño en la entrada (menos de 1 o de 2 cm). El resto de los tratamientos (medicamentos, infrarrojos, etc.) han aportado, por el momento, escasos resultados.

> *Para Lucas (44 años), la enfermedad llegó bruscamente después de un ascenso en el trabajo. Se sentía feliz de escalar en la jerarquía, pero estaba angustiado por los resultados profesionales; tenía miedo de no estar a la altura de la confianza depositada en él. Sus preocupaciones empezaron una noche, justo después de hacer el amor. Tuvo la sensación de que su pene se había «partido». De hecho, sintió un dolor persistente durante toda la noche. Al día siguiente por la mañana, al tocar su pene en erección detectó un pequeño abultamiento y descubrió que su sexo estaba inclinado hacia el lado. El pánico hizo que perdiera la erección al momento. Ante el médico decretó que se había vuelto «impotente». La ecografía hizo evidente la presencia del nódulo; no había nada «roto», y Lucas se fue tranquilizando. Ha aceptado reemprender las relaciones sexuales porque constituyen el mejor tratamiento de todos. Y ha funcionado: poco a poco el pe-*

ne ha recobrado su fisonomía normal (a pesar de que continúa estando algo torcido).

### ⇢ El pene que se «rompe» (fractura del pene)

Debido a un traumatismo, puede hincharse y pasar por todos los colores del arco iris en sólo algunos días: rojo, azul, negro o verde, antes de recobrar su color original. Esta mutación cromática viene acompañada de dolores y de sangre en la orina. Afortunadamente, una «fractura» del pene no sucede todos los días.

> Julián (27 años) ha mantenido ardientes relaciones sexuales. Durante un movimiento de extensión, ha notado de repente un fuerte dolor que le ha obligado a concluir con los juegos en el acto, igual que un deportista cuando tiene un tirón. La erección desaparece; su pene se ha puesto rojo en la base. Su compañera, preocupada, decide llevarlo a urgencias de urología, sin «esperar a que pase». Allí han conseguido calmar el hematoma aplicando hielo en la zona afectada; le dan antiinflamatorios y le hacen una ecografía y una citoscopia (introducción de un pequeño tubo en la uretra para saber exactamente qué tejidos están dañados). Por suerte, hay «más miedo que daño»: sólo encuentran un simple cardenal que desaparecerá en unos días.

La fractura puede ser más severa cuando se produce a causa de un golpe o una caída. En ocasiones, es necesario llevar a cabo cirugía reparadora (véase «"Galanes" traumatizados»).

### → Erección rebelde (priapismo)

No, no se trata de una muestra de virilidad, ¡sino de una urgencia médica! El pene se endurece sin ninguna razón aparente y se mantiene en erección de forma permanente. Hay que actuar en las tres o cuatro horas siguientes como máximo, bajo el riesgo real de impotencia. La sangre bloqueada en el miembro no oxigena los tejidos correctamente, y estos pierden flexibilidad y elasticidad.

Lo primero que hay que probar es una ducha fría o la aplicación local de hielo, ya que esto provoca una contracción de los vasos sanguíneos (vasoconstrictor), y por lo tanto una desobstrucción local. El hecho de caminar también hace que la sangre circule por los muslos y las piernas para que, en teoría, se vacíe el pene.

Pero cuando estos pequeños remedios no surten ningún efecto, no hay otra salida que acudir a urgencias. El médico recetará unos comprimidos o inyectará productos que hacen que la presión de la zona genital baje rápidamente; incluso puede proponer la vieja práctica de la «sangría» y extraer hasta medio litro de sangre con punciones en la zona dañada. Las sensaciones están garantizadas: el líquido extraído es todo negro a causa del gas carbónico. Los casos de priapismo se han convertido, afortunadamente, en algo excepcional: se daban sobre todo cuando se inyectaban en el pene productos demasiado concentrados para mantenerlo en erección (básicamente papaverina).

Los nuevos productos (Edex®, Caverject® e Icavex®) son más seguros, siempre que se utilicen en dosis graduales. En cuanto a los comprimidos (Viagra®, Cialis® o Levitra®, así como Ixense® y Uprima®), hasta el momento no han generado ningún problema de este estilo.

### → Pene prisionero *(penis captivus)*

Existen muchas historias terroríficas sobre el *penis captivus* que inundan todavía los manuales de andrología y los discursos de las salas de espera. El sexo se queda bloqueado en la vagina de la mujer. Unidos como si fueran siameses, la pareja se encuentra íntimamente prisionera. En la vida real, este accidente es más que excepcional. Para no tener que llamar al médico en una posición tan delicada, tan sólo existe una solución, pero implacable y eficaz: el tacto rectal. El hombre debe introducir un dedo en el trasero de su compañera, lo que provoca una redentora relajación de los músculos que envuelven la vagina y que mantienen prisionero el pene.

### → «Galanes» traumatizados

Por suerte o por desgracia, por los testículos pasan muchas terminaciones nerviosas, de ahí su especial vulnerabilidad ante cualquier golpe, por mínimo que sea. Incluso puede llegarse a perder el conocimiento tras un golpe mal dado. La primera actitud saludable es aplicar hielo envuelto en un pañuelo en la zona del dolor, para evitar los cardenales tan dolorosos que pueden aparecer, y añadir antiinflamatorios (en comprimidos). Si el dolor se desvanece, puede quedarse ahí, siempre que se compruebe que la erección reaparece con normalidad al cabo de algunas horas o de algunos días. Ante la mínima duda, o si el dolor es tan persistente que impide caminar de forma natural, sentarse o dormir, es indispensable visitar a un urólogo o a un andrólogo para verificar que no hay lesiones de tejidos (ruptura de la uretra o cuerpos cavernosos, fractura de la pelvis, etc.). En ocasiones será necesario realizar una ecografía.

## Sexo y sentimientos

### ⇢ Escozor y picor persistente

Estas señales suelen encontrarse a menudo en el caso de enfermedad de transmisión sexual. Algo que resulta sorprendente: meses, e incluso años después de que se dé este episodio, el problema persiste, mientras que los gérmenes han desaparecido completamente. Ya no existe infección ni se está contagiado, pero las secuelas se mantienen. El nervio que irradia el pene o los testículos permanece sensible y dolorido. Los hombres afectados se apaciguan con la ayuda de antibióticos, a veces durante quince o veinte años, de forma inútil, claro está.

> *Jorge (31 años) se queja de escozor constante al orinar, tras una relación que acabó hace ocho años. En ese momento, contrajo una blenorragia, causante de las irritaciones. Los antibióticos lo han aliviado puntualmente, pero luego el problema reaparece. El tratamiento médico, además, le genera otro problema sexual que le preocupa: la eyaculación precoz. Jorge está totalmente convencido de que este incidente es la consecuencia directa de su infección pasada. Vistos sus persistentes eccemas, evita las relaciones, ya que estos están cada vez más expandidos, y la eyaculación precoz se acentúa también cada vez más. ¡Es psicológico! Se trata, pues, de un verdadero círculo vicioso. Sin querer confesarlo, Jorge está insatisfecho de su función sexual. Esta herida mortal alimenta a su vez el drama. Su dolor significa que sufre por ser un hombre que no es capaz de dar placer a su pareja. Los consejos y los productos que retrasan la eyaculación (véase el capítulo 6, «Trastornos del amor») le han ayudado progresivamente a te-*

## Enfermedades masculinas

*ner una sexualidad satisfactoria, donde cabe el placer, y cada vez con menos dolores.*

### ⇢ Testículo torcido

Un dolor muy fuerte e intenso en el escroto es cuestión de prioridad quirúrgica. Hay que dirigirse imperativamente a las urgencias del hospital o a un servicio de urología directamente. Los testículos son dos bolas ovales suspendidas dentro del escroto; los aguanta un cordón de vasos sanguíneos nutritivos y fibras. Si el testículo se envuelve en sí mismo, el cordón se tuerce y la sangre no llega a su destino. Se dispone de muy pocas horas para intervenir quirúrgicamente. Tras este periodo, existe el riesgo de asfixia para el testículo por falta de oxígeno. Por suerte, raramente se ven amenazados los dos testículos al mismo tiempo. Y, para ser fértil, sólo se necesita uno, además de conservar un buen nivel de hormonas masculinas y una libido normal.

### ⇢ Testículo hinchado (hidrocele testicular)

Puede tenerse un testículo tan hinchado que se haga difícil hasta subirse los calzoncillos o caminar. El escroto está rojo y normalmente duele. Al tocarlo, el testículo parece estar muy duro. La inflamación se debe a un líquido que se infiltra entre los dos pliegues de la bolsa testicular. Por lo general, el fenómeno es intenso y aparece sobre todo en adolescentes y hombres jóvenes. ¿Por qué? Normalmente, se ignora el motivo. Los médicos afirman doctamente que es algo «idiopático», es decir, sin causa conocida. El dolor proviene de la inflamación de los vasos sanguíneos que riegan el testículo, y necesita un alivio rápido con la ayuda de un tratamiento antiinflamatorio. En muchas ocasiones, una punción del excesivo líquido actúa como un buen calmante. Cuando el testículo se hincha cíclicamente, se plantea esclerosar los vasos, como se hace con las varices en caso de mala circulación local.

En la mayoría de los casos, la bolsa que contiene el testículo vuelve a la normalidad después del tratamiento. Pese a ello, puede hacerse más voluminosa que en el pasado sin que siga molestando, puesto que ya no es dolorosa. Los hombres acaban por acostumbrarse a esta particularidad sin consecuencias.

### → Un solo testículo

El tener un solo testículo (a causa de una mala inspección testicular, un traumatismo, una torsión o un cáncer) no es un obstáculo médico o sexual, al menos en teoría. Se puede ser fértil de una manera normal y contar con una sexualidad complaciente: todo depende de la idea que uno se haga y de la reacción de su compañera. De todas maneras, es posible implantarse una prótesis (de silicona) que da la imagen perfecta de tener dos. Lo único que delata la operación es una sutil diferencia de textura (está un poco más duro), y eso para manos expertas.

Si el testículo ha ascendido hacia arriba, es recomendable operarlo para que descienda o sacarlo, ya que existe riesgo de cáncer.

### → Testículos y paperas

Todos los hombres saben que es mejor haber pasado las paperas de pequeño, porque a esa edad la enfermedad no tiene ninguna consecuencia sobre la fertilidad. Sin embargo, en la adolescencia o en la edad adulta puede ir acompañada de la infección de uno o de los dos testículos (orquitis), que puede provocar infertilidad o hipofertilidad (espermatozoides de

## Enfermedades masculinas

peor calidad o completamente ausentes, aunque conservan la producción de hormonas masculinas y la sexualidad). Hoy en día, la mayoría de los niños se vacunan, ya que la trivalente (vacuna contra sarampión, paperas y rubeola) se pide cuando van a la guardería o párvulos. Si se pertenece a la generación de los que no están vacunados y no se han padecido paperas, es mejor evitar el contacto con alguien contagiado. El periodo de incubación es de veintiún días.

### → Cáncer de testículo

Esta enfermedad tiene muy mala reputación por culpa del recuerdo de hombres jóvenes (con una edad de cuarenta años como máximo) que podían morirse en apenas unas semanas o meses a causa de este tumor. Las señales de alerta son poco específicas: dolor en un testículo, aumento de volumen de una bolsa, pechos hinchados (ginecomastia).

Actualmente, el pronóstico resulta excelente gracias al progreso en el diagnóstico (marcas tumorales, ecografía) y al avance de la radioterapia y la quimioterapia como complementos eficaces al tratamiento quirúrgico.

No obstante, la amenaza se centra en la fertilidad, puesto que el tratamiento es capaz de destruir todos los espermatozoides existentes. Generalmente se le propone al hombre la toma de muestras de su esperma como medida preventiva y la conservación de estas antes de empezar la quimioterapia.

En cuanto a la sexualidad, no se ve afectada para nada, gracias al testículo sano que secreta andrógenos por los dos. Después de la recuperación, la vida puede retomar su curso normal, siempre que problemas de índole psicológica no hayan complicado la enfermedad, como ocurre en ocasiones.

> *Ramón ha tenido un cáncer de testículo, y ahora está completamente curado. Su edad es de 27 años, y vive desde hace cuatro con Carolina. Él reaccionó mucho mejor que ella ante el diagnóstico y el tratamiento. Por otro lado, siempre ha tenido erecciones y ha sentido deseo. Pero su compañera se derrumbó; su cabeza se llenó de un montón de ideas falsas: «Su cáncer es contagioso; voy a cogerlo», «Cómo voy a acariciarlo en ese sitio, o a tocarlo; le va a doler», etc. Cuando Ramón vino a la consulta, su petición era sencilla: tranquilizar a Carolina explicándole la realidad de su enfermedad y de su curación. Varias entrevistas con la pareja le han permitido recuperar la confianza y la complicidad perdidas.*

## Problemas de micción

En el hombre, el órgano sexual y el urinario se confunden, en parte porque la uretra sirve a la vez de conducto para el esperma y para la orina. Las dos funciones también se mezclan en el imaginario masculino, para lo bueno y para lo malo: cuando la función urinaria va mal, el hombre se preocupa por su sexo.

### → Micción imposible

Si los hombres «salpican» al miccionar, no es ni por distracción ni por malas intenciones con el fin de enfadar a la mujer: simplemente se trata de algo fisiológico, y la próstata tampoco es la culpable de ello. De hecho, la acción de orinar requiere más puntería y concentración de lo que parece, por varias bue-

## Enfermedades masculinas

nas razones. La primera es porque la uretra que atraviesa el pene no es un canal largo y despejado: en el exterior es irregular, tiene zonas ensanchadas y otras más estrechas (eso sin hablar de los dos pequeños ángulos que modifican su trayecto); en el interior, no es lisa ni homogénea, sino que está tapizada de pliegues y agujeros. Al final, puede ser que el meato urinario por el que sale la orina sea más o menos ajustado, y que cause un chorro desdoblado en dos direcciones opuestas. Estas pequeñas razones anatómicas explican ciertos desbordamientos o faltas de control perfectamente excusables.

A todo esto hay que añadir, evidentemente, los problemas de potencia de chorro relacionados con la edad. En la adolescencia, este es especialmente viril, pero precisamente por eso resulta difícil calcular la orientación óptima para que sea arrojado convenientemente dentro del inodoro, sobre todo si es por la mañana y se está con una erección. Lejos de esto, los accidentes no son nada raros. Con la edad, el chorro se hace notablemente menos potente, así que es probable que las salpicaduras disminuyan. Pero eso sería olvidarse de las últimas gotas... Los más perniciosos se enganchan al inodoro y necesitan sacudir enérgicamente el pene para eliminarlas..., a veces no importa dónde. Finalmente, a una edad avanzada, el chorro se vuelve tan reducido que los hombres se sorprenden al verlo aterrizar directamente «encima de sus zapatillas». A pesar de todo, existen remedios a cualquier edad: para empezar, hay que levantar la tapa con tal de ampliar el campo de acción y limitar todos los daños posibles, o, si es por la mañana, cuando aún se está medio dormido, miccionar sentados orientando bien el instrumento hacia abajo (y no hacia delante, fuera de la taza, que es mucho peor); al final, hay que limpiar bien en caso de accidente para evitar que esa sucia tarea la tenga que hacer la compañera y, de este modo..., evitar conflictos.

### → Escapes nocturnos

Por muy sorprendente que pueda parecer, el 1 % de los jóvenes adultos son enuréticos, es decir, se orinan en la cama por la noche.

Muchos no lo consultan nunca por vergüenza, e ignoran que existen medios e incluso medicamentos que pueden resolver el problema. A menudo la perspectiva de ir a vivir en pareja es lo que les empuja a consultarlo, después de mantenerlo en secreto en su entorno durante años. En este problema siempre interviene un factor psicológico, de ahí el interés en recibir ayuda psicoterapéutica, a veces acompañada de sesiones de hipnosis ericksoniana.

En el plano fisiológico, la mayoría de las veces se trata de simple inmadurez de la vejiga, y el tratamiento con medicamentos anticolinérgicos se muestra bastante eficaz.

> *El caso de Matías dice mucho sobre el tema. Sus «complicaciones» tenían seguramente alguna influencia en su vida amorosa. Siempre ha sido enurético a temporadas, con grandes periodos de calma que llegaban a durar varios años. Cuando se casó, no había tenido ningún escape desde hacía tres años y pensaba que se había curado. Después, volvió a empezar de forma periódica, una vez cada mes. Aunque su ex mujer había aceptado muy bien su problema, la pareja acabó por separarse por desavenencias conyugales. Un día, su ex mujer, enfadada, le*

## Enfermedades masculinas

*llegó a soltar esta humillante frase: «Y, encima, te meas en la cama». Matías estuvo un año y medio sin atreverse a dormir con una mujer, puesto que era incapaz de prever cuándo se producirían las inundaciones nocturnas. Su última compañera, a quien sin embargo él amaba, no entendía por qué huía siempre a medianoche, cuando sexualmente todo funcionaba bien. Incluso llegó a pensar que tenía una doble vida y lo llamaba a cualquier hora de la noche para comprobar qué estaba haciendo. Gracias a las sesiones en la consulta, Matías ha descubierto que la ansiedad y el estrés aumentaban el riesgo de enuresis, como pasa en la mayoría de los afectados. Los medicamentos funcionaron desde la segunda toma, lo que ha hecho que vuelva a sentirse seguro y que los abandone muy rápido, aunque siempre los tiene muy cerca, como si se trataran de un amuleto, para tranquilizarse. La terapia, reforzada con hipnosis, ha durado ocho meses, para que los resultados fueran duraderos y evitar la reincidencia. Matías ha aprendido a hacer frente a los acontecimientos de su vida y a controlar mejor su estrés.*

### → Esperma en la orina

Este síntoma resulta raro pero preocupa mucho a los hombres, y sobre todo a aquellos que presentan dificultades sexuales (pérdida de erección, eyaculación precoz). Cuando van al baño y empujan, observan algunas gotas de «orina» blanca o turbia. En realidad, se trata de un resto de esperma que se evacua por la presión y que se mezcla con la orina. No se trata de ninguna anomalía.

## Problemas de próstata

La próstata en el hombre viene a ser como el útero en la mujer: un símbolo de identificación sexual. Cuando ya no se tiene, nada es como antes. Hasta ahí todo correcto, pero saber dónde está situada exactamente esta glándula y para qué sirve ¡es un misterio! Definitivamente, los hombres la conocen muy mal.

### Una próstata, ¿para qué?

Todos los niños nacen con una pequeña próstata. Luego, esta se desarrolla en la pubertad por la acción de hormonas masculinas y alcanza la madurez hacia los veinte o veinticinco años; en ese momento pesa 20 g. Entonces se estabiliza hasta los cuarenta, y a partir de ahí, su desarrollo puede verse de nuevo afectado por los efectos del envejecimiento y adquirir el tamaño de una manzana (150 g), e incluso de un pomelo (de 200 a 250 g). La próstata está situada debajo de la vejiga, justo en la zona en que esta tiene forma de embudo, y continúa por el canal de la uretra, que permite evacuar la orina al exterior. En estado normal, es elástica y flexible, y permite la micción bajo el efecto de contracción de la vejiga. ¿Qué papel desarrolla la próstata? Esta glándula está implicada en la fertilidad, puesto que segrega un líquido prostático de componentes nutritivos formado por enzimas, azúcares, proteínas y grasas, que mejoran la calidad del esperma. Tiene también una función anatómica, ya que con su posición estratégica mantiene la vejiga en su sitio. Finalmente, cumple otra labor nada despreciable en... el placer, porque alrededor de la próstata está situado el equivalente al «punto G» en los hombres.

## Enfermedades masculinas

### ⇢ Próstata inflamada (prostatitis)

Esta dolencia afecta esencialmente al hombre joven. Se trata de una inflamación severa, a menudo transmitida sexualmente. Se manifiesta por escalofríos, temperatura elevada y problemas urinarios agudos (ganas frecuentes de ir al baño, escozor al orinar, dolores en el bajo vientre). Lo que mejor funciona son los antibióticos mediante un tratamiento prolongado (véase el capítulo 8, «Cómo evitar las ETS y el sida»).

### ⇢ Próstata más grande

Cuando la próstata aumenta de volumen, las consecuencias se notan rápido: ganas urgentes de ir al baño imposibles de contener, tanto de día como de noche; vejiga que se vacía con menos facilidad: hay que «forzar», o chorro débil de orina, se tarda más. Da la sensación de pasarse la vida en el lavabo (más de cinco o seis veces durante el día y dos veces durante la noche); las repetidas micciones se traducen en una irritación de la vejiga a causa de la próstata, con congestión permanente, que a veces tiene su origen en infecciones urinarias reincidentes, o de la pura y llana imposibilidad de orinar (retención aguda).

La hipertrofia benigna de la próstata (HBP), también llamada adenoma de la próstata, afecta aproximadamente a dos tercios de los hombres de más de cincuenta años, y con máxima incidencia alrededor de los sesenta y cinco. Como su propio nombre indica, se trata de una enfermedad benigna, y por lo tanto no conduce a cáncer, contrariamente a lo que piensan muchos hombres. Si no se producen complicaciones, no tiene ninguna consecuencia sobre la erección.

Existen tres posibilidades de acción. La primera..., esperar, ir con cuidado y abstenerse; si se tienen síntomas moderados, o en cualquier caso bien tolerados, como en el caso de más de la mitad de los hombres, una simple vigilancia biológica y clínica todos los años es suficiente, acompañada de unos pequeños consejos sobre higiene de vida: hay que evitar los viajes muy largos en coche o estar durante mucho tiempo sentados, no aguantarse si se tienen ganas de ir al baño y limitar los alimentos especiados (a causa de una congestión suplementaria de la próstata). Deben evitarse también los excesos con el alcohol y las aguas minerales diuréticas (aumentan la frecuencia de las micciones). Hay que tener cuidado con algunos medicamentos conocidos por incrementar los problemas prostáticos (antihistamínicos y ciertos antitusivos, numerosos laxantes «irritantes» o algunos neurolépticos).

La segunda posibilidad consiste en seguir un tratamiento cuando los problemas urinarios resultan molestos, pero sin ninguna complicación en particular. Lo único que hay que hacer es optar por el uso de productos de fitoterapia con efecto descongestionante antiinflamatorio; alfabloqueantes, utilizados normalmente para dilatar los vasos sanguíneos y con la facultad de relajar los músculos, o inhibidores de la enzima alfa 5 reductasa (tipo finasteride), que reducen la multiplicación de células prostáticas, pero a veces con un inconveniente nada despreciable: la disminución de la libido.

La última posibilidad es la cirugía. Está indicada cuando los medicamentos no son suficientes o existen riesgos de complicación en la zona de la vejiga o de los riñones (una próstata demasiado grande puede acabar por afectar el funcionamiento de los riñones, e incluso llegar a destruirlos). En las semanas siguientes a la operación, se aprecian unos resultados totalmente espectaculares. De todos modos, puede generar algunos efectos indeseables, como la eyaculación retrógrada (hacia la vejiga en vez de hacia el exterior) en un 70 o un 80 % de los casos. Las relaciones sexuales no se ven perjudicadas si el médico se ha preocupado previamente de explicar bien este fenómeno.

### ⤑ Miedo al cáncer de próstata

El cáncer de próstata, por lo general, aparece pasados los sesenta y cinco años (aunque también puede afectar a un hombre joven). Todos los años se diagnostican 15.000 nuevos casos. La enfermedad evoluciona lentamente sin síntomas visibles durante mucho tiempo. Cuando se encuentran indicios urinarios, estos pueden indicar la existencia de un simple adenoma o traducirse en la presencia de sangre en la orina o de dolores en el bajo vientre (en ocasiones, también en problemas de erección). Generalmente el cáncer se descubre durante una visita médica rutinaria.

La próstata tiene el aspecto de un huevo en la huevera y está subdividida en dos zonas bien delimitadas. El adenoma afecta al huevo; el cáncer, a la huevera. Cuando la parte cancerosa está bien localizada, se elimina simplemente con la ayuda de una intervención quirúrgica; es decir, el huevo y la huevera se extraen. Esta prostatectomía radical constituye el tratamiento que se aplica con más frecuencia, aunque presenta un verdadero riesgo para la erección: como el nervio erector del pene está situado en una cinta incrustada en la huevera, aquel puede ser seccionado y dejar al hombre impotente; si no se corta, puede verse estirado o lesionado, lo que a su vez comporta problemas de erección. Semanas después de la operación, el médico puede prescribir la inyección de productos vasodilatadores en el pene (Edex®, Caverject®) con el fin de oxigenar los cuerpos cavernosos y permitir que se retome progresivamente la actividad sexual, que, más tarde, podrá apoyarse en productos como Viagra®, Cialis®, Levitra®, etc.

Como la próstata (y, por lo tanto, el cáncer de próstata) aumenta bajo el efecto de la testosterona, la hormonoterapia antitestosterona se revela interesante para detener la evolución del tumor, cuando se detecta más tardíamente. En este caso, el tratamiento tiene severos efectos secundarios muy molestos: bochornos, caída sistemática de la libido, etc.

La curieterapia resulta el tratamiento más reciente, sin duda el más prometedor en opinión de los especialistas. Esta técnica consiste en implantar tres pequeños granos de yodo radioactivos en el tumor, que lo destruyen localmente, de modo que la próstata no se extrae y la vida sexual se mantiene activa en la mayoría de los casos. Sin embargo, una evaluación a largo plazo debe confirmar estos primeros resultados satisfactorios.

## Exámenes complementarios

Del mismo modo que las mujeres se hacen un frotis para detectar un posible cáncer del cuello del útero, los hombres, desde los cincuenta años (incluso desde los cuarenta si hay antecedentes de cáncer de próstata en la familia), deben visitar a su médico de cabecera o a un especialista (urólogo) para realizarse análisis preventivos con tal de detectar el cáncer de próstata, independientemente de si existen o no problemas de micción. Son indispensables, como mínimo, dos de estos exámenes: el tacto rectal y la

## Enfermedades masculinas

toma de los niveles de antígenos específicos de la próstata (PSA, *prostatic specific antigen*).

### Tacto rectal
La próstata está tan cerca del recto que resulta fácil apreciar su consistencia, su volumen o su flexibilidad con la ayuda de una exploración con el dedo. El hombre se inclina hacia delante, tendido de espaldas o de lado, y el médico introduce en el recto un dedo protegido con un guante desechable. Esta simple operación permite evaluar la talla de la glándula, su consistencia y su flexibilidad. Lo más frecuente es encontrar una hipertrofia benigna. En caso de cáncer, el médico notará zonas duras en la próstata.

### Niveles de PSA
Se resume en una sencilla muestra de sangre en busca de una posible inflamación. En caso de cáncer, la tasa de antígenos prostáticos puede alcanzar cifras récords, puesto que la inflamación está en su punto más álgido. Normalmente, el diagnóstico se confirma con una biopsia bajo el control de una ecografía.

### Ecografía
Permite visualizar la próstata y medir su tamaño; también muestra la vejiga y su tendencia a vaciarse bien, lo que indica un buen funcionamiento del riñón. Una imagen de la próstata homogénea es una buena señal; si es irregular (en la forma y en la densidad), hay que realizar otros exámenes más profundos para eliminar la posibilidad de cáncer.

### Urografía intravenosa
Se inyecta en el brazo un producto yodado, y durante su eliminación, permite visualizar todo el aparato urinario y la uretra en particular. En caso de anomalía (uréter de gran volumen por estar oprimido por la próstata), el médico optará por la extracción quirúrgica de la próstata.

### Biopsia

Consiste en hacer una toma de tejido en vistas de un análisis de las células, con el objetivo de determinar su naturaleza cancerígena o no. Se introduce en el recto un «lápiz» dotado de fibras ópticas que emiten ultrasonidos. La imagen de la ecografía, visionada sobre una pantalla, permite al urólogo ir guiando la aguja hacia la parte sospechosa y eliminar fragmentos minúsculos. Los resultados de la biopsia son los únicos que permiten —o no— realizar el diagnóstico de cáncer. Los otros métodos sólo pueden plantear sospechas.

# Epílogo

## Catorce claves para entenderse

1. Para que un hombre funcione, primero tiene que sentirse seguro, y luego ser estimulado. Y la seguridad pasa sobre todo por la convivencia y la complicidad. En las mujeres ocurre lo mismo.

2. Las palabras de amor aplacan el mal de amor.

3. Ausencia de deseo no significa ausencia de amor.

4. Un hombre puede tener una erección sin deseo, y desear sin tener una erección.

5. Para superar un problema sexual, ante todo hay que «tener ganas de tener ganas». Si una mujer se conforma con querer que su compañero disfrute, no dispondrá de la energía necesaria para superar todos los obstáculos.

6. Con el «todo o nada» no se consigue nada. El hecho de hacer pequeñas concesiones a la otra persona reduce la frustración y evita que pueda volver, con efecto bumerán, para complicar aún más la relación.

7. La reconciliación con uno mismo o el reencuentro con el cuerpo del otro pueden hacerse poco a poco. El hecho de identificar el problema hace que se supere.

8. Nada de «todo y en seguida». En el amor y en la pareja, la evolución hacia la otra persona se construye progresivamente, con regresiones y detenciones necesarias para llegar hasta el final, hacia un máximo saludable.

9. Cuando la pareja está en crisis, una mínima gota puede colmar el vaso. Así que hay que desdramatizar y relativizar...

10. ¿Queremos pasar cuentas o arreglar la situación?

11. Cuando se ve el final del túnel, se está al final del problema, pero el asunto aún no se ha solucionado. En ese momento hay que desplegar la máxima vigilancia y energía posibles. Ánimo.

12. «Ayúdate y la terapia te ayudará.» El terapeuta puede marcar el camino de la curación, pero del paciente depende avanzar sobre esta vía de forma activa.

13. También puede llevarse una vida de pareja completa sin relaciones sexuales. En ese caso, la unión se construye sobre otros pactos.

14. Resulta ilusorio el intento de transformar al otro para que se parezca a la pareja ideal soñada. Un hombre funciona como un hombre, y una mujer, como una mujer: la riqueza de la pareja se alimenta de esta complementariedad.

# ANEXO
# A LA EDICIÓN ESPAÑOLA

La mayoría de estudios estadísticos expuestos en *Sexo y sentimientos. Versión hombre* son franceses, y en esta edición hemos añadido las correspondientes cifras de España, aunque esto, desgraciadamente, no siempre ha sido posible por no encontrar los análisis del mismo rango.

En este anexo, sin embargo, nos gustaría aportar algunos otros datos referidos a la sexualidad española, aunque no sigan con exactitud la misma dirección que los expuestos en el texto, por ejemplo, sobre las tendencias en cuestión de métodos anticonceptivos.

Aunque se considera a la píldora anticonceptiva el invento más importante del siglo XX, porque separó los conceptos de procreación y de sexo, hoy en día la anticoncepción masculina ha sufrido un fuerte aumento y en España se considera que utilizan condón o vasectomía un 20 % de las parejas. A ellos, se añaden los que utilizan el método Ogino y la «marcha atrás», un 30 %, y casi el resto (entre un 40 y 45 %) utilizan la píldora anticonceptiva o buscan el riesgo (entre un 5 y 10 %).

Otro dato interesante se refiere al estudio epidemiológico sobre la disfunción eréctil en España, cuya incidencia entre los 40 y 49 años se cifra en el 12,4 %; entre los 50 y los 59 años, sube a un 29,8 %, y entre los 60 y los 69 a un 46,4 %. Según el Índice Internacional de la Disfunción Eréctil, la prevalencia de la disfunción es del 18,9 %, teniendo en cuenta en esta cifra todos los grados de la misma (leve, moderada y severa). Entre los 65 y 70 años esta prevelancia se agrava. Así, en Japón sería del 71 %; en Estados Unidos, del 52 %, y en Malasia, sólo del 17 %. Sin embargo, hay estudios como los de Bretschneider y McCoy que han observado que un 63 % de los varones y un 30 % de las mujeres de entre 80 y 102 eran sexualmente activos.

El futuro mira hacia la anticoncepción masculina, el equivalente a la píldora femenina que ya ha sido ensayada en más de 1.500 voluntarios de varios países y parece que podría comercializarse en el año 2009.

Los resultados del estudio realizado por la Universidad de California en Los Ángeles fueron presentados en la revista médica *The Lancet* en el mes de abril de 2006. El laboratorio promotor seguirá siendo el de mayor raigambre en el mundo de la anticoncepción femenina, el laboratorio Organon, que ha desarrollado el tratamiento junto a Shering, que pertenece, en la actualidad, al gran grupo Bayer. El estudio concluye que la infertilidad que provoca el anticonceptivo es reversible en el varón tratado y que, si este la practica durante un año, puede tardar una media de unos tres meses en recuperar la fertilidad anterior al tratamiento.

El nuevo método se basa en la combinación de testosterona y progestágenos; son estos últimos los que inhiben la pro-

## Anexo a la edición española

ducción de espermatozoides. La adición de testosterona al tratamiento se debe a que los progestágenos la inhiben y, al reducirse su nivel, podría producirse una impotencia o descenso de la libido que ha de ser compensado.

Estas combinaciones de progestágenos y testosterona se basan en los siguientes principios activos: acetato de medroxiprogesterona o acetato de ciproterona con levonogestrel o desogestrel y etonogestrel y noretisterona. El acetato de medroxiprogesterona es un principio activo muy prometedor que sería utilizado como parche transdérmico, aunque presenta una lenta acumulación en el tejido adiposo que está por resolver. El acetato de ciproterona (Androcur) es un antiandrógeno y progestágeno oral utilizado en hirsutismo y cáncer de próstata. Provoca pérdida de peso y algunos efectos secundarios. El levonogestrel es de acción rápida aunque presenta efectos secundarios, ganancia de peso y disminución del HDL entre otros efectos. La combinación de desogestrel con etonogestrel representa el resultado más prometedor hasta el momento, porque el desogestrel se convierte en etonogestrel en el organismo y presenta menores efectos secundarios. Su investigación se encuentra ya en fase IIb. Por lo que se prevé su comercialización a finales de la primera década de este nuevo siglo. La administración de estrógenos en el varón implica la supresión de la espermatogénesis, lo que, si bien induce a la infertilidad, reduce el impulso sexual y produce ginecomastia. De ahí, la necesidad de compensar esta toma con testosterona añadida.

Sin embargo, todos sabemos que la vasectomía es un método antiguo que está funcionando muy bien y muchas parejas lo han llevado o lo están llevando a efecto cuando deciden que su época de procreación ha finalizado. Así, la mujer puede dejar de tomar la píldora y se responsabilizan escalonadamente de la no procreación.

Aunque muchos varones se niegan a esta práctica por miedo a que su pareja se rompa y deseen hijos con otra mujer, los especialistas aseguran que con microcirugía la vasectomía es reversible y puede restablecerse la fertilidad en el varón vasectomizado. Por lo menos, con seguridad, hasta diez años después. Si son más años, la cuestión se complica.

M. D. Muntané<br>
Periodista científica<br>
Experta en salud y sanidad

# INFORMACIÓN DE INTERÉS

### Para encontrar un sexólogo
Lasexologia.com ofrece un teléfono de información sexual y afectiva para personas de todas las edades. Es el 91 523 08 14. Está operativo de lunes a jueves (y viernes por la mañana), en horario de oficina. El sitio web es www.lasexologia.net

La **Federación Española de Sociedades de Sexología** representa a más de mil seiscientos profesionales de la sexología y a veinticinco sociedades de toda España. En su página web puede encontrarse la dirección y los teléfonos de todos los asociados, por provincias. www.fess.org.es

**Asociación Española de Sexología Clínica**, c/ Santa Cruz de Marcenado, 12, 28015 Madrid. Tel.: 91 448 93 27. Correo electrónico: aesc@aesc.com.es. Sitio web: http://www.aesc.com.es

### Para encontrar un psicosomático
**Sociedad Española de Medicina Psicosomática**, avda. San Juan Bosco, 15, 50009 Zaragoza. Correo electrónico: sempsecretaria@wanadoo.es. Sitio web: http://semp.org.es

### Para encontrar un terapeuta de pareja
Federación Española de Asociaciones de Psicoterapeutas, c/ Arganda, 8, 28005 Madrid. Tel.: 91 474 26 06. Correo electrónico: secretaria@feap.es. Sitio web: http://www.feap.es

### Para encontrar un hipnoterapeuta
Sociedad de Hipnoterapia Clínica, c/ José María Mortes Lesma, 33, 46014 Valencia. Tel.: 96 325 04 24. Sitio web: http://www.hipnosisclinica.org

### Para encontrar un urólogo
Asociación Española de Urología, c/ Valenzuela, 6, 28014 Madrid. Tel.: 91 364 08 49. Correo electrónico: aeu@aeu.es. Página web: http://www.aeu.es

### Para encontrar un andrólogo
Asociación Española de Andrología, c/ Nicaragua, 42, 08029 Barcelona. Tel.: 93 491 23 54. Correo electrónico: secretaria@asesa.org. Página web: http://www.asesa.org

### Sobre drogas
Para conocer las drogas que están en circulación, sus efectos y sus peligros, con la posibilidad además de hacer preguntas, consulte el sitio de Internet del Plan Nacional sobre Drogas en www.pnsd.msc.es

La **FAD (Fundación de Ayuda contra la Drogadicción)** tiene como objetivo sensibilizar a la sociedad sobre la problemática del consumo de drogas, sustancias adictivas y los estudios e investigaciones que elabora. Consulte www.fad.es

## Información de interés

En el teléfono 902 885 555, la **Fundación Proyecto Hombre** asesora e informa sobre todos los aspectos relacionados con las drogas.

**En caso de duda sobre una ETS.** Puede acudirse a un médico, o ir a un ambulatorio, un centro antivenéreo, un centro anónimo y gratuito de diagnóstico precoz o a un hospital (en un servicio de dermatología o de infectología).

**RED 2002.** Red Comunitaria sobre el VIH/sida en España. Sitio web: http://www.red2002.org.es

**Fundación para la Investigación y la Prevención del Sida en España (FIPSE).** Sitio web: http://wwww.fipse.es

**Apoyo Positivo.** Organización que intenta satisfacer las necesidades de bienestar de los pacientes afectados por el virus del VIH que no cubre el sistema sanitario. Avda. Llano Castellano, s/n, 28034 Madrid. Tel.: 91 358 14 44.
 Correo electrónico: info@apoyopositivo.org. Sitio web: http://www.apoyopositivo.org

**Programa per a la Prevenció i Control de la Sida**, de la Generalitat de Cataluña. Travessera de les Corts, 131-159, pavellón Ave María, 08028 Barcelona. Tel.: 93 227 29 83. Teléfono gratuito de información sobre sida: 900 212 222.

**Plan Nacional del Sida.** Página del Ministerio de Sanidad dedicada al sida. Sitio web: http://www.msc.es/ciudadanos/enfLesiones/enfTransmisibles/sida/home.htm

# BIBLIOGRAFÍA

*Ce qu'il y a de formidable chez les garçons*, Michael Gurian, Albin Michel, 2002.
*La danse du couple*, Serge Hefez y Danièle Laufer, Hachette Littératures, 2002.
*Égaux mais si différents*, Allan y Barbara Pease, First Éditions, 2003.
*L'érotisme*, Francesco Alberoni, Ramsay, 1987.
*Fausse route*, Élisabeth Badinter, Odile Jacob, 2003.
*Francoscopie 2003*, Gérard Mermet, Ed. Larousse, 2003.
*Guérir*, David Servan-Schreiber, Robert Laffont, 2003.
*Histoire de l'onanisme*, Didier-Jacques Duché, Que-sais-je 2888, PUF, 1994.
*Histoires du pénis*, Dr. Marc Bonnard y Dr. Michel Schouman, Éd. du Rocher, 1999.
*Hommes, femmes, sexuellement compatibles ?*, Lucien Chaby, Ed. Le Pommier, 2002.
*L'impensable desir*, Marie-Christine Laznik, Denoël, 2003.
*Le nouveau rapport Hite*, Shere Hite, Réponses/Robert Laffont, 2002.
*Les nouveaux comportements sexuels*, Willy Pasini, Odile Jacob, 2003.

*Les pères n'ont rien à faire dans la maternité*, Dr. Bernard Fonty y Jacques Huguenin, First Éditions, 2003.
*Les perversions sexuelles*, Sarah Finger, Ellipses, 1998.
*À quoi penses-tu ? Les incertitudes de l'amour*, Darian Leader, Odile Jacob, 1997.
*Secrets pour séduire une femme*, Brenda Venus, Presses du Châtelet, 1997.
*Le sexe des émotions*, Alain Braconnier, Odile Jacob, 1996.
*Le traité du désir*, Dr. Gérard Leleu, Flammarion, 1997.
*Trouver le grand amour sur Internet*, Fréderic Ploton, First Éditions, 2002.
*La vie sexuelle en France*, Janine Mossuz-Lavau, Éd. de La Martinière, 2002.

# AGRADECIMIENTOS

Todo nuestro agradecimiento va dirigido a Muriel Chaperon-Mimoun y Loïc Étienne, primeros «testigos» de esta guía. Con sus preguntas y sus sugerencias siempre pertinentes nos han permitido definir nuestro objetivo y llegar a lo más profundo de nuestra reflexión.

Gracias también a: Dr. Jean-Marc Bohbot, andrólogo, director del servicio de Infecciones de Transmisión Sexual del Instituto Alfred-Fournier (París); Muriel Chaperon-Mimoun, psicoanalista e hipnoterapeuta; Dr. Robert Cohen, pediatra (París); Dra. Sophie Conquy, uróloga médica (Hospital Cochin, París); Prof. Pierre Costa, jefe del servicio de Urología del Hospital Gaston Doumergue (Nîmes); Boris Cyrulnik, neuropsiquiatra y ecologista; Christiane Der Andreassian, consejera conyugal de planificación familiar; Dr. Pierre Desvaux, andrólogo y angiólogo (Hospital Cochin, París); Dra. Sylvie Epelboin, ginecóloga obstétrica (Hospital Saint-Vincent-de-Paul, París); Dr. Marc Espié, jefe del servicio de Senología del Hospital Saint-Louis; Dr. Loïc Étienne, médico de urgencias; Prof. François Haab, jefe del servicio de Urología (Hospital Tenon, París); Prof. David Khayat, jefe del servicio de Cancerología (Hospital Pitié-Salpêtrière); Maryvonne Pasquereau, jurista del Centro Nacional de Información y de Documentación de Mujeres y Familias; Dr. Daniel Zarca, cirujano ginecólogo senólogo, y Prof. Édouard Zarifian, jefe del servicio de Psiquiatría (Centro Hospitalario Universitario de Caen, Francia).

# Índice de preguntas

### Sobre la vida de pareja
¿Tenemos que buscar el verdadero amor a cualquier precio? ........................ 43
¿Los hombres aún sueñan con la mujer ideal? ................ 43

### Sobre las crisis de pareja
Acerca de la crisis de los tres, de los siete y de los diez años, ¿existen realmente? ..................... 44
La situación se ha vuelto insoportable, ¿cómo consigo que mi mujer cambie? ................................. 44
¿Las broncas familiares indican que la pareja va mal? ..... 46
¿Por qué se repiten las mismas situaciones con parejas diferentes? ............................... 46
Necesito cambiar de pareja a menudo, ¿por qué? ........... 47
¿Por qué resulta tan difícil mantener una relación estable? ................................... 47

### Sobre la sexualidad durante el embarazo
¿Por qué el nacimiento de un niño desestabiliza tanto a la pareja? ........................................ 49
Deseaba un hijo, y ahora que mi mujer está embarazada, tengo ganas de dejarla. ¿Qué me pasa? ...................... 50

## Sexo y sentimientos

Desde que mi mujer espera un bebé, sueño todos los días que me abandona... ............ 51

### Sobre la fidelidad

¿La fidelidad es necesaria en la pareja? ............ 51
¿Hay que confesar las infidelidades o hay que disimularlas? ............ 52
¿Podemos engañar a una mujer si verdaderamente la amamos? ............ 53
¿Son necesarias las relaciones sexuales para considerar que se es infiel? ............ 54
Siento la necesidad vital de mirar a las mujeres por la calle, ¿es normal? ............ 55

### Sobre los celos

¿Son normales los celos? ............ 56
¿Cómo reconocemos los celos enfermizos? ............ 57
¿Por qué somos celosos? ............ 57
¿Los hombres son más celosos que las mujeres? ............ 58

### Sobre el sexo y su anatomía

¿Cuál es el tamaño medio del pene en reposo y en erección? ............ 68
¿El tamaño del pene influye en el placer? ............ 70
¿Podemos aumentar el tamaño del sexo con cirugía? ............ 71
¿Podemos desarrollar el pene con ejercicio físico y hacer que parezca más grande? ............ 72
¿Las técnicas de alargamiento mecánico del pene sirven para algo? ............ 72
¿Las cremas que venden en los *sex-shop* son eficaces? ............ 73
¿Es normal que un testículo cuelgue más que el otro? ............ 73

Me preocupa que mi pene esté ligeramente torcido
  hacia la derecha... ........................................................ 73

### Sobre las erecciones
¿Por qué mi pene en erección no es vertical como
  los demás? .................................................................. 74
¿Es normal dejar de empalmarse por las mañanas? ....... 74
Desde que cumplí los cuarenta, mis erecciones
  tardan más en llegar. ¿Qué puedo hacer?..................... 74

### Sobre el esperma
Tengo muy poco esperma, y todavía soy joven.
  ¿Es preocupante? ........................................................ 75
Cuando eyaculo ya no hay chorro, sino que es más
  gradual. ¿Tengo que tomar vitaminas? ....................... 75

### Sobre las supuestas señas de virilidad
Tengo mucho pelo en la cabeza, ¿se trata de una falta
  de hormonas masculinas? ........................................... 76
Tengo el pecho como una mujer. ¿Qué puedo hacer? .... 76
Con treinta años aún tengo voz de niño.
  ¿Existe alguna solución? ............................................ 77
¿Se es menos fértil con un aparato sexual pequeño? ...... 78

### Sobre la sexualidad en general
¿Cómo conocemos todos los detalles de la sexualidad? .. 96
¿Cuál es la frecuencia normal de las relaciones sexuales? .. 96
¿Cuánto tiempo dura el acto sexual? ................................ 97

¿De dónde surge el deseo y las ganas de seducir? .......... 97

¿Cómo provocar la excitación de la otra persona? ......... 97

## Sobre la psicología del hombre

¿El deseo provoca forzosamente una erección? .............. 99
¿Puede haber orgasmo sin eyaculación? ......................... 99
¿Se puede eyacular sin sentir placer? .............................. 99
¿Es normal no eyacular con la masturbación? ................ 99
¿Es posible eyacular con el pene blando? ...................... 100
¿Se puede eyacular y orinar a la vez? ............................. 100
¿Qué zonas son las más erógenas? ................................ 100
¿Los hombres tienen «punto G»? ................................... 101
¿Cómo llegar al orgasmo simultáneamente? ................. 102
¿Podemos retrasar el orgasmo? ..................................... 102
¿Puede mejorarse el orgasmo? ...................................... 103
¿Estar operado de fimosis permite tener más
 (o menos) sensaciones? ............................................... 103
¿Por qué no tengo una erección si estoy excitado? ........ 104
¿Un hombre puede sentir dolor durante el acto sexual? .... 104

## Sobre los sueños y las fantasías

¿Los sueños eróticos frecuentes se deben
 a la insatisfacción sexual? ............................................ 105
¿De qué sirven las fantasías? ......................................... 105
¿Tienen las mismas fantasías hombres y mujeres? ........ 106
¿Por qué unas fantasías predominan sobre otras? ......... 106
¿Hay que confesar las fantasías? ................................... 106

## Sobre las drogas sexuales

¿La Viagra® u otros medicamentos de este
 tipo aumentan las sensaciones? ................................... 108
¿Son eficaces los afrodisiacos? ...................................... 108

## Índice de preguntas

¿El tabaco y el alcohol son estimulantes sexuales, o todo lo contrario? ..... 109
¿El cannabis es bueno para el amor? ..... 109

### Sobre la edad y el amor

¿Por qué el placer se vuelve más frágil después de los cuarenta? ..... 110
¿Hasta qué edad puede hacerse el amor? ..... 110

### Sobre las relaciones con su pareja

Las mujeres muy experimentadas no son necesariamente más excitantes, ¿por qué? ..... 111
¿Cómo superar la timidez sexual? ..... 112
¿Cómo decirle «no, gracias» a una mujer cuyo sexo huele mal pero sin ofenderla? ..... 113
¿Un pene «grande» puede hacer daño a la pareja durante la relación sexual? ..... 113

### Sobre las mujeres y su funcionamiento

Cuando sienten deseo, ¿tienen forzosamente placer? ..... 115
¿Tengo que esperar a que mi pareja tenga realmente ganas para hacer el amor? ..... 115
¿Las ganas de la mujer varían en función de «sus hormonas»? ..... 116
¿Cómo dar verdadero placer a una mujer? ..... 116
¿El orgasmo femenino depende del hombre o de la mujer? ..... 117
¿A qué se parece un orgasmo femenino? ..... 117
¿Una mujer puede sentir placer sin llegar al orgasmo? ..... 118
¿Qué diferencia hay entre un orgasmo vaginal y uno clitoriano? ..... 118

## Sexo y sentimientos

¿Existe la eyaculación femenina? ..................... 119
Siempre se habla de preliminares, pero mi compañera
 «ataca» más rápido que yo. ¿Es normal? .................. 119
¿Cómo encontrar con seguridad el punto G? ................ 120
¿En qué piensan las mujeres cuando hacen el amor? ...... 121
¿Es conservador tener relaciones sexuales sólo por la
 noche (o por la mañana o de «cinco a siete»)? ......... 121
Mi mujer sólo quiere hacer el amor a oscuras.
 ¿Qué le preocupa? ..................................... 122
«Entonces, ¿contenta?» .................................... 122
Mi mujer acepta hacer el amor pero raramente
 se deja besar, ¿por qué? .............................. 122
¿Por qué a las mujeres les cuesta más llegar al orgasmo
 que a los hombres? .................................... 123
¿Por qué no siempre tienen orgasmos? ..................... 123
¿Pueden las mujeres fingir el orgasmo
 sin que lo notemos? ................................... 124

### Sobre las mujeres embarazadas
¿Sienten más deseo? ....................................... 124
¿Podemos querernos como antes durante esos
 nueve meses? .......................................... 125

### Sobre las posturas
¿De qué sirve practicar diferentes posturas? ............. 142
¿Es normal que sólo se haga el amor en una postura? ..... 142

### Sobre la sodomía
¿Una mujer puede sentir placer con la sodomía? ........... 143
¿La sodomía es peligrosa para quien recibe
 la penetración? ....................................... 144
¿El hecho de reclamar a la pareja caricias anales

o la penetración con un dedo significa que
se tienen tendencias homosexuales? ......................... 144
¿El hecho de preferir hacerlo por el ano de la pareja
refleja una homosexualidad enmascarada? ................ 145

### Sobre la masturbación

¿Disminuye la masturbación las ganas de hacer
el amor? ............................................................................ 146
¿La masturbación puede hacer que caigamos
enfermos? ........................................................................ 147
¿Es normal tener ganas de masturbarse cuando
se tiene pareja? .............................................................. 147

### Sobre la pornografía

¿Es inmoral ver una película pornográfica? ..................... 148
¿Es peligroso ver películas porno con regularidad? ......... 152
¿Y el sexo por Internet? ...................................................... 152
¿La pornografía hace que uno se vuelva machista
o agresivo? ...................................................................... 153

### Sobre las drogas sexuales

¿Qué hay que pensar de las «drogas del amor»? .............. 154
¿Qué peligros tienen las «drogas del violador»? ............... 156

### Sobre la homosexualidad

¿La homosexualidad es genética (o incluso hereditaria)? 159
¿Siempre aparecen muestras indicativas
de la homosexualidad? .................................................. 160
¿Algunas relaciones con hombres son suficientes

para afirmar que somos homosexuales? ............... 160
¿La educación es responsable de nuestras tendencias
    sexuales? ............................................................. 161
No somos como los demás. Entonces, ¿somos normales? 161
Si tenemos dudas, ¿con quién podemos hablar? ............. 161
¿Y si padecemos una homosexualidad vergonzosa? ......... 162
¿Hay que decírselo a los padres? ..................................... 162
¿Hay que decírselo a los hijos? ........................................ 163
¿Cuándo y cómo decírselo? ............................................. 163

## Sobre los trastornos de la eyaculación
¿Cuándo se habla de eyaculación precoz? ....................... 195
¿Una disminución de la libido provoca eyaculación
    precoz? ................................................................. 196
¿La psicoterapia corrige una eyaculación precoz? ........... 196
¿Los preservativos «retardantes» son eficaces? ............... 196
¿Puedo ponerme dos preservativos para retrasar
    el placer? .............................................................. 197
¿Cuándo hablamos realmente de eyaculación tardía? ...... 197
Desde que tomo antidepresivos me cuesta eyacular.
    ¿Qué debo hacer? ................................................. 198

## Sobre la impotencia
## o los trastornos de erección
A veces, durante las relaciones, tengo el pene menos
    duro. ¿Es el principio de una impotencia? ............. 198
Mi tratamiento contra la hipertensión (o el colesterol)
    me ha dejado flojo. ¿Tengo que dejar de tomarlo? ..... 199
¿Los productos sexoactivos crean dependencia
    fisiológica? ............................................................ 199
¿Puede tenerse al mismo tiempo eyaculación precoz

y problemas de erección? ............................................ 199
¿Pueden mezclarse distintos medicamentos
    estimulantes para tener mejores erecciones?.............. 200
A mi mujer no le gusta hacer el amor, y creo que es
    la responsable de mis problemas de erección.
    ¿Qué hago? ............................................................. 200
Mi mujer minimiza mis problemas de impotencia
    y acepta muy bien la situación que me angustia.
    Me siento incomprendido... ..................................... 200
¿Es la infidelidad un remedio contra la impotencia? ...... 201

## Sobre el deseo

¿Es normal no pensar para nada en el sexo? ................... 202
¿Es normal tener muy pocas relaciones,
    y con esfuerzos, con la mujer que se ama? ................ 203
¿Se puede vivir sin hacer el amor?................................... 203
Tras una larga abstinencia, ¿puede tenerse de nuevo una
    vida sexual normal con facilidad? ............................. 204
¿La ausencia prolongada de relaciones puede tener
    consecuencias en la salud?........................................ 204

## Sobre los sexólogos

¿Para qué sirve un sexólogo?............................................ 205
¿Cuál es la formación de los sexólogos? .......................... 205
¿Existen ejercicios prácticos?............................................ 206
¿Hay que ir a la consulta solo o con la pareja?................ 206

## Sobre la píldora femenina

¿La píldora tiene algún efecto sobre la libido? ................ 226
¿Y si nos olvidamos de tomar la píldora antes
    de una relación?........................................................ 227

## Sexo y sentimientos

¿Qué hay que hacer en caso de accidente? ........................ 227
¿La píldora del día después es eficaz en todos
 los casos? ............................................................................. 228
¿Mi pareja puede tomar la píldora del día después
 en todas las relaciones, en torno al día 14, en vez
 de tomar la píldora todos los días? ................................ 228

### Sobre las ETS, sus signos y sus consecuencias

¿Por qué ahora se usa el término ITS en lugar de ETS?... 255
¿A quién dirigirse en caso de anomalía en la zona
 genital? ................................................................................. 255
¿Puede contraerse una ETS o el sida desde
 las primeras relaciones sin protección? ........................ 255
¿Existe una edad que sea más favorable para las ETS? .... 255
El preservativo no protege al 100 % del embarazo pero
 ¿protege al 100 % de las ETS y del sida? ...................... 256
¿Una mala higiene puede ser responsable
 de estas enfermedades? ................................................... 256
Tengo un quiste en el pene, ¿puedo haberlo cogido
 por contacto sexual? ......................................................... 256
Tengo sangre en el esperma,
 ¿se trata de una infección? .............................................. 256
¿Un derrame uretral puede ser contagioso? ..................... 257
Mi nueva compañera se preocupa por unas manchas
 marrones que tengo en el pene. ¿Son normales? ....... 257
Tengo ampollas blancas en el pene.
 ¿Debo dejar de mantener relaciones sexuales? ........... 257
¿Que haya escozor durante la relación significa
 que existe infección? ......................................................... 258
Tengo el glande pelado, ¿es peligroso? ............................... 258
Si hay erupción y pica, ¿se trata forzosamente

## Índice de preguntas

de una ETS? ..................................................... 259
¿Una ETS se manifiesta necesariamente en el pene
 o en la vagina? ............................................... 259
Desde mi última relación, tengo un dolor
 en el testículo. ¿Qué hago? ............................. 260
Una ETS que duele mucho (o que está muy expandida)
 ¿es peligrosa? ................................................. 260
¿Las ETS pueden curarse solas? ........................... 260
¿Una esterilidad a raíz de una ETS es forzosamente
 irreversible? .................................................... 261

### Sobre la transmisión de las ETS

¿Puede contraerse una ETS en una relación
 sin eyaculación? ............................................. 263
¿Las relaciones sin penetración protegen de las ETS? ..... 263
¿Pueden contraerse enfermedades con un vibrador? ....... 263
¿Pueden contraerse ETS por las toallas o en sitios
 públicos? ........................................................ 263
¿Pueden cogerse infecciones en las piscinas? ................ 264
Mi mujer a menudo tiene micosis,
 ¿puede transmitírmelas sexualmente? .......... 264
¿Un hombre puede ser el responsable de las repetidas
 micosis de su compañera? .............................. 264
Mi compañera tiene condilomas, y yo, no.
 ¿Me ha engañado? ......................................... 265
Tengo herpes labial, ¿puedo contagiar a mi compañera
 lamiéndole? .................................................... 265
¿Puede pillarse un herpes (bucal o genital) de alguien
 que te da la mano en plena crisis? ................. 266
¿Pueden los gérmenes de la micosis bucal transmitirse

## Sexo y sentimientos

a la pareja? .................................................................. 266
¿Hay más protección contra las ETS y el sida si se usan
  dos condones? .......................................................... 267
¿Protegen la píldora y los espermicidas de las ETS? ........ 267
¿Puede contraerse la hepatitis C por medio
  de relaciones sexuales? ............................................. 267
¿Podemos saber fácilmente si nuestra compañera
  tiene una ETS o el sida? ............................................ 267

### Sobre el sida en particular
¿Puede contraerse el sida si ambos integrantes
  de la pareja son vírgenes? ......................................... 268
¿Qué modos de transmisión del sida son los más
  frecuentes? ............................................................... 268
¿El sida se transmite durante la penetración
  o durante la eyaculación? .......................................... 268
¿Puede transmitirse (o contraerse) el sida
  con una felación? ...................................................... 269
¿El cunnilingus y el anolingus son peligrosos? .............. 270
¿Qué significa exactamente la expresión *sexo seguro*? ...... 270
¿Cuándo abandonar el preservativo con la pareja? ......... 270
He pasado por una situación de riesgo,
  ¿debo hacerme la prueba? ......................................... 271
Si uno está preocupado, ¿cuánto tiempo tiene
  que esperar para hacerse la prueba? ......................... 271
¿Aparecen signos físicos desde la primera infección? ..... 272
¿Durante cuánto tiempo se puede ser un portador sano? 272
¿Qué hay sobre la vacuna contra el sida? ...................... 273
En caso de accidente, ¿qué hay que hacer para limitar
  los riesgos de sida? ................................................... 273

# Índice de destacados

| | |
|---|---|
| ¡Para comunicarse no hace falta hablar! | 29 |
| Estadísticas sobre la pareja | 59 |
| Por qué nos separamos | 60 |
| Cómo quedarse tranquilo | 70 |
| ¿Como animales? | 87 |
| Aritmética del sexo | 98 |
| ¿Por qué a veces nos sentimos tristes después de hacer el amor? | 104 |
| Las principales fantasías | 107 |
| El animal que llevamos dentro | 114 |
| El intercambio de parejas, ¿complicidad total o exceso irrisorio? | 132 |
| ¿Cuáles son las posturas más practicadas? | 141 |
| Lo que (ellas) adoran y lo que no | 151 |
| Saber más y arriesgar menos | 157 |
| Algunas estadísticas | 164 |
| ¿Normal o perverso? | 170 |
| La caída del Imperio Romano | 184 |

## Sexo y sentimientos

| | |
|---|---|
| Cuando las pastillas del amor no existían | 186 |
| «La banda de los tres»: ¿cuál escoger? | 190 |
| Acercamiento psicosomático | 194 |
| Basta con muy poco | 213 |
| Para todos los gustos | 219 |
| El condón protege de todo, hasta de la preocupación | 221 |
| ¿Y la píldora para hombres? | 222 |
| Primera consulta de esterilidad y reconocimiento | 234 |
| Para recordar | 254 |
| ETS: los signos que deben alertarnos | 262 |
| Una próstata, ¿para qué? | 296 |
| Exámenes complementarios | 300 |

# Índice general

| | |
|---|---|
| Prefacio . . . . . . . . . . . . . . . . . . . . . . . . . . . . . . . | 5 |
| Prólogo a la edición española . . . . . . . . . . . . . . . . . | 7 |

1. La insoportable levedad del sexo . . . . . . . . . . . . 11
Hombres y mujeres, diferentes pero complementarios . 16
Las mujeres explicadas a los hombres . . . . . . . . . . . . 21
   ⇢ Las mujeres expresan sus emociones . . . . . . . . 21
   ⇢ A las mujeres no les gusta jugar a las adivinanzas . 22
   ⇢ A las mujeres les gusta que las comprendan. . . 23
   ⇢ A las mujeres les gusta exagerar, sobre todo
      cuando discuten . . . . . . . . . . . . . . . . . . . . . . . 23
   ⇢ Las mujeres reconocen con más facilidad
      sus errores . . . . . . . . . . . . . . . . . . . . . . . . . . 24
   ⇢ Las mujeres son sensibles a las apariencias
      y a la puesta en escena . . . . . . . . . . . . . . . . . 24
   ⇢ Las mujeres aprecian las atenciones . . . . . . . . . 25
   ⇢ A las mujeres les gustan los cumplidos y los regalos . 25
   ⇢ Las mujeres necesitan escuchar «te quiero» . . . 26
   ⇢ A las mujeres les gustan las pequeñas atenciones. . 26
   ⇢ Las mujeres aprecian la caballerosidad . . . . . . . 27
   ⇢ Las mujeres disfrutan con mimos desinteresados 27

## Sexo y sentimientos

| | |
|---|---|
| ⇢ Las mujeres no besan con facilidad ......... | 28 |
| ⇢ Las mujeres necesitan el «mejor de los mundos» para hacer el amor ..................... | 28 |
| ⇢ Las mujeres son cíclicas................. | 29 |
| 2. ¿LA PAREJA ES UN INVENTO? .................. | 31 |
| ¿Todavía con el cuento del príncipe azul?.......... | 35 |
| ⇢ Un poco de Freud ..................... | 36 |
| No nos enamoramos por casualidad ............. | 36 |
| ⇢ Todas menos mamá ................... | 37 |
| ⇢ Mi media naranja ..................... | 38 |
| ⇢ Por qué ella y por qué yo ................ | 38 |
| El sueño del amor romántico .................. | 40 |
| El nacimiento de la pareja................... | 40 |
| 3. ¿SOY NORMAL? ......................... | 63 |
| Hombres... tan frágiles ...................... | 67 |
| 4. EL AMOR ANTES, DURANTE Y DESPUÉS............. | 79 |
| El orgasmo en todas sus facetas................ | 82 |
| ⇢ Fase de excitación ..................... | 82 |
| ⇢ Fase de meseta ....................... | 84 |
| ⇢ Orgasmo........................... | 84 |
| ⇢ La fase de resolución................... | 87 |
| Hombres y mujeres: ¿qué diferencias hay durante el acto sexual? ....................... | 89 |
| ⇢ Desde un punto de vista fisiológico ......... | 89 |
| ⇢ Desde un punto de vista psicológico.......... | 89 |
| ⇢ Qué hay que hacer para llegar al séptimo cielo...................... | 91 |
| Tres grandes errores que ambos deben evitar........ | 92 |

## Índice general

El famoso punto G .......................... 94
Los otros tres «puntos G» .................... 95

5. EXPLORACIONES DE TODO TIPO ............... 127
Posturas del amor........................... 133
   ⇢ Postura del misionero ................. 133
   ⇢ Postura de Andrómaca ................. 135
   ⇢ A cuatro patas ...................... 136
   ⇢ Postura lateral...................... 138
   ⇢ Sentados........................... 139
   ⇢ De pie............................. 141
Penetración anal o sodomía .................. 143
Masturbación................................ 145
Pornografía en Internet y películas porno .... 148
El alcohol y las otras drogas, y su influencia........ 153
Bisexualidad................................ 157
Homosexualidad.............................. 158
Desviaciones sexuales....................... 164
   ⇢ Algunos ejemplos de desviación (o parafilias).. 166

6. TRASTORNOS DEL AMOR...................... 171
Trastornos de la eyaculación ................ 174
   ⇢ Eyaculación precoz .................. 174
   ⇢ Eyaculación retardada ............... 181
Trastornos de la erección ................... 183
   ⇢ Por qué esa obsesión por el fracaso .... 183
   ⇢ Cómo tratar la impotencia ............ 185
   ⇢ Remedios contra la impotencia
      que funcionan ...................... 187
Trastornos del deseo ........................ 193

7. Cómo evitar un embarazo o «programarlo».....  209
La contracepción: también es cosa de hombres .....  211
Por qué protegerse y de qué ...................  213
La contracepción que recae en el hombre..........  214
⟶ Preservativo (o condón) ..................  214
⟶ Marcha atrás ..........................  221
La contracepción que recae en la pareja...........  222
⟶ Píldora y condón: ¡lo ideal!................  222
⟶ Espermicidas (esponjas, cremas) ...........  223
⟶ Otros métodos naturales para nostálgicos
o los kamikazes... .......................  224
La contracepción que recae sobre la mujer.........  225
⟶ Píldora ...............................  225
Interrupción voluntaria del embarazo ............  229
La decisión de tener un bebé... .................  231
⟶ Un hijo, ¡si puedo!.......................  231
⟶ Cuándo hay que preocuparse...............  231
⟶ Causas de la infertilidad en el hombre .......  232
Anticonceptivos... ¡y sin saberlo! ................  234

8. Cómo evitar las ETS y el sida ...............  239
Menores de treinta años, más vulnerables .........  242
Mayores de treinta años, más fóbicos.............  243
ETS no rima necesariamente con traición .........  244
Cómo reconocer una ETS .....................  246
⟶ ETS reconocibles........................  246
⟶ ETS poco claras.........................  252

9. Enfermedades masculinas ..................  277
(Pequeñas) enfermedades del pene o de los testículos  280

## Índice general

- El prepucio duele (fimosis) .............. 281
- Ruptura del frenillo .................... 282
- Liquen (escleroatrófico) ................. 282
- Pene curvado ........................ 283
- El pene que se «rompe» (fractura del pene) ... 285
- Erección rebelde (priapismo) ............. 286
- Pene prisionero *(penis captivus)* ........... 287
- «Galanes» traumatizados ................ 287
- Escozor y picor persistente ............... 288
- Testículo torcido ...................... 289
- Testículo hinchado (hidrocele testicular) ..... 289
- Un solo testículo ...................... 290
- Testículos y paperas .................... 290
- Cáncer de testículo .................... 291

Problemas de micción ...................... 292
- Micción imposible ..................... 292
- Escapes nocturnos ..................... 294
- Esperma en la orina .................... 295

Problemas de próstata ...................... 296
- Próstata inflamada (prostatitis) ............ 297
- Próstata más grande ................... 297
- Miedo al cáncer de próstata .............. 299

Epílogo ................................. 303
Anexo a la edición española ................ 305
Información de interés ..................... 309
Bibliografía .............................. 313
Agradecimientos .......................... 315
Índice de preguntas ....................... 317
Índice de destacados ...................... 329

www.ingramcontent.com/pod-product-compliance
Lightning Source LLC
Chambersburg PA
CBHW061932220426
43662CB00012B/1880